# 林達夫とその時代

# 林达夫和他的时代

[日] 渡边一民 著
伏怡琳 译 王前 审校

上海三联书店

封面照片：1949 年，林达夫在院子里开心地修剪七叶树。（林忠彦 摄）
这张照片由林达夫家人、本书审校者王前老师、平凡社下田顺子老师协助提供，深表感谢！

# 目　录

# 导　读

## “林达夫是日本知识人里错得最少的那个”

王　前

谁是林达夫（1896—1984）？为什么要翻译渡边一民写他的传记《林达夫和他的时代》？我想这大概是每一位看到这本传记的中国读者都首先会想到的问题。笔者想引用最近被翻译成中文的《鹤见俊辅传》的传主说过的一句话来定位林达夫。在给《林达夫著作集》第五卷《政治的民俗学》写的解说里，鹤见俊辅说林达夫“在日本论坛史上是日本知识人里错得最少的一位”。可别小看这样一句话，鹤见俊辅这位在日本战后思想史上留下巨大足迹的思想家用这样的赞词来评价林达夫这位前辈，实在是很不简单的事情——事实上这是句分量极重的话，如果稍稍了解一下二十世纪日本思想史上有多少知识人背叛了自己的信念，又有多少知识人作出了误判的话。

在进入二十一世纪后，已经步入耄耋之年的鹤见亲自监修了一套三卷本《林达夫文选》（平凡社丛书 2000 年），以便新世纪的读者了解这位罕见的百科全书式思想家、政治判断力超群的大知识人。在笔者看来，林达夫虽然不是职业政治思想家，但他的政治判断力堪与托尼·朱特盛赞不已、视为精神导师的法国哲人雷蒙·阿隆媲美。当时在书店看到这部文选时，我还曾担心有多少人会读林达夫这位昭和时代的大学者的著作，谁知很快售罄。2005年林达夫的两本代表作——《历史的黄昏》与《共产主义者》被收入中央公论新社出版的《中公经典丛书》。这套书收入了自《圣经》、柏拉图到列维–斯特劳斯的《忧郁的热带》等世界经典名著，很像商务印书馆出的汉译世界学术名著丛书。两本代表作的收入，又一次体现了他经典作家的地位。上一次是在1974年，林达夫的代表性文章被汇为一册，收入筑摩书房出版的《近代日本思想大系》。看书单，从福泽谕吉到西田几多郎、柳田国男一直到小林秀雄，所有近现代有代表性的日本思想家都列入其中，一共三十六卷。

鹤见俊辅监修的文选出版没几年，林达夫谈艺术的代表性文章由亲炙过林达夫的著名评论家高桥英夫编为《林达夫艺术论集》(讲谈社2009)，收入著名的讲谈社文艺文库。这套文库收入了二十世纪日本最有代表性的名家作品，装帧朴素而淡雅，价格比一般的文库本要贵得多，如今林达夫的这本书在日本亚马逊上也没有库存了。

据笔者管见，到目前为止国内没有关于林达夫的研究，更没有翻译过他的著作。笔者七年前发表在澎湃新闻上的文章很可能是第一篇介绍他的文字吧①。笔者早先写过关于林达夫的论文②，如今作为《林达夫和他的时代》中译本的审校者，从思想学术的角度来详细介绍、

①《"我叫林达夫"：未能成为藤野先生的日本大学者》，澎湃新闻·私家历史(2017.6.20)。在这篇里介绍过的内容本文基本上从略，读者可以参考此文。

② 论文收入河野有理主编的《近代日本政治思想史》(ナカニシヤ出版，2014)一书，为该书第十二章"二十世紀　林達夫と丸山眞男"，291—315页。

分析一下这位现代日本思想家、大学者，让国内读者对他有个大致了解，当然是义不容辞的任务。

我在七年前发表的文章里提到，知道林达夫的名字还是在母校上海外国语大学工作时。刚留校不久的我跟那时在日语系工作的茂木诚老师接触很多。茂木老师是研究日本思想史的，尤其对本居宣长的研究造诣很深。为了做研究，这位笃学之士竟然把卷帙浩瀚的《本居宣长全集》也带到上海去了。不过他的视野要比江户时代的国学大师开阔多了，除了日本思想外，对西方哲学也很熟悉，年轻时读过福柯等法国思想家的著作。就是他把当年刚出版的林达夫传借给我读的。我当时读了就觉得很喜欢林达夫的治学风格和思想，茂木老师看我喜欢，后来还送给我六卷一套的《林达夫著作集》。他说也许你不会马上感兴趣，但你以后会知道林达夫著作的价值的。当时我沉迷于康德、海德格尔，对这套书只是随手翻翻而已，并没有好好读过。

来留学后才正式读了些林达夫的著作，感觉他的确是位博通古今的大学者，文章也写得漂亮。他的文章被大作家丸谷才一作为范文收入畅销书《文章读本》里——这是笔者读过的为数不多的关于作文的好书，读了很受用。除了林达夫的著作外，我还读了他跟另外一位现代日本著名思想家久野收的对谈录《思想剧评》——这个“剧评”用的就是莱辛的《汉堡剧评》里的“剧评”德文的音译。这本对谈堪称是思想类对谈的白眉，其实就是林达夫的思想自传，至今仍在重印。久野收也是政治思想家丸山真男的好友，学术造诣很深，林达夫有久野收这样一位老友来做对谈，的确是如鱼得水，可以海阔天空地聊个痛快。当年读完有如参加了一场知识与思想的盛宴，跟着两位思想大家从古至今从东到西遨游在思想和学问的海洋里，同时对林达夫一生的学术与思想有了清晰的了解。在笔者看来，此书也是了解现代日本甚至世界思想的一本很有用的读物，因为书里涉及的古今思想家、作家、艺术家等有六百多位，从苏格拉底、柏拉图到康德、黑格尔，从卡西尔、海德格尔到施米特、萨特，东西思想文化史上的名人差不多应有尽有，同时还谈到了五百多册各个领域的代表性著作。笔者第一次读的时候对其中很多人的名字都没有听说过，有的书连书名都没有看到过——颇有最初读《知堂书话》时的感觉，痛感自己失学了。

最近集英社的编辑落合胜人出版了他的博士论文《林达夫——编辑的精神》，从编辑的角度来考察林达夫的一生，也是一部很有读头的力作，距渡边一民的传记问世已时隔三十多年。近日收到友人、丸山真男比较思想研究中心研究员山边春彦寄来的编著《近现代日本思想史“知”的巨人100人的200册》，打开一看，不出所料，林达夫也在里面。这些都说明林达夫这位思想家至今并没有被人遗忘。

笔者接下来就来具体介绍一下林达夫经历的时代和他的学问思想，看看这位二十世纪日本特立独行的大学者对今天的我们有何参考意义吧。希望通过此文，可以打破我们对日本思想界的一些成见和偏见，从另外一个角度来了解现代日本。

### “洋学家”的诞生

林达夫是胡适的同时代人，他出生的时候明治维新早已走上正轨，日本正在上升期。因为父亲是外交官，年幼时他跟着去美国西雅图待过，从三岁到七岁一共四年。这段经历对他日后成为一名对西学有精深研究的大学者很有影响。回到日本后，小林达夫面临了如何重新适应祖国生活的问题，因为他英语说得比日语好。作为归国子女，自然少不了不适应，要脱去身上的“洋味”。他高中读的是著名的第一高等学校，可以说是日本最好的高中、大学预科。在这里他写过一篇日后收入《林达夫著作集》的文章，就是《关于歌舞伎剧的一点考察》。读高中时林达夫曾一度沉迷于歌舞伎，可在这篇文字和思想都惊人成熟的论文里，他对这种日本传统艺术做了严厉的批评。他说歌舞伎是德川时代留下的最大遗产，但热爱歌舞伎很可能是让日本灭亡的陷阱！——听上去颇有危言耸听的感觉。年轻的林达夫说，这是个经历了欧洲伟大文化洗礼的时代，继承了欧洲的批评精神，在他看来歌舞伎里没有永远的人生，没有人，也没有性格，更没有真正的悲剧和喜剧。这俨然是一篇反传统的檄文，年轻的林达夫像是一个五四时期反传统的激进青年。而这，恰恰正是标志着一位终生以西学研究为志业的学人的诞生。

离开一高以后，林达夫进入京都大学哲学系深造，专攻美学美术史。在这里他师从过现代日本哲学的奠基人西田几多郎和波多野精一、深田康算等好几位哲学名家，打下了良好的基础。也正是在这里他爱上了古希腊的学问，从此一生对古典学问保持着热情。他的毕业论文写的是《古希腊悲剧的起源》——有论者说这篇少作就是放在今天也很值得一读。笔者觉得跟批评歌舞伎的雄文一样，这篇也显示了林达夫要效仿明治先贤的决心，算是正式昭告了洋学家的诞生。

结束了大学学习后的林达夫来到东京，一边在大学教书，一边做自己的研究，不久还加入了岩波书店出版的《思想》杂志编辑部，跟日后成为二十世纪日本思想界重镇的和辻哲郎、三木清等一起编辑这份日本最著名的思想类杂志，他跟和辻哲郎还是连襟。林达夫曾经说过自己是岩波书店培养的人，就是因为他在岩波书店从事编辑约二十年，深度参与了岩波书店的许多出版项目。他自己翻译的著作也收入了岩波文库，比如柏格森的《笑》、伏尔泰的《哲学书简》和与友人合译的法布尔的《昆虫记》。作为一个创作型编辑，他在《思想》等媒体上发表了很多有分量的文章，学问思想也日益成熟起来。

## 左翼同路人

我们知道，二十世纪三十年代不论东西方，都出现过知识分子左倾的现象，敏锐而好学、富有正义感的林达夫也不例外。他认真研究过唯物主义，参加了“苏维埃之友”协会和唯物论研究会，写出了文字激越的讨论无产阶级艺术和无产阶级反宗教运动的论文，成了一名马克思主义同路人——他自称是“战斗的唯物论者”。西学名家立场迅速左转，如今的人也许难以理解，而在当时不论东西方都有很多例子。英国哲学家伯林的好朋友、大诗人斯特芬·斯彭德年轻时也加入过英国共产党，甚至后来跟萨特成为论敌的雷蒙·阿隆在读书时也加入过社会主义青年组织。虽然后面两位比林达夫年轻一点，但他们都经历了危机四伏乃至战乱的时代。今天我们要理解这段历史，就应该重新了解时代背景，比如资本主义造成的经济危机，无产阶级的状况等等。如果大家看过最近德国热播的描述魏玛共和国时代的连续剧《巴比伦柏林》，就可以大致理解了。渡边一民在传记里详细分析了当年日本和世界的政治经济形势，对大家理解那段历史会很有帮助，可以了解马克思主义和苏联的出现对那个时期的知识人的强大影响，对理解同时代的中国现代史也会很有帮助。

## 至暗时刻的孤独抵抗

当日本整个国家走向军国主义的时候，林达夫这位知识人明知无望，还是努力尽一个知识人的责任，敲响了他的木铎。他写过好几篇尖锐的文字批评日益右翼化军国化的日本政治，说那些日本政治家不负责任，拿国民的命运开玩笑——写这样的文章的时候，正是日本政府即将决定跟美国开战的前夜。比如在一九四〇年一月写的《新经院时代》里，他这样批评自己所处的时代："这些年我们看到了精神主义的亢奋，可那种精神主义大体上连强制接种牛痘的效用都没有。宛如人工培养的极度空虚的东西。最糟糕的精神主义是形式主义。那些顾虑、思虑和虚张声势——揭开来看，哗啦哗啦地堆起一座根性卑微的瓦砾小山而已。一想到后世历史学家和喜剧家会如何描述我们这个时代，我冷汗也出来了。就算想客套一下，我也很踌躇，举不出这个时代有什么值得自豪的事情。"在珍珠港事件前夕，能够这样批评时局，这样的日本知识人，我们以前没有听说过吧。而林达夫似乎还不过瘾，五个月后，又写了一篇《历史的黄昏——时代与文学·哲学》。这次他把矛头对准了日本的知识分子，说自己失去了原本属于的团体，失去了社会关系，但自己从未变过。这正是批评当年出现的大批知识分子的转向，批评那些人"协赞"走向军国主义的政权。他说站在那些人中间，似乎自己是间谍，坐立不安，想离席而去——从这些话中我们可以发现一个先知般的智者在看到国家和同胞走向歧途时的孤独和愤懑。林达夫绝望中说："我对时代已经完全失去了兴趣。我觉得大部分对时代所作的发言说老实话都是空话、空话、空话而已！"他还说，面对这个世纪的这出大戏，看到的只有最悲惨的人的堕落，这个时代是大空位的时代。面对这样的时代，他觉得失去了生活的目标和意义。在该文的最后，林达夫说："我们的政治学连成人心理学的程度都没有达到，甚至没有社会学。什么都没有，有的只是小学修身和礼仪作法的程度罢了。"——如此锐利、如此一针见血。可以说太平洋战争还没有开战，对西学造诣很深、现实感也很强的林达夫就已经看到了最后的结局——他后来说，不是珍珠港事件发生的那天，而是大政翼赞运动开始的时候（1940 年 10 月 12 日），看到知识阶层的表现，就觉得万事休矣。林达夫后来说那几年举国已经变成了一座疯人院，所以他进入沉默期。整个战争期间只发表了一篇文章，写的是跟时局无关的薰衣草。

在丸山真男说的超国家主义统治的时代，林达夫退回到自己的园地，守护着最后一块属于自己的自由空间。在自己的园地里，除了继续钻研西方的学问，读维科等西方哲人的著作，他还养鸡、种菜，这是为了应对战局日益恶化带来的粮食不足，也是他的抵抗方式。冷眼看着同侪老师转向的林达夫，效仿起笛卡尔，戴上假装顺从的面具，用"反语"（ironie）的精神和方式来面对至暗时刻。日本当年的确有好些像林达夫那样的知识人，早已看清了局势的趋向，但苦于无力挽回大局，只能以自己的方式进行消极抵抗。比如丸山真男的老师南原繁[①]。

在一九四六年写的《反语的精神——代跋》里，林达夫写了自己在战争期间的心境，对我们了解当年日本最有正义感的知识人很有帮助。在日本和德国、意大利结成同盟后，时任首相近卫文麿效仿德国纳粹，在国内组织国民运动，称之为新体制运动。林达夫说自己对那

---

① 参见笔者写的《"曲学阿世"，改造日本教育——记战后东京大学首任校长南原繁》，澎湃新闻 · 私家历史（2017.12.23）。

样的运动很怀疑，在一次讲演中公开提出异议，说人们不应该随着那样的政治草率行动，在这个新经院时代真正的哲学已经结束了，思想家要么面临坐牢、死亡的苏格拉底的命运，要么就效仿笛卡尔，伪装顺从，除此之外别无选择。他还引用法国哲人扬凯莱维奇的说法，阐释了苏格拉底式反语顺从主义。他说自己当时想说的是在军国主义的时代，要讲究战法，他提倡的是一种绝望的战术。更令人惊讶的是他接下来写的这些话："我认识一些无比坚定的反战主义者、反军国主义者，他们就像古代中国的刺客，在内心深处不忘使命，挺身走到正在领导国家的军国主义者身边，虎视眈眈寻找下手的间隙。对他们来说，被卷入战争后，要停止战争，不能单纯地叫'反对'了事，而是需要非常冷静地观察战争的头脑、军国主义的神经中枢。……所谓大胆无比的精神，就是指在那些危险的探索和冷静的观察中，找到领导者——他们既是祖国的代表也是祖国的敌人——隐藏的最大弱点，看准机会用举手投足之劳给予致命打击吧。"笔者第一次读到这段时非常惊讶，惊讶的是根本不知道日本二战时内部还有那样一些人。林达夫借此想说的是，反语是他在战时的思想与行动的法则，同时也是自己的生态。当然，他深知这种做法的局限和弊端。在谈到那些坚定的反战反军国主义的同志们的做法时，林达夫说那是没有权力的知性和无法团结的斗士被赶到绝境的瞬间，在无意识中发挥的智慧和谋略，是他们令人心痛的最后挣扎。

### 百科全书式思想家的战后启蒙

在日本宣布无条件投降后，一向批评祖国的林达夫说自己反而有点痛惜要跟自己熟悉的那个日本说再见了。当然不是因为怀念他批评过的军国主义时代。在《新时代的开幕》这篇文章里，他说因为知道作为战败国，今后的日本就是美国化的日本，那样的局面可能要持续很多年。他作为一个明治之子，他的人生目标就是学习、追赶西方文明，这是他那样的洋学派的气概，不想沦为“穿着西装的乞丐”，所以战后这位熟悉美国的洋学派再也不谈关于美国的事情了。这点反映了林达夫很孤高的一面，他没有兴奋地高呼美军就是解放军，而是看清了日本战败意味着被占领这样一个事实。他说战后日本有一个事实摆在大家的面前，那就是 Occupied Japan（占领日本）的问题。比林达夫年轻许多的丸山真男那样的战后启蒙思想家当然没有忘记这个事实，但是对林达夫那样的明治时代出生的人来说也许被占领的感觉更加强烈吧。所以对战后民主改革的看法，林达夫和丸山等人也就不太一样。林达夫认为根本就是在麦克阿瑟指挥下的改革而已，换而言之，所有政治运转的规则都是在美国主导下制定的。林达夫说不管莫斯科的政治也好，华盛顿的政治也好，都不可以美化——在当时就能够这样说，是何等锐利的见解。在这种情况下，林达夫还是用老方法，就是参与出版和教育，在传媒和大学两个领域继续发挥自己的特长，放长眼光，以无比的韧性从事润物细无声的思想文化启蒙。因为他知道，真正的科学精神在日本没有扎根，对过去的真正反思也不彻底，用他在《反语的精神》里的话来说，就是“既没有近代的怀疑也没有内心的挣扎，既没有反省也没有精神上的苦斗。真正的信仰告白是以长期的心灵探索、把一切都赌上去的意志、深刻的‘回心’为前提的。而没有那样的回心的地方，有的只是卑俗的民间信仰而已”。笔者可以说，当时对日本问题的批判，都没有超过林达夫的深度。

在编辑方面，值得大书特书的就是他作为主编在二十世纪五十年代主持了日本最著名的《平凡社大百科全书》的编辑工作。为了完成这项浩大的工程，林达夫周旋于东西方众多学者之间，起到重要的协调作用。他做大百科全书的总编，的确是最佳人选。因为他做西方的学问，本来就是全方位的，从古希腊到现代思想，他都有广泛而深入的涉猎与研究，战争前不久他写的关于柏拉图《理想国》的论文至今仍被视为佳作。林达夫尤其重视文艺复兴的研究——他有一部著作书名就叫《文艺复兴》。他曾说自己一生就是业余爱好者，不想做专治一经的专家。虽然没有去西方留过学，但是他学习了从西方古典语言到现代欧洲的主要语言，晚年甚至重新开始学习俄语、西班牙语。在掌握对人文学者来说极其重要的语言工具上，林达夫下了很大功夫，这为他直接进入西方的学术前沿打下了坚实的基础。因此他的视野极其开阔，对西方学界的最新动向总是很关心和熟悉，仿佛有着永不枯竭的好奇心——这点跟他终生心仪的近代日本大文豪森鸥外完全一样。

在战后林达夫所做的工作中，非常值得一提的是一九五一年四月发表在著名综合杂志《文艺春秋》上的《共产主义者》，当代日本著名文化人类学家山口昌男称之为“政治人类学的经典”。这篇长文之所以获得如此高的评价，不仅仅是因为林达夫这位对政治只有遥远兴趣的知识人比赫鲁晓夫还早了五年就开始对斯大林进行批判，更主要的是他根据事实说话，不带偏见地做出锐利而精准的批评，使读者能够看到一个昔日同路人的影子，带有悲天悯人的情怀。

比如林达夫在文章里批评了斯大林统治下的苏联大国沙文主义，具体体现在他们处理跟东欧各国的关系上——这点我们国家也曾经是受害者。林达夫作为曾经的同路人，其实当年对苏联的实验抱有好感，他并非反共分子，只是根据他发现的问题展开具体批评，这就跟从意识形态出发进行的批判完全不一样。文章一开头，林达夫说的一段话就非常老辣精辟。他说真正的民主政治应该告诉大众事态的真相，让民众能够冷静地做出理性判断，采取自主行动。若按照这个标准，只有经历了三百年激烈的政治训练的英国才算是成熟的，那样的成熟即便在所谓的民主国家中其实都不多见，更不要说苏联那样的国家了。顺便说一句，林达夫虽然幼年时在美国住了四年，但他一向是把自己的生活环境布置得很英式，用的家具等都如此，自己的园艺也是模仿英国庭院。

林达夫说他要搞清楚究竟什么是共产主义者，因为在当时这是个很紧迫的问题。毕竟随着东欧和中国建立了社会主义国家，整个世界分成了东西两大阵营，有七亿人生活在社会主义制度下，冷战局面愈演愈烈，自然需要了解什么是共产主义者。林达夫说他读过阿拉贡写的《共产主义者》，既感动又困惑。他觉得那堪称现代版《黄金传说》（Legenda aurea）。该书是写为了法国人民的自由与独立而挺身英勇地跟纳粹斗争的人道主义英雄的殉教列传。林达夫说按照阿拉贡的说法，共产主义者不管是什么出身，一旦看清了世界的真相，就会相信为了真理可以抛弃个人的安泰和幸福，为了真理而付诸行动。林达夫说他相信那样毫不利己专门利人的共产主义者不仅法国有，地球上的其他地方也有，不仅以前存在过，现在也存在，而且今后也会存在，对此他丝毫不会怀疑——他妹妹就是日共党员，在艰苦的岁月里很年轻就去世了。但是那样的英雄是属于基督教圣者行列的，是纯粹型共产主义者——他说交往过的日共重要领导人野吕荣太郎就是那种圣徒类型——但跟现实世界里克里姆林宫掌握政治权力的领导者并不是同一类型。对宗教造诣很深的林达夫巧妙地用基督教的例子来分析纯粹型共产主义者和现实中苏联统治者的关系，他这样说并非意指不应该有掌握权力的人，恰恰相反，他说如果没有非纯粹型政治人物来统治，那么人类社会马上就会陷于混乱、崩溃，这是人类社会永恒的难题，跟制度本身没有关系。就像笔者写过的雷蒙·阿隆那样，林达夫分析政治问题时不会被意识形态捆住手脚，而是能从事实出发，讲究实事求是。林达夫自称是书斋派，可他的政治观点的确是长期观察民俗（folklore）、民众心理积淀的产物，不仅仅因为熟读马基雅维利[①]。

这里就要讲一下林达夫思考政治时最看重的地方，那就是对人类心理、民俗（folklore）的重视——或许可以译成政治民俗学。林达夫深受法国哲学家、人类学家吕西安·列维-布留尔（Lucien Lévy-Bruhl）的影响，尤其推崇他的代表作《原始思维》，正是因为他看到了现代社会迅速变化的背后那些不变或者说是难以改变的东西——就是人们的心态（mentalité）。就像林达夫自己在《共产主义者》跋里说的那样，他更重视这个民俗（folklore），就是产生思想的场所的地形、风景形态和气象条件。所以他不会被迅速变化的表象迷惑，而是更加重视人们思想深处那些不变的东西。因此他能够看到沙俄的行为模式和斯大林时代苏联的行为模式之间的一致之处，看到了俄国的某种根深蒂固的传统，这跟政体无关。鹤见俊辅说林达夫是错得最少的日本知识人，一个最重要的原因，恐怕就在于他的这种颇有特色的思考方

① 笔者手头就有一本林达夫送给伯林的学生、著名史学家萩原延寿的意大利文版《君主论》。林达夫的藏书现藏于明治大学图书馆，笔者查了一下手头的林达夫文库目录，发现里面收藏了很多马基雅维利的著作。在对谈录《思想剧评》里，林达夫说马基雅维利的思想统治了欧洲五百年。

法吧。

最近看到有读者说林达夫七十多年前说的问题，现在终于有更多的人明白了，让笔者感慨万分。的确，林达夫战后写的几篇文章既有深度，又有穿透力，至今读来仍毫无过时的感觉，他早就预言了日本和当今世界面临的问题。比如他在一九五〇年四月发表的《无人地带的世界主义者》里就说人类现在面临两大问题，一个是毁灭性的战争问题，另一个就是环境污染与人口激增导致的生存问题。

## 一生求知的结晶——《精神史——一种方法序论》

战后的林达夫除了初期很活跃，写过一系列时评等文章外，后来进入了很长的沉默期，跟他私淑的精神导师瓦莱里有点像。林达夫为学转益多师，在法国的思想传统里他最喜欢柏格森和瓦莱里，受这两位法国思想大师的影响最大。在文学方面则是受大文豪阿纳托尔·法朗士影响最大。同时林达夫还自称是巴塞尔学派，说过很想写一部巴塞尔精神史，因为他对布克哈特的学问非常佩服，视他为自己的老师，说在大学里读《意大利文艺复兴时期的文化》时有惊天动地的感觉，从此决定以文艺复兴时期作为自己西方研究的基地。在同时代学者里，日本学者他推崇的是笔者以前写过的日本民俗学开山师祖柳田国男[①]，西方学者则是很欣赏德国希腊学大师维拉莫维茨的匈牙利弟子卡尔·凯莱尼（Karl Kerenyi，1897—1973）。后者在国内介绍不多，当年可是荣格的合作者，参加过著名的 Eranos 会议，在学界跟荷兰史学大师赫伊津哈也有过交流。还跟大文豪托马斯·曼和黑塞都通

① 《悲天悯人的日本民俗学开山师祖——评〈柳田国男文集〉》，澎湃新闻·上海书评（2019.4.12）。

过信，尤其是跟曼有长达二十年的通信。他为学不被古典学所局限，还运用民族学、考古学、解释学、心理学、图像学、宗教学甚至现代文学的知识，是研究西方古代神话与宗教的大师级人物。在林达夫看来，凯莱尼对古希腊文化的理解是当代学者里最出色的。林达夫也重视赫伊津哈，亲自为日译本《游戏的人》做校订，为此书在日本的出版做出了很大的贡献。用日译者高桥英夫的话来说，林达夫曾经对他说，此书一出，可以改变日本学界的潮流。高桥说，后来果然不出林达夫所料。赫伊津哈那种博大学风，也正是林达夫本人一向推崇且亲自实践的，他跟赫伊津哈和凯莱尼能产生强烈共鸣也就不奇怪了。

我们知道二十世纪六十年代西方思想界人文学界发生了大的地壳变动，出现了列维-斯特劳斯、福柯等一批新思潮的代表人物。做学问既重视传统又能与时俱进的林达夫自然很关注西方学界的新动向。据福柯日本译者的回忆，林达夫早在六十年代福柯刚登上学术舞台的时候就开始阅读他的著作。按照著名哲学家中村雄二郎的说法，因为有林达夫这位走在结构主义前面的前辈，日本人文思想界终于跟世界人文思想界站在了共同的地平线上了，他指的就是林达夫于一九六九年九月发表在岩波书店出版的《岩波讲座哲学 4　历史哲学》里的《精神史——一种方法序论》。这篇论文发表时林达夫已经七十三岁了，但读他的论文却感到作者知性非常活跃，视野依旧宏阔，丝毫没有衰老的感觉。论文的起源是他读了法国美术史大师安德烈·夏斯泰尔（André Chastel）的一篇论文，说达·芬奇的《圣安娜母子像》中圣安娜的脚附近有以前人们所没有注意的东西。仔细看的话在右脚大拇指附近有似乎是渗着血的东西，有好几块看上去像是切片又像是肠子。再仔细观察，应该是看得见血管的胎盘的切片和被切断的小胎儿。林达夫说读到这里，感觉有天崩地裂般的冲击，于是就开始思考这幅达·芬奇的名作究竟要告诉人们什么。他的这篇长篇大论就是从这里开始展开的，然后进入达·芬奇的精神世界，再写到米开朗基罗的精神世界，最后探讨支配文艺复兴的大宇宙。林达夫旁征博引，从古典学家多兹（E.R. Dodds）到法国科学哲学大师巴什拉，令读者眼花缭乱的同时还能读得兴致盎然。他把达·芬奇称作是“洞穴艺术家”，而米开朗基罗则是艺术史上最大的“陵墓艺术家”。在解释米开朗基罗给美第奇家族做的雕塑《夜》时，他还援引了瓦尔堡学派著名学者温德（Edgar Wind）的研究成果，从 Marsilio Ficino 的新柏拉图主义哲学的角度做出说明，令人有耳目一新的感觉。林达夫很喜欢瓦尔堡的那句名言“上帝存在于细部之中”，对瓦尔堡学派很有共鸣——这篇论文正是由一个未曾注意的细节开始的①。

这篇论文的写法也与众不同，文字鲜活，不像一般学术论文那样枯燥。运用钱锺书先生说的那种调动社会学、历史学、心理学等各科知识解决问题的方法，不仅是共时的也是历时的，只要研究需要，所有手法都可以使用，跟二十世纪艺术史大师贡布里希所提倡的方法论暗合。在论文第一部分结尾，林达夫说：“我写的不是那种对别人写的被称为‘精神史’的‘历史记述’的某个种类或是模式的反思。我做的是在那样的研究现场四处寻找、手忙脚乱的操作。真正称得上是历史学家的人，除了那些享用别人的‘历史记述’的人——不，即便

① 林达夫对瓦尔堡的好友、新康德学派的代表人物恩斯特·卡西尔的评价也极高，称赞卡西尔不仅仅重视抽象思维，还重视思想史的研究，称得上既有骨架又有血肉，是跟黑格尔一样的大哲学家的做法。卡西尔在“二战”后的声望远不如当年在德国时那般，而林达夫在那个时期也给出了高度评价，不为潮流所动。从上世纪末起，卡西尔在西方重新获得高度评价，证明了林达夫的判断力惊人。

是那样的人，也需要能随时临机应变，在时代和时间里倒行或是横穿，有时甚至需要把时针停下来，自在地飞来飞去。在做精神史研究时，事先就要知道有可能被迫采用最极端的操作。如果采用古老的方法为‘精神史’寻找守护神的话，则既不是九位缪斯里的克里奥，也非阿波罗，而是秘教始祖俄耳甫斯，特别是冥界、地上界、天上界的使者——赫耳墨斯吧。”

在分析达·芬奇的精神世界时，林达夫的一个观点很有意思。他借用法国艺术史大家富兰卡斯泰尔（Pierre Francastel）的分析，谈到古老的柏拉图的洞穴神话刺激了达·芬奇的想象，但是指出那个洞穴神话是让达·芬奇的思考往野性思维方向展开，充满生气，而不是往弗朗西斯·培根（洞穴的偶像）的文明思考的方向歪曲、萎缩。从这里可以看出林达夫对他的西学研究重点文艺复兴的重视，并没有一味地以现代性思考为唯一准绳。他的这个看法令笔者想起维特根斯坦的学生、著名科学哲学家图尔敏的一个观点。图尔敏在其晚年发表的著作 Cosmopolis：The Hidden Agenda of Modernity（1992）里说，现代哲学在选择了笛卡尔的理性主义的路径后，失去了蒙田所代表的文艺复兴时代人文主义的优点，而这两者恰恰是可以互补的。林达夫能够通过他一生最重要的研究对当代文明的走向独自提出类似观点，让人感觉他的西学研究在晚年的确进入了一个很高的境界，可以和西方学界平等对话了。

在论文的最后，林达夫这样夫子自道：

> 我在这篇文章里做的，从结果来说正是富兰卡斯泰尔所说的对关于现实的与想象的达·芬奇式辩证法的一个局部阐释，是

对他有魅力但含义暧昧的未完成作品的一个探究——似乎是追踪也是被追踪，是小小的却有点紧张的操作。最后如果还可以加一句的话，那就是我近来内心一直被一种饥渴感纠缠着，就是作为精神史来说，不管采取什么立场，就好比历史需要考古学做它的一个部门那样，不管是什么名称都可以，我感到强烈地需要一种“精神考古学”。在这个意义上，我可以对自己说，这也许就是一部“劝学篇”。

读到这里，我们也许可以理解哲学家中村雄二郎说的那句话的真正含义了。通过《精神史》这篇论文，我们可以看到一位终生研究西学的日本思想家如何把西学变成自己的血肉，始终有自己的问题意识，能够用跟世界最前沿对应的方式解决问题。单纯就西学研究而言，林达夫的博学与深刻，跟我们的钱锺书先生绝对可以一比。

**最后的大知识人、自由的精神**

林达夫晚年因其著作集的出版获得过著名的每日出版文化奖，后来又因为他对西方精神史研究做出的贡献而被授予著名的朝日奖。去世后不久，他与后来获得诺贝尔文学奖的作家大江健三郎、文化人类学家山口昌男和哲学家中村雄二郎等年轻一代一起做的《座谈集》和《书简集》也问世了。笔者在《书简集》中很惊讶地发现了伯林和艾德蒙德·威尔逊的名字，林达夫称赞他们是第一流的批评家。

林达夫去世于冷战结束前的1984年，据说一直到人生最后时期他都还邮购西书，学习不辍，对西方学界思想界的动向了如指掌。他提携过的著名评论家加藤周一去探望他的时候，他还说想读陀思妥耶夫斯基的俄文原著。林达夫去世后，加藤周一称赞林达夫是二十世纪日本诞生的“自由的精神”，林达夫的存在对日本和日本人来说很重要。也有媒体称林达夫是最后的大知识人，备极哀荣。

渡边一民的这部传记描述的就是这样一位孤高而睿智的日本智者的一生，在笔者看来是思想家传记的白眉。不但能让我们了解这位经历过至暗时刻的日本思想家是如何运用他的智慧做出反抗的，而且还能让我们看到日本思想界很有意思的一个侧面。他写的林达夫的命运，又何尝不是近代以来东方知识人命运的一个缩影。记得以前有篇写钱穆先生的文章说钱先生一生生活在东西方文化的冲突中，林达夫也是如此。他虽然被很多人称为“洋学派”，其实他并没有忘记本民族的立场，对日本的学术文化的掌握也是当行本色。据说他除了堆满西书的书房以外，还有一个平时秘不示人的专门放日文书的书库。其他不说，单从他的日文写作堪称现代日语的范文这一点，我们就可以知道他对本国文化是下过苦功的。

笔者走笔至此，忽然想起有人在评价韦伯时曾经说，如果当年德国人理解了韦伯说的那些话，德国就会被拯救，不会被纳粹带上邪路。笔者完全可以套用这句话在林达夫身上，因为我们现在回过头来读他的文章，就能发现不仅战前他的分析是对的，对战争有极其清醒的认知，是一个坚定的反战、反军国主义者，同时他对战后日本所处的状况和国际形势的分析也是精准锐利的。那样一种锐利而精准的判断力，令人感到真正的知性力量，令人相信真正的人文思想的力量与价值。而他对知识的追求，又令人想起尼采的一本名著的书名：《快乐的知识》，同时他还努力把学问与生活连为一体，就像他自称是伊壁鸠鲁主义者一样，他会经营自己的花园和养鸡场，在自己的小宇宙里实践自己的信念。看他的一生，你会联想到韦伯的《作为志业的学术》和《作为志业的政治》。

从写《文明论概略》《劝学篇》的福泽谕吉到写《精神史》的林达夫，正好是日本从打开国门到战争，经历战败再到经济高速增长的百年激荡史，对于我们来说值得借鉴的地方不少。读这本优秀的传记，正好给我们提供一个新的角度了解这段跌宕起伏的历史，尤其是我们中国读者以前很少知道的日本思想界动态，对我们反思二十世纪，思考今天如何做学问思考政治，都会有很多启发。通过书籍和思想的交流，在笔者看来在今天尤其显得重要。我相信读完此书的读者一定会感觉到这本书既是为日本读者写的，客观上也是为我们中国读者写的，因为林达夫经历过的很多事情，也是我们经历过的，或者说今天也在经历的，比如东西方文化的冲突问题，传统与现代问题，这些都可以在这本传记里面找到很有意义的启示。

这本《林达夫和他的时代》能够与国内读者见面，第一个应该感谢的是严搏非先生。因为没有严先生的慧眼，这本书就没有出版中译本的可能。严先生七年前读了我发表在《澎湃新闻 · 私家历史》上的写林达夫的文章后不久，就给我发来微信，说想引进林达夫传。我看了微信大吃一惊，因为知道现在出版学术书籍不容易，很怕给他添麻烦。我深感责任重大，就问他光凭一篇文章就决定，您不后悔吗？他说不会后悔，林达夫的传记很值得翻译成中文出版。我知道严先生参与了很多好书的出版策划，选书眼光之好，学术品味之佳，在业界学界都有定评。既然严先生那么有把握，相信我在文章里对林达夫的评价，我当然义不容辞。于是立即开始找译者，然后就开始了长达数年的翻译工作。在我审定完译稿后，严先生又不辞辛苦，为我们找到了愿意出版此书的上海三联书店，更是令人感动。上海三联书店拍板出这本学术传记，令译者和我油然而生敬意，也是我们由衷感激的。

这本中译本能够完成，要特别感谢译者伏怡琳。笔者原本是请三位译者翻译的，其他两位因为种种原因退出了。在这种情况下伏怡琳毅然挑起重任，尽管她自己有很多工作，又是第一次翻译学术类著作，但一路走来认真负责，让我这个审校者大为感动。我想，我们一起坚持做完这个工作，是深信这样一种通过翻译进行的文化交流的意义。而林达夫本人就是坚信读书、学问与思想的意义的哲人，能够把他介绍给中国读者，我们觉得是不可推卸的责任。他在《中国留学生》一文里说过，自己虽然不是鲁迅笔下的藤野先生，但是他无法不感到有同样的使命感。可惜因为战争的爆发，他没能给中国留学生继续上课。如果这个译本能让更多的读者了解他，也许可以稍稍弥补一点当年的遗憾吧。

Last but not least，先后负责本书的编辑谢小谢、李姗和苗苏以也为译本的完成付出了辛勤劳动，在此一并致谢。我们合作得很愉快，因为我们都相信这样一本书的出版对中国读书界的意义。如果这本书能对读者有一点点启迪，为中日之间的思想文化交流做出一点点贡献，那就是我们最大的满足和荣幸了。

序章

# 两名留学生

## 一

距今七八年前，曾有一段时间，关于一九二〇年代的议论沸沸扬扬，且地点各式各样。巴黎的，柏林的，维也纳的，纽约的，莫斯科的，这些关乎一九二〇年代的议论涵盖所有领域，从文学到爵士乐，从时尚到建筑，从哲学到体育，从音乐厅到物理学，从电影到芭蕾，显得无比热烈。但不可思议的是，关于一九二〇年代这一时期本身，全局性的论述却鲜有所见。这或许也是一九二〇年代热潮在两三年之内悄然消退的原因之一。不过即便如此，这一时期之所以能如此这般——即使是暂时性地——引起今时今日之关注，一半或可归结于这样一种状况：那是近代以来，经验乃至问题超越国境、显现出同步性与国际性的最早的一个时期，正因为如此，一种伴随“既视感”的亲切与熟稔感染了众人。然而，这表面上繁花似锦的一九二〇年代，其经验和问题的同步性与国际性之所以能够成立，却基于一项现实前提：这一时期恰恰是第一次世界大战终结的产物。

毋庸赘述，一战不仅将欧洲几乎所有国家卷入战火，还波及了欧洲以外的美国和日本，将后两国也卷入了战斗。且战场没有局限于欧洲大陆，而是扩展到了发达国家的殖民地，从非洲到远东，从印度洋及至太平洋。这场战争实实在在地以史无前例的规模展开，在战斗持续的四年三个月里，据统计有 795 万人死亡，1954 万人负伤，直接战费达 1805 亿美元，这些无比庞大的数字均达到了空前绝后的水平。

为了进行这场名副其实的世界大战，不难想象参战诸国——尤其是欧洲各大国——势必曾借国家之名，迫使民众做出一切牺牲。为此，到了一战末期，在欧洲大陆的各个角落，受尽严酷压制的民众对国家的愤懑日积月累，俄国十月革命与德国十一月革命成为将一战引向终结的重要诱因，而这两场革命正是民众不满情绪的宣泄与爆发。即便在其他规避了这种爆发的国家，状况较之俄国和德国也不过五十步笑百步。所以，在伴随一战终结而拉开大幕的新时代，最显著的便是民众摆脱压制重获解放的喜悦，以及对全然罔顾民众生活的国家所抱持的难以打消的疑念，这恐怕理所当然。战后民众的这种解放的喜悦和对国家的疑念，在文化领域不仅促成了大众文化的诞生，还为那些旨在开创新文学、新思想、新艺术、打破国家框架的国际性前卫运动打开了大门；而在政治领域，一方面掀起了革命运动的高潮，另一方面也促成了国际联盟的创建。

不过，我们也不能忽视从一战经历中诞生的一九二〇年代的另一个本质特征。一九一九年五月，一战结束后不久，保尔·瓦雷里在题为《精神的危机》的演讲中用语言描述了这一特征。面对一战的满目疮痍，瓦雷里正视了眼前的现实，称千百年来“被人类尊崇为智慧的最高形式或人性之胜利”的所有一切，如今都在名为“秩序与混乱”的“两大深渊之间跌跌撞撞”。在此基础上，他质问道：“欧洲是否沦为它现在地理上所呈现的那样，即亚洲大陆上的一方小小海角？抑或者，欧洲依然是它展现的那样，即世界上珍贵的一部分，地球的珍珠，以及巨大身躯的头脑？”（桑原武夫译①）瓦雷里在不安中预言了数个世纪以来欧洲行使霸权的时代走向终结，眼下正要开启一个新的时代。这或许可以概括为这样一种危机意识：忧心曾位居世界中心的欧洲文化即将走向崩溃。事实上，出征一战、在与死亡的对决中送走了青春年华的青年们，战争结束后以退伍士兵的身份返乡复员时，从他们口中最先道出的正是对既成秩序与既有价值体系的否定，以及破坏它们的欲望。无论是一九二〇年代盛极一时的达达主义、超现实主义或者未来主义，还是始于斯宾格勒《西方的没落》，经马尔罗《西方的诱惑》，再到伊曼纽尔·贝尔②《资产阶级思想之死》这一思想发展的主要脉络，甚至包括向文化人类学赋予“学术身份”的这种对未开化社会的关注，若离开上述欧洲中心主义凋零的思想背景，这一切恐怕都将不复存在。

在如此这般理解西方一九二〇年代的特征时，笔者脑海中突然冒出了一个朴素的疑问：西方意义上的一九二〇年代在日本是否存在？

之所以有此一问，是因为西方的一九二〇年代以一战为起点，一

---

① 据法文七星文库版瓦雷里著作集确认过译文。日译加重点号的部分原文为斜体字。Paul Valéry：*Oeuvres*，tome 1，Gallimard，1957，p.995.——王前校注

② Emmanuel Berl（1892—1976），批评家，一战从军后沉迷文学，专注于批评资产阶级思想与道德观念。——文中未作标注的注解均为译注

战经历从根本上决定了其特征。相比之下，日本虽为参战国，但战斗仅限于山东半岛和南太平洋。而且，日本利用发达国家倾全力出战后国力衰竭的间隙，迅速发展经济积累起了财富。日本的一战经历自然与欧洲各国截然不同。再进一步说，得益于战时的繁荣与独享其利的地位，到一战结束时，日本不管怎么说都已具备足以比肩西方大国的国力。就根本而言，或可说日本从一开始便不曾有过所谓的一战经历。一战带给日本的，不过是原封不动地接受同时代西方的文化与政治，勉勉强强形成了可以使之生根发芽的土壤。

然而，我们也不应忽视就在第一次世界大战结束五年后，日本也拥有了与一战同等性质的经历，那便是关东大地震。那场地震让以东京为中心的整个关东化为了废墟。在此，姑且引用一下地震后不久发行的一九二三年十月号《改造》特辑《遭遇大地震》中收录的几段投稿文章，这些文章简明扼要地阐述了那段经历。其中，近松秋江在文中写道："国民因日俄战争背负的二十亿日元债务，与先前因欧洲大战为日本带来意想不到的利好而挣得的二十亿日元利益几乎全数抵消。不承想，这一次更因意料之外的天灾——仅仅发生于极短的五六分钟时间内——再度有五十亿日元以上的国家财富瞬间化为乌有，并有二十万人失去了生命。……总之，历此一劫，去年以来托欧洲大战之福享尽了莫大余泽的日本，恰好与英、法、德、意等参战国落入了同样的境地。上天何其公平地给圆形地球上的国家降下了灾祸。"（摘自《此非天灾，应视之为天谴》）菊池宽则写道："见识到了大自然巨大的破坏力。……在自然面前，无所谓恶人善人。有的只是一片狼藉。时至今日终于感知到人类的无力，唯茫然无措而已。"（摘自《灾后杂感》）此外，佐藤春夫也写道："无论怎么说，鄙人经此次异变最为感佩的便是军人的威力。……此事令鄙人感到若没有军队，只怕安稳秩序无以维系。故值此之际，同样理应称颂礼赞的不仍是威光璀璨的军刀吗?”（摘自《军刀礼赞》）当然，笔者也知道不应否认那场地震经历中包含诸多日本独有的特殊情况。但在充分斟酌这些情况后，若将这些出于对未来的茫然而战栗不安的言辞，与瓦雷里的《精神的危机》作一个对比，反而会愈发不由自主地感到日本人的地震经历与欧洲人的一战经历，其性质不正相同吗?

事实上，笔者试着将第一次世界大战结束的一九一八年十一月与一九二三年九月放在一起作了比较，发现单纯对比相同年月时必然会有诸多出入的西方的一九二〇年代和日本的一九二〇年代，如此一比对，竟不可思议地严丝合缝地贴合到了一起。伴随那场地震，所谓大正时代之象征的《白桦》《解放》《明星》等刊物全数停刊，后一年即一九二四年，作为即将到来的新文学的先驱，《文艺战线》与《文艺时代》双双创刊，同时“筑地小剧场”开业。那之后，就如巴黎和柏林一样，革命的梦想也开始迅速俘获东京的年轻学子与知识分子。与此同时，西方一九二〇年代的前卫运动也以超现实主义为先锋，几乎同一时期在日本引发了共鸣。正是在关东大地震之后，西方的一九二〇年代直接变作了日本的一九二〇年代。

## 二

前面写道，西方一九二〇年代的前卫运动也几乎于同一时期在日本引发了共鸣，说得更严谨些，西方当时兴起的每一场新运动，必然都会有引介人将之带回日本并播下种子，这也是一九二〇年代日本文化的一大特点。这些引介人无一例外皆为留学生，这一群体在一战后数量骤增。为此，新文化思潮在日本开花的时间在极大程度上取决于身为引介人的留学生归国的时间，而其输入的先后顺序与西方各国略有出入的情况也屡见不鲜。需注意的是，这种输入存在一两年的时差，不过我们必须认识到，与之前相比这个时差已经小得几乎为零。说起这些一九二〇年代的引介人，若仅凭脑海中蹦出的名字列举一二，笔者可以想到影响新感觉派与现代主义文学的堀口大学、影响“筑地小剧场”与新戏剧的土方与志、引介表现主义与构成主义的村山知义、引介超现实主义的西胁顺三郎、引介无产阶级文学的藏原惟人、引介马克思主义的福本和夫……还有更多其他各大文化领域中的例子不胜枚举。

为了聚焦日本的一九二〇年代，笔者在此想重点提及两位人物：期刊《在新兴科学的旗帜下》的创刊人三木清与羽仁五郎，此二人也都属于这样的引介人。

三木清于一九二二年五月至二五年十月留学德国和法国，羽仁五郎则在一九二一年秋至二四年春留学德国，二人在海德堡同时师从李凯尔特，相交甚笃。此二人各自经历留洋之后，究竟给祖国日本带回了些什么？本书序章不妨就从回答这一问题开始。

三木清一九四一年在《读书遍历》一文中回忆称，留洋时德国正处于战败后“精神极度不安的时期”，受此影响，他自己也一度沉湎于“当时俘获众多德国青年的不安的哲学与不安的文学”。文中写道：

回过头想想，此前的世界大战爆发时我正在高级中学念书。我说“回过头想想”，这一表述用在此处颇为精准。因为可以说，我虽在感性最敏锐的青年时期遭遇了那样的大事件，但若不回过头想一想竟回忆不起来，可见那场战争直接给予我的精神影响少之又少。……反倒是在其后的一九二二年，我去了欧洲才对那场世界大战有了切身的体会。

三木此番在欧洲延迟体验了第一次世界大战，之后回到日本。依笔者之见，从他一系列论文中可以窥见他所带回的东西。以一九二七年一月刊发于《思想》的《解释学现象学之基础概念》为首，三木在同一杂志上先后发表了多篇论文，如六月的《人学的马克思主义形态》、八月的《马克思主义与唯物主义》、十二月的《实用主义与马克思主义哲学》等。除《解释学现象学之基础概念》一文以外，这些论文皆收录于一九二八年出版的《历史唯物主义与现代意识》一书中。

三木自己在文中明确宣示了其论述的依据，正是由对人的生存本身进行思考后推导得出的“解释学现象学”。为此，我们有必要从《解释学现象学之基础概念》的文本出发，简要梳理三木思想形成的足迹。

三木首先聚焦“人自身存在最根本性的存在方式”，即“关注”，先论证了“关注”的先决条件正是“存在的具体性”，并据此指出不仅是“生存本身”，“但凡成其为事实、成其为现实的，皆为历史的”。这种将“存在的历史性”设定为其根基的观点正是“解释学现象学”，存在与其他存在得以相交涉的场域，即“我们生存于其中的公共圈”必然受“存在的历史性”所限，正因为此，“现代意识”必不可缺。三木由此断定，“解释学现象学”唯一可能的出发点唯有“现代意识”。可以说，《人学的马克思主义形态》及其后的论文正是将这种

“解释学现象学”应用到了现代人学的问题上。若继续依循三木的文本，可知他将“关注”的最基本方式定义为“基础经验”，在由“基础经验”生成的逻各斯中，包含“人类之自我诠释”的人类学与“人类之自我探究”的意识形态两个阶段。三木是这样定义人类学与意识形态的关系的：“人类学是基础经验与意识形态之间的媒介，而意识形态的变革又以人类学的变革为媒介”，以此明确了从“基础经验”出发形成意识形态的经验的发展形式，以及经验与逻各斯之间的辩证关系。完成这些基础工作后，三木提出了他的问题：“唯物史观是基于什么基础经验，是依赖何种人学……而组织形成的意识形态？”（以上摘自《人学的马克思主义形态》）他为回答这一问题而展开的种种思考，可以看作是贯穿《历史唯物主义与现代意识》全书的经络。

基于这一问题意识，三木陈述的诸多理论或可简要归纳如下：“无产者的基础经验”由实践即劳动决定其构造，唯物史观建立在基于“无产者的基础经验”的人类学基础上，并受其规定的人学的限制而得以成立。另一方面，在现代商品社会，“存在的物质化”（摘自《马克思主义与唯物主义》）占据支配地位，因此无产者不得不被异化、“商品化”。如此一来，正因为其存在遭到否定，无产者才会优于其他，“能够且不得不在运动性与历史性的层面上把握存在”（同前）。既然如此，基于“无产者的基础经验”的唯物史观，必须是现代人学。

关于三木清的这些理论，迄今为止屡屡有人论及其与福本主义之间的关联，在此自然不能略过不表。

诚然，确如诸多论者先后指出的那样，以上述内容为主旨的三木理论与福本和夫的理论相同，皆受卢卡奇在一九二三年出版的《历史与阶级意识》一书的影响。然而，正如竹内良知所分析的（见《日本的马克思主义》，收录于《现代日本思想大系》第二十一卷），以一九二五年《欧洲无产阶级政党组织问题的历史性考察》一文为开端的福本理论，可以看作是将《历史与阶级意识》和列宁的组织论结合在一起后所展开的。所以，其自始至终探讨的问题皆可归结为“应如何斗争”。与之相对，若以类似的结构看待三木理论，则可以说是将卢卡奇与海德格尔的解释学现象学结合后的产物。不过，卢卡奇是从“既非单个个人所思想、所感觉的东西的总和、亦非其平均值的阶级意识”（城冢登译《历史与阶级意识》）出发，而三木则如前文所述，归根结底是在回归每一个人的存在并深化思考。所以，可以说三木清运用解释学现象学的方法填补了卢卡奇的阶级意识确立之前的理论缺陷。想必促使三木完成这一工作的，绝非“应如何斗争”，而是“应如何生存”这一问题。我们必须着眼于这种深藏在每个人问题意识底层的根源性问题，来甄别三木清、卢卡奇以及福本和夫（附注一）。

阐释上述三木理论的《历史唯物主义与现代意识》一书于一九二八年五月出版，不用说，必然会引发巨大反响。这本书对——借用桝田启三郎的说法——“一方面研习新康德主义与现象学派哲学，而另一方面又无法对马克思主义思想置若罔闻，结果被这两者之间无论如何都难以填平的鸿沟弄得心烦意乱到几近绝望”（摘自《师恩》，收录于《三木清回想》）的那一代人，究竟发挥了何等决定性的影响力？关于这个问题，桝田本人自不必说，从久野收（见《足迹》，收录书籍同前）到清水几太郎（见《我人生的残片》），许多人皆已异口同声给出了证言。福本主义对那些苦恼于知识分子身份能否参加革命的左翼青年是一大救赎，而三木理论在所谓一般哲学与马克思主义之间首次开辟了一条通道，就这层意义而言，对其抱持共鸣的青年远甚于前者。将他们由以往的哲学道路引上新路途的，正是三木不断强调的“历史性”与“现代意识”。在那八年前，大正时代的教养派代表人物阿部次郎曾写道：“通达个性这一幽深殿堂的道路多如底比斯[1]城中的门扉。我每时每刻的生活便是我的信仰鲜活的告白，我种种的行为便是我的宗教不成言语的布道。”（摘自《论个性》，刊载于《哲学研究》一九二〇年五月号）三木清正是阿部所谓的“人格主义者”，而这一切皆是他在欧洲延迟体验了一战之后，以一己之身把握的时代的本质。

一九二四年，羽仁五郎比三木早一步回国，重新入编东大史学系。从羽仁身上，我们也可以看到几乎与三木清相同性质的问题意识。简言之，在三木发表《人学的马克思主义形态》等一系列论文的差不多同一时期，羽仁也在一九二八年六月刊载于《史学杂志》的《反历史主义批判》和八月刊载于《思想》的《事实的选择与诠释——为新史观所做的考察》两篇文章中，提出了与三木相同的问题。在前一文中，羽仁批评了时下本国历史学中的文化史倾向、精神主义历史、国民主义或特殊主义历史，指出：“现在能够成为我们之历史的历史，不能只是以可能的方式仅仅实现其历史性，而是必须从根本上立足于现代的存在构造，并在此基础上以必然的方式实现其历史性。”而在后一文中，羽仁则试着从人的存在方式出发揭示事实的选择。“历史性”，“现代意识”，“从人出发”。诚然，此二人术业各有

① 指古希腊名城 Thebes。——王前校注

专攻，但不得不说羽仁五郎留洋携回之成果与三木重合在了一起。

## 三

如此，两位留学生归国后在一九二八年十月创办了一份刊物，正是平均一百五十页的期刊《在新兴科学的旗帜下》，装帧与茶褐色封面的德语版《在马克思主义的旗帜下》别无二致。

刊物发行机构为“新兴科学社”，三木和羽仁在辞去岩波书店职务的小林勇的协助下创办，期刊编辑的实务工作则由哲学家本多谦三负责。据羽仁五郎透露，创刊初期的发行量为八千册（见《忆〈在新兴科学的旗帜下〉创刊之初》，刊载于《思想》一九八二年十二月号）。

若翻阅《在新兴科学的旗帜下》创刊号中的《编辑杂录》，便能看到其首先提请读者注意，在那之前的学术杂志大凡不过是互不相干的各大学研究室的会报，且分门别类仅专一科。《杂录》指出，“但如今，处处皆能痛切感受到开展综合研究的必要性。马克思学说的发展尤为强烈地诱发了这一状况”，并力主该期刊比任何其他刊物都更能称得上“综合性理论期刊”。随后第二期《杂录》写道：“即便对新兴学科中有着最重要意义的马克思主义，我们也不拘泥于某一特定观念，允许自由诠释。”以此表明，该期刊希望在马克思主义的旗帜下确立范围广博的综合学说。事实上，三木清那篇刊发于创刊号卷首的《科学评论之课题》，便针对古希腊时期的“哲学沉思”与文艺复兴时期的“自然科学”，提出以“社会科学”作为当下学问之理念，并将辩证唯物主义定为方法，阐述了一套新的学术理论。

可以说，上述态度始终贯彻于《在新兴科学的旗帜下》所有十五期刊物中。比如，在第三期新开设的“社会科学文献评论”专栏中，以三木为首，笠信太郎、藏原惟人、有泽广巳等人先后评点国内外最新社科书籍。刊物还每期登载一篇翻译各类文献的译稿，从黑格尔到列宁，从普列汉诺夫到瓦尔加[①]，几乎期期不落。不过，最让人饶有兴味的仍是刊物所发论文的多样性。就各专业方向来看，确实反映了当时马克思主义在日本所引发的关注的样态，与经济相关的论文数量遥遥领先于其他，其后依次为史学、哲学、法学。而如果就论文执笔人的情况进行一番考察，则这份刊物打破了时代局限，其涉猎面之广、包容性之强的特点，便会愈加清晰地显现出来。

在此，且列举一些为刊物撰写卷首论文或在版面中数度登场的人物：岸本诚二郎、加田哲二、高岛善哉、向坂逸郎、本多谦三、细川龟市、奈良正路。此外，户坂润、石滨知行、铃木安藏也都发挥了不小的作用。若要论专业方向的特殊性，栃植秀臣与山下德治的名字令人印象深刻。而当人们在期刊目录中发现中岛文雄、坂本太郎、中川善之助及唐木顺三的名字时，任谁都无法不惊诧于这份意外。比如，中岛文雄为创刊号撰写了《论语言的推移与发展》，立足于语言现象的普遍性这一视角，援引索绪尔和叶斯柏森[②]，对以往的语法学家和语言史学家进行了批驳。坂本太郎则在第二期刊发了《古代交通史问题》一文，对日本古代的民众生活展现出了浓厚的兴趣。此外，唐木顺三在一九二九年八月刊发的《克服沉思的态度》一文中，阐释了芥川龙之介之死的意义，并强有力地论证了沉思之于现代的无用，及其

---

① Varga Jenő（1879—1964），匈牙利经济学家，活跃于苏联，1963 年获颁列宁奖。

② Jens Otto Harry Jespersen（1860—1943），丹麦语言学家。——王前校注

"与身为被压迫阶级的无产阶级相结合"的必然性。此番多样性如实地向我们展现了在一九二〇年代末这样一个时期，马克思主义是如何在各式各样的学界内部激发起新的关注的。必须要指出，《在新兴科学的旗帜下》作为"综合性理论期刊"的存在意义，便在于将这些越来越炽热的关注不分门类地集结在了一起。

然而，在《在新兴科学的旗帜下》持续发行的一年三个月里，该刊物的内容也并非全无变化。一九二九年一月，《编辑杂录》中出现了反省："自认过去可能太过专业。或许因此而过于脱离社会。"并表明了决心："要为刊物注入更多斗志。"从这一时期起，期刊虽然也在坚持创刊以来定位为理论杂志的特色，但无可否认期刊整体开始激进化。具体而言，一方面，紧扣日本现实问题的论文数量有所增加，刊载了如带刀利一的《我国市町村财政》那样具体分析同时代地方财政的文章，无名氏的《元山全联盟罢工》，北村康的《新设拓务省与殖民地新经营》，以及如寺岛一夫的《汉族之满洲移居经过与在满朝鲜人压迫问题》那样正面探讨殖民地问题的文章。而另一方面，一九二九年五月号虽被冠以"现代资产阶级思想批判特辑"之名，却从这一期起，开设了评论期刊论文的"时评评论"专栏。在那里，田中耕太郎、土方成美、高田保马、蜡山政道、吉野作造、高柳贤三、大熊信行等一批学院派学者，与山川均、安部矶雄、土田杏村一道，被置于严厉的批评声浪之中。

毋庸赘言，刊物内容的这一变化与身为编辑的三木清和羽仁五郎二人思想上的转变密不可分。说到底，《在新兴科学的旗帜下》半数以上的卷首论文皆出自二人之手。彼时，三木清业已出版《唯物史观与现代意识》一书，其在卷首论文中写得最多的正是现代哲学批判。

刊发于《在新兴科学的旗帜下》的三木论文里，九篇中有六篇皆属此列。李凯尔特、韦伯、狄尔泰、黑格尔、施勒格尔、马克斯·舍勒，都曾被他当作批评对象，通过紧抓“历史性”这一视角进行批驳，一次次论述唯物史观的优越性。与此同时，另有一文也必须加以注目。一九二八年十一月至十二月，作为河上肇与大山郁夫编撰的《马克思主义讲座》的别刊，服部之总以佐伯俊平之名发表了《唯物辩证法与唯物史观》一文，批判了三木哲学（附注二）。三木就此以“批判的批判”为副题，写下《唯物主义与其现实形态》（刊载于一九二九年二月号）提出了反驳。文中，三木借由驳斥服部，果断地从根源上批判了日本的马克思主义。他将那些“只是原封不动地拿来马克思的学说，翻来覆去倒卖千篇一律的论述之人”，或者“死抱抽象的真理基石不放的马克思主义”者称为“正统主义者”，并言辞激烈地一一批驳了正统主义者拒斥历史特殊性的非历史性，斥责“他们只是一味引用而从不独立思考”，懒于思考，而且独断偏私，“仅凭引文便直接推导出思考方向的同一性”，以及狭隘到对正统言辞之外的东西不予认可。综上所述，可以说三木清借由《在新兴科学的旗帜下》这一刊物，一方面进一步切切实实地踩实了从现代哲学通往历史唯物主义的道路，另一方面也向那些将马克思主义绝对化的日本马克思主义者提出了一个概念，即：由“各历史时代之基础经验的特殊性质”（摘自《唯物论与其现实形态》）所带来的意识形态构造的特殊性所造成的、马克思主义作为思想的相对性。

另一边，羽仁五郎刊发于《在新兴科学的旗帜下》创刊号的文章题为《清算明治维新史研究》，总结梳理了以往的维新史研究成果。此文作为“运用马克思主义史学理论与方法开展维新史研究的起点”

（松岛荣一《马克思主义在日本的运用》，收录于《现代日本思想大系》第二十卷），早已广为人知。羽仁在《在新兴科学的旗帜下》这一刊物中所开展的工作或可总结为两大走向，一是《清算明治维新史研究》等一系列与具体的日本史研究相关的论文，一是旨在确立新史学的《个别特殊性幻想——尤以民族文化理论为中心》（一九二九年四月号）、《论世界史的可行性与必然性——H.G. 威尔斯批判》（同年五月号）及《唯物史观与发展阶段理论》（同年六月号）等文。尤其是在后一走向中，羽仁针对当时主张各国历史之特殊性的史观，提出"对历史科学而言，唯一的特殊性便是社会历史发展阶段的特殊性"（摘自《个别特殊性的幻想》），并由此揭示了建立在发展阶段之上的世界史、而非某一国史的可行性。同时，羽仁还提出了"历史的现在性"（摘自《唯物史观与发展阶段理论》）这一新概念作为新史观的起点，并做了如下论述："唯有通过理解历史的现在性，我们的史观……方能获得历史发展性与积极性。并且，恐怕也唯有现实地理解了这一现在性，方能精准把握这种历史性发展的现实性乃至结构的整体性。"

综上所述，必须指出，三木清和羽仁五郎通过《在新兴科学的旗帜下》这一刊物，使两人各自从西方带回来的知识作为一种思想扎根于日本的精神土壤，同时也为多年来处于学院派统治之下的学术界开辟了一方崭新的天地。至于两人编辑的《在新兴科学的旗帜下》在一九二〇年代末的日本思想界发挥了何种作用，在此笔者仅作如下引用。松田道雄写道："这份刊物一直出版到第二年四·一六事件（一九二九年）之后，对我们这些左翼学生来说，感觉就像给那场左翼大游行做了伴奏。"（摘自《忆昭和四、五年》，刊载于《图书》

一九六六年十一月号）。久野收则评价道："通过这份刊物，日本的马克思主义第一次渗透进学院当中，走出了此前经济学一边倒的状况，其视角和方法扩大到了哲学、史学、法学、社会学等各个领域。"（摘自《三木清——论其生平与遗产》，收录于《现代日本思想大系》第三十三卷）

## 四

一九二九年十月十三日，三木和羽仁创办的"新兴科学社"，与秋田雨雀任所长的"国际文化研究所"及野坂参三任主理的"产业劳动调查所"合并，成立了"无产阶级科学研究所"。关于该所的具体创设经过，资料显示由小林勇多方奔忙牵线，同年秋，三木与在"国际文化研究所"颇有影响力的藏原惟人协商，其后，两家几乎创立于同一时期的团体与当时已有五年历史的"产业劳动调查所"合并一事被迅速敲定（附注三）。十三日，在东大佛教会馆举行的成立大会上，宣读了由三木、藏原、奈良正路三位起草委员共同拟定的《创立宣言》，称"最重要也最紧迫的问题"是"在同一方向开疆辟壤的各科学领域的探路人齐聚一堂，携起手来，共同面对千难万阻的科学难关"，并宣称新研究所旨在"以研究、综合、介绍、讲解并普及无产阶级科学为己任"。本次大会上，经推选，秋田雨雀出任新研究所所长，小川信一任书记长，栉田民藏任涉及政治学、经济学、法学、社会学的第一部门部长，三木清任涉及哲学、史学、教育学的第二部门部长，藏原惟人任涉及文学、艺术、语言学的第三部门部长，（以自然科学、精密科学为领域的第四部门部长空缺），并决定以藏原为编辑委员长发行机关刊物《无产阶级科学》，首期为十一月号。

不过，与此同时《在新兴科学的旗帜下》一直发行到一九二九年十二月号，最后两期与《无产阶级科学》一同出现在了书店的货架上。最末一期的《编辑杂录》中这样写道：“此刻我们将走出这座堡垒，继续发起进攻，或许已经到了应当化身散兵大范围分散到野外进行战斗的时刻。眼下，马克思主义的青年学徒们必须进一步铺开到各个角落，在新兴研究的道路上继续迈步前进。”文中找不到只言片语提及停刊，言外之处皆在暗示《在新兴科学的旗帜下》将继续发扬其传统，发展并消融到《无产阶级科学》当中。

事实也确实如此，在《无产阶级科学》的创刊号上，铃木安藏的《政治学中的绝对主义、民主主义与马克思主义》刊发于卷首，而到了第二期，羽仁五郎则以大川豹之介为笔名发表了《无产阶级历史学概论》，占据卷首位置。但是，若逐一追溯该刊物从创刊至三〇年五月这七个月间发行的每一期杂志，便会发现与《在新兴科学的旗帜下》相比，所谓学术论文的数量显著减少，取而代之的皆为翻译与介绍，尤其是从弗理契到德波林，苏联学者执笔的文章数量大增。另一方面，以苏联为代表，汇集各国无产阶级运动资讯的“国际文化新闻”专栏也分得了不少版面。而就撰文者来看，三木清登场一次，羽仁五郎登场三次，在其余近七十名为《在新兴科学的旗帜下》执笔的作者中，除三木、羽仁和铃木安藏另当别论外，那些在刊物发行的后半段早已成常客的作者们，除去奈良正路、细川龟市、寺岛一夫三人以外，目录上竟然全无踪迹。即便翻阅创刊号上登出的研究所所员名单，除上述列出的人名外，也只能找到户坂润与山下德治两人的名字而已。在此恐怕已无须强调指出，《在新兴科学的旗帜下》最后一期

《编辑杂录》所宣示的方向与《无产阶级科学》行进的方向很快便出现了分歧。

其后,《无产阶级科学》在一九三〇年六月号上刊出了《无产阶级科学研究所现阶段行动方针(草案)》,文中断言:“创刊以来,以左翼知识分子为中心的统一的组织性研究未能取得成果”,并指出眼下阶段面临的问题是“如何让研究与现实中的无产阶级斗争挂钩起来,并在维持组织性关系的同时使之有所发展”。《方针》强调,有必要推动“研究的大众化”,“期刊的大变化”,并“发行书籍和宣传册子”,进而强烈呼吁“针对全社会民主主义发起彻底的斗争”。不得不指出,在定位上沿袭《在新兴科学的旗帜下》之发展脉络的《创立宣言》至此已彻底遭到否定,就此消亡。事实上,早在“无产阶级科学研究所”创设七个月前,藏原惟人便在“无产阶级艺术家联盟”与“前卫艺术家联盟”合并成立的“全日本无产者艺术联盟”(简称“纳普”)的机关刊物《战旗》四月号上,发表了题为《“纳普”艺术家的新任务——确立共产主义艺术》的文章,阐释了“对本国革命运动恒常不断的关注,与理解其所需的达到一定高度的共产主义素养”的必要性,并呼吁战胜社会民主主义艺术。而这次“无产阶级科学研究所”的路线转换,正是在呼应当时作为一介党员已转入地下的藏原此前的呼吁,这一点几乎毋庸置疑。据笔者推想,其背后或许潜藏着这几个因素:一九二九年九月共产国际通过决议,要求排除并打击社会法西斯分子;以阿维尔巴赫为代表的“拉普”(全称“俄罗斯无产阶级作家联合会”)也在同一时期决定,要求作家和思想家以社会实践为重,将其放在优先于其他事物的首要位置。若不做此推想,我们只怕根本无法理解一九二九年身为统一战线论者的藏原惟人,在一手促成

“纳普”诞生，另一手推动“无产阶级科学研究所”成立之后，究竟为何会突然出现这样的转变。

作为这一新方针的具体落实措施，“无产阶级科学研究所”最先采取的行动，正是针对三木清的批判运动。五月二十日，就在《方针草案》发布前没几天，三木因向非法政党共产党提供资金而被扣押，在丰多摩监狱一直被关押至十一月中旬（附注四）。

前文已有提及，一九二八年末，服部之总曾揭露称，“三木哲学的罪过在于暗中引入观念论，借此腐蚀整个马克思主义并持续对之进行侮辱”（摘自《唯物辩证法与唯物史观》）。在此不得不坦率地承认一个事实，即进入一九三〇年后，批判三木哲学的火苗再度燃起，且这一次不仅仅是左翼阵营，自由主义者一方也烧了起来。起因是同年一月初至二月末，三木清在《中外日报》上分三次刊发宗教论，基于“确实存在无论自然及社会相关科学如何发展进步皆无法满足的宗教需求”（摘自《如何批判宗教》，刊载于二月九日发行的前揭报刊）这一前提，奉劝那些不愿满足于墨守既有教派之陈规的青年宗教家们“在阶级层面与无产阶级相结合”，结果引发了热议。对于三木的这一提法，就连并非马克思主义者的土田杏村都写下了《人的唯物论及其批判》（刊载于《理想》四月号），斥责三木“将马克思倒退回了费尔巴哈”。另一边，服部之总撰写了《观念论的粉饰形态》（刊载于《思想》五月号），并加上“三木哲学再批判”的副题，写道：“三木氏的所有认知……每一种皆以‘人’为起点……，所以若不从观念论的角度看待自然科学，便无法为之奠定基础。”从而在一年的空白期后，再度开始弹劾三木哲学。可以说，“无产阶级科学研究所”的书记局正是利用了当时的局势，并抓住了三木被捕缺席的机会。

在刊发《无产阶级科学研究所现阶段行动方针（草案）》的《无产阶级科学》六月号上，卷首刊发的是川内唯彦的《马克思主义对宗教采取何种态度——论三木氏与服部氏的争论》①。同时，“无产阶级笔记”专栏中登载了寺岛一夫的《三木清与其哲学》，此文在承认三木确系马克思主义者的基础上，先申明这只是一场内部批判，而后发出劝告称：“留给永远的怀疑论者的道路只有一条，就是去实践。”（寺岛）在下一期的七月号上，三枝博音以户弘柯三为笔名撰写了《唯物史观与哲学的基础》，表面上只字未提三木之名，实则借批判海德格尔，大胆发起了极其阴险的攻击。而在其后八月号的《无产阶级科学》上，登上卷首的是以“无产阶级科学研究所”书记局之名刊发的《针对三木哲学的主张——我等对待哲学的态度》。文中反复强调必须与社会法西斯分子进行持久不息的斗争，并宣判称：“三木哲学乃同路人性质的小资产阶级知识分子的意识形态。”文中还罗列了诸条罪状，如：以“意志不坚定的小资产阶级知识分子”为读者，受资产阶级新闻报道所吹捧，“试图暗中将资产阶级观念论的抽象概念引入马克思主义”等等，进而向读者广泛呼吁道，为了克服三木哲学，应“从明辨阶级根基和政治作用的观点出发”与社会法西斯分子作斗争，并在实践活动的道路上大步迈进。虽然同一期八月号还刊发了加藤正的《三木哲学备忘录》，但除上述例证之外，仅笔者所见，能列出的批判文章便有：《思想》七月号刊登的服部之总写的《唯物辩证法的世界观与自然——论三木哲学中的辩证法》；八月号有栗原百寿的

① 附注四出现了同一论文，标题为《马克思主义者对宗教采取何种态度》。此处应为作者笔误，漏了“者”字。

《相对主义与浪荡的辩证法——三木哲学批判》;《理想》十月号有秋泽修二的《论土田杏村氏的三木哲学批判》;《无产阶级科学》十一月号上有泷田炼太郎的《论哲学及哲学战线之政治性与党派性——关于本刊〈八月号〉与〈九月号〉上的哲学论文》;《思想》十二月号则有加藤正以山野幸夫之名刊发的《通往辩证唯物论之路》……稍一罗列,两手十指便已数之不尽。不过,在这里必须指出,泷田炼太郎那篇引得编辑部特意备注申明该文系投稿文章的论文,是这些三木哲学批判中唯一具有说服力的一篇。文中断言,允许三木跳梁的"无产阶级科学研究所"其本身也是"非无产阶级,非党派的",并指出因为同为"知识分子同路人、大学教授",所以河上肇、大山郁夫、本多谦三、羽仁五郎、户坂润、三枝博音等皆为三木同类,从而对这些人一视同仁地进行了一通批驳。文章总结道:"对庸俗主义或同路人性质的理论所进行的批判归根结底是附属于X之战略战术的一个部分,必须站在X的立场,基于X的权威付诸实施。"这极具象征性地展现了当时"无科"自身布尔什维克化的进程。文章指出加藤正的批判——尤其是《通往辩证唯物论之路》一文——容许福本主义与三木哲学大行其道,却只能"通过所谓的哲学之外的力量强行施以处置",从而对日本辩证唯物论的这种"世俗性"提出了严厉抨击。笔者想指出此文早早展现出了泷田两年后在《对我国辩证唯物论的回顾与展望》(刊载于《唯物论研究》一九三三年四月号)一文中的立场。至于除此以外的其他攻击文章,其内容皆不过是在重复先前已做概述的三木批判的几项论据,反倒极佳地印证了三木清在《唯物论与其现实形态》中列举的日本马克思主义的特征。尽管如此,在这场盛大的三木批判运动开展得如火如荼之际,当事人三木清却身陷牢狱反驳无门。思及此处，不得不说这场运动脱离了常轨，恐怕已经无关乎思想，而沦为一起比偷袭更加卑劣的反常事件。

与此同时，另有一事也不容忽视。在上演这场三木清批斗运动的同时，“无产阶级科学研究所”内部也进行了一系列肃清。笔者仔细追溯了《无产阶级科学》每期刊发的《研究所汇报》，发现《新方针（草案）》刊发后的第二个月，七月号刊物便通报称，第一部门部长栉田民藏退会，举行创立大会时任宣言起草委员的奈良正路辞去书记职务，川内唯彦就任书记，且《编辑后记》的署名也因小川信一被捕而改换成了寺岛一夫。九月号则发布公告称奈良正路被除名，三木清、高仓辉、细川龟市、平林初之辅退会。同时，九月号还以单独成文的形式刊发了《申明——关于山崎谦除名一事》。这位山崎曾与三木和秋泽修二联名撰写过批驳服部之总的论文《论唯物论是如何被观念化的——对再批判的批判》(刊载于《思想》六月号)。而另一位联名作者秋泽，则在《无产阶级科学》九月号刊发的《认识论中的列宁辩证法》一文文首试着进行了自我批评，称其本人受三木哲学影响犯下了谬误。就这样，“无产阶级科学研究所”创立之后仅短短一年，除羽仁五郎和寺岛一夫外，其余那些曾为《在新兴科学的旗帜下》提供合作的人无一不被赶出了局。

## 五

三木与羽仁五郎一起从刚刚结束一战的欧洲带回了种子，并经由《在新兴科学的旗帜下》这一刊物播撒到了日本的大地上，可就在其舒枝展叶眼看便要开出花朵时，却因为俄罗斯马克思主义与日本儒家训诂学传统纠缠在一起后生成的一种独特的教条主义，而被以极富政治色彩的方式碾碎殆尽。要说一九二〇年代之后到来的一九三〇年代是个什么样的时代，至少仅就日本而言，那些经一九二〇年代的引介人之手移植到日本大地并准备在此扎下根基的各种新思想、新文学的萌芽，皆先因左派的教条主义，后因与国家权力结合到一起的右派，而被无情地践踏、摘除。做个对比，一九二七年出版《刚果之行》后开始关注社会问题的安德烈·纪德，一边撰写《妇女学校》和《罗贝尔》，一边研读《资本论》深化思考，他虽拒绝加入“革命作家艺术家协会（AEAR）”，却在一九三三年同意担任反法西斯集会主席，并于一九三四年与马尔罗一道，带着要求释放因德国国会纵火案而被作为纵火犯逮捕的季米特洛夫的请愿书，前往了柏林。如他这般在与自身过往思想对决的过程中逐渐左倾的稳健的步伐，在一九三〇年代的日本根本不被允许。

不过，笔者并不准备全面否定业已形成的定论，即：作为第一次世界大战“战后”的一九二〇年代，是国家框架松动了的国际主义时代；而作为第二次世界大战“战前”的一九三〇年代，是国家再度走到幕前的民族主义时代。尤其是在日本，民族主义抬头的力道之强硬远甚于西方国家，厚重的国家壁垒几乎遍布所有领域，日本之特殊性盛大复活，这一事实恐怕不容否认。然而，单从民族主义与国际主义这一角度出发的话，我们就不得不承认下列事情无法解释：不仅仅是一九三〇年的批斗三木运动，还有一九三〇年代后半期在苏联国内刮起的肃反风暴，甚至严重撼动了以西班牙、法国为首的发达国家左翼阵营内部。为了将这些现象一并归总进来，窃以为，与其归结为民族主义，倒不如使用极权主义这一概念，整合度远高于前者。就此而言，在我国早在国家排他主义露骨地站到台面上之前，马克思主义的绝对化便已率先在思想和文学领域蔓延开来。基于某一特定立场施加严格管控的不宽容的时代，在一九三〇年代前半期便已显露端倪。相信即便不考虑日本的特殊性，也完全可以理解这一说法。而这种或可谓之为独具日本特色的极权主义特质，或许恰恰推动了事态的发展，以至于极权主义出现得远比西方更早、更快。到了一九三〇年代后半期，培植左翼极权主义的土壤直接延续成了日本主义盛行的温床。正因为如此，笔者才希望在与一九三〇年代做对比时，相较于其后闭塞而不宽容的时代，可以将一九二〇年代看作是一个开放而又宽容的时代。

在对一九二〇年代给出这样一个定义时，这一系列始于《在新兴科学的旗帜下》创刊、终于批斗三木运动的事件或许可以看作是一种象征，戏剧性地演绎了从一九二〇年代向一九三〇年代的过渡。借由这一场场大戏，一九二〇年代通过展示与其后到来的一九三〇年代的差异，而使其最本真的姿态清晰地展现在了我们面前。

在此，另有两个概念也不容忽视。那便是三木清等人否定大正自由主义经年累月浇灌起来的“教养”与“人格”这些理念，而在此基础上提出的“历史性”与“现代意识”。确实，进入一九三〇年代后，虽说日本的特殊性在各个领域死灰复燃，但即便是日本浪漫主义，若脱离这一“历史性”与“现代意识”，都不可能存在。即使辩证唯物论与马克思主义皆半强制性地被外力抹杀，这“历史性”与“现代意识”仍继续存活在日本的思想中。就这层意义而言，可以说，创办了《在新兴科学的旗帜下》的三木清和羽仁五郎，超越了一九二〇年代及一九三〇年代这样的时代范畴，在日本开创了一个历史主义的新时代。而且，“历史性”与“现代意识”不同于“教养”和“人格”，具有的正是国际性与普世性。可以说这些成功地让日本也跻身于从一九二〇年代开始于西方、大致一直持续到此前不久的历史主义的时代当中。

最后，或有些画蛇添足，谨在此记下一笔个人感想。以《解释学现象学之基础概念》为起始，三木清在一九二〇年代末开展的一系列工作，从作为个体的人的存在出发，立足于现象学对马克思主义进行了诠释。这与第二次世界大战后，梅洛·庞蒂在“马克思主义与哲学”以及《辩证法的冒险》中提出的理论不谋而合。即便就理论的精细程度而言，三木理论应该也足以填补从卢卡奇转向马克思主义写下《历史与阶级意识》之后，到梅洛·庞蒂登场之前所延续的——借用梅洛·庞蒂的话说——“不以主体性为伴随现象而试图使之与历史合体的”“西方马克思主义”(摘自《辩证法的冒险》，泷浦静雄等译)这二十余年的空白。

# 第一章
# “同路人”

## 一

在日本一九二〇年代最具代表性的广告文案中，若要谈及与出版文化相关的，想必任谁都会毫不犹豫地举出以下两段：

> “以最少的钱读最好的书！”我社将秉持这一口号，在出版业界毅然推行一场大革命，将特权阶级的艺术还给全民众。“一户一套！”没有艺术的人生诚如荒野。我国人民坐拥理应载入世界史册的伟大辉煌的明治文学，可为何却没能如英国作家莎士比亚的作品那般全民普及？有鉴于此，我社果断推行史无前例之百万图书出版壮举，以供全国各家各户欣赏阅读。

> 真理需要万人之追求，艺术期盼万人之喜爱。过去，出于愚

民的目的，学问与艺术曾被闭锁于最狭窄闭塞的堂宇。如今，夺回特权阶级所独享的知识与美，已成为时刻进取的民众最为迫切的要求。岩波文库之诞生，正是应此之需，为此所激励。相信本文库必能把富于生命的不朽之典籍从少数人的书斋与研究室中解放出来，使其遍布街巷，与民众为伍。

毋庸多言，前者整版刊发在一九二六年十月十八日发行的东京朝日新闻上，是预定于当年十二月推出的改造社版、全三十七卷《现代日本文学全集》的预售广告；后者刊印于次年七月十日起发行的“岩波文库”卷末版权页的背面，是岩波茂雄《寄语读书人——写于岩波文库发刊之际》一文的开头。

《现代日本文学全集》从首部作品《尾崎红叶集》开始陆续发行，杉浦非水负责装帧设计，“菊版”开本[①]，平均每卷三百页，所有汉字均标注假名，六号字体，三段式排版，并以全新“预售出版”形式销售，分销价一日元。各卷收录内容相当于四百字文稿纸两千页上下，即所谓“市价超过十日元仅需壹日元便可购得”（山本实彦《改造十五年》，刊载于《改造》一九三四年四月号）。丛书一经推出，当即售出三十五万册。由此，史称的“一日元图书时代”盛大揭幕，各家出版社相继发售文学全集。第二年，三月春阳堂推出了《明治大正文学全集》，五月新潮社发行《世界文学全集》，平凡社也出版了《现代大众文学全集》。

不过，此番颠覆以往出版模式的大规模图书出版，其实并没有经

---

① 大致为 150 mm × 220 mm，各出版社略有出入。

过审慎的探讨与万全的筹备。地震[1]后，金融危机引发大萧条，创社时日尚短的改造社经营当即走进了死胡同，据社长山本实彦在《改造十五年》一文中坦言，此举实为困中求存的计策，“当时关东大地震引发火灾，东京大部分书籍几乎焚尽”，“古籍经典价格飙升”，普通人望洋兴叹，改造社注意到了这一状况，紧急制定出版方案，孤注一掷赌上该社之存亡实施了此举。

在这一点上，推出岩波文库的岩波书店面临的情形别无二致。只不过，已有十三年历史且一路稳扎稳打的岩波书店，没有像改造社那般急火燃眉。然而，对于改造社取得的成功，岩波书店也着实做不到心如止水，据安倍能成记述（见《岩波茂雄传》），岩波也曾策划出版世界文学全集，不料想选题刚定便被新潮社抢去了先机，更令人震惊的是新潮社的《世界文学全集》销量远超《现代日本文学全集》。经此波折，岩波书店只能从头重新策划选题，最终打着普及名作经典的旗号推出了岩波文库。正如负责文库创刊工作的小林勇所坦言，这套丛书其实是“落于人后的岩波在对一日元图书心存抵触的同时孤注一掷的产物”（摘自《别无他途》）。岩波书店险些落于其他出版社之后，彼时的焦躁与怨懑在《寄语读书人》开头之后的字里行间或可说已经露出端倪。文中写道：“近日可见大批量印刷预售出版之风。暂且不论其广告宣传之狂态，只问其夸耀惠及后世的全集在选编时，可曾经过万全之筹备？在翻译策划流芳千古的典籍时，可曾缺失虔敬之心？更有甚者，此全集拒不单本零售，捆缚读者如强卖般倾销数十册，莫非此即为其标榜的学问与艺术之解放耶？！”

---

① 指1923年关东大地震。

总之，在改造社推出《现代日本文学全集》的八个月后，落后一步的岩波书店也在一九二七年七月十日发行了岩波文库，收录有夏目漱石《心》《新注万叶集》上下卷、柏拉图《苏格拉底的申辩·克力同篇》及托尔斯泰《战争与和平》第一卷，三十一册同步发售。这套丛书由平福百穗装帧设计，以星数定价，约一百页计一星，每星二十钱。虽然丛书没能像文学全集那般短时期内大批量热销，但没多久也出现了效仿这一平价口袋本丛书的动向。第二年七月新潮文库问世，二九年二月改造文库诞生，一九三一年十二月春阳堂文库也随之发行。

梳理至此，我们回过头重新审读本章伊始引用的两段广告文案。无论是在日本出版业界掀起革命、开启大规模图书出版时代的《现代日本文学全集》，还是岩波文库，两者不约而同都在革命性口号中标榜要将特权阶级独享的财富“解放”给“民众”，这一点颇值得玩味。毋庸赘言，此处的“民众”，自然是指一战时伴随日本经济迅猛发展而涌现的一九二〇年代大众文化的基础受众——城市中产阶级。在那之前，只有对书籍感兴趣的人才会前往书店，从书架上取下书籍，基于自身判断选择购买。所以，出版社策划选题时也基本都以这些对书籍感兴趣的学生或知识分子为目标群体。然而，发端于一九二六、二七年的这场出版革命，却把一贯以来的目标群体搁置在一边，而将“民众”放到了主角的位置上。

毋庸赘言，这种出版目标的大转移无可避免地给出版架构本身带来了划时代的变化。既然要将财富“解放”给“民众”，若只是像以往那般发个简朴低调的新书广告再将书陈列至书店，显然远远不够。“民众”本就对书不抱关注，自然不可能具备选书、辩书的判断力。所以出版方必须承担起一项全新的工作，代替读者事先对作品进行甄选和组合，并给“民众”广泛植入一种幻想：只需集齐这一套书籍，便可以夺回过去仅为一小部分特权阶级所独享的财富。此时，商品不能是迄今为止占据出版主力的单本书籍，而必须代之以全集或文库等基于某一特定目的选编的、成体系且不太占地方的书籍。因为让“民众”动心的正是对财富的一股脑式的抢夺，至于特权阶级经年累月积累财富的过程，他们丝毫提不起兴趣。而煽动这种幻想，促使“民众”决意夺回财富的，正是广告宣传。在前面引述的《寄语读书人》一文中，就连当事人岩波茂雄都喟叹于“广告宣传之狂态”，当时不仅报纸上热闹非凡，连日刊发整版乃至横跨两版的广告，到了全集预售截止当日，全国各大城市零售店的店员还会开着汽车举着扩音器当街推销，甚至不惜起用穿着奇装异服、击鼓拉琴的推销艺人。唯有拿起宣传的武器，这些财富方能进入到“民众”的家庭当中。

《现代日本文学全集》参考了哈佛大学出版的全五十册《哈佛经典》文集，岩波文库则效仿了德国雷克拉姆万有文库，两方的知情人士木村毅（参见《改造二十年》，刊载于《改造》一九三八年四月号）和小林勇（参见前文引用文章）各自证实了这一点。然而，若是具体到收录哪些作品的甄选问题，因为这两套丛书一个仅以日本文学为对象，一个包括日本文学，所以自然不可能原封不动地照搬国外。无论是全集还是文库，都必须制定贯穿整体的取舍标准。当然，其前提是：在对待过去那些文化遗产时，必须秉持一种明确的视角。这里的视角若替换成另一个说法，大致可换作文学史或思想史。然而，在此笔者想提请诸位注意，和许多人预想的不同，所谓成体系的文学史或思想史其实是历史的一个新领域。姑且以法国为例，成体系的文学史或思想史直到接近十九世纪末才初具规模，由承袭泰纳、勒南和布吕内蒂埃学风的居斯塔夫·朗松完成。而以大学为主，文学史作为一门学问赢得独立的学术身份，还需等到第一次世界大战开战前不久。至于日本，着手尝试对过往文学，尤其是明治维新后的文学进行体系化梳理，则要更晚，可以说是进入一九二〇年代之后的事，这一说法不会有太大偏差。也就是说，其实直到一九二六、二七年，日本才勉强满足了可以汇编全集或文库的前提条件。

但问题是，即便满足了这一前提条件，真要出版全集或文库，还必须具备另一项此前的出版业几乎完全不需要的全新的编辑能力。关于这项新能力，山田宗睦在《昭和精神史》中这样写道：

> 编辑能力……源自书写能力，且有更多其他要求。编辑这种能力和以它为基础的职业的诞生，促成一系列新能力、新职业的出现，同时它也是其中的一个部分。交响乐团的指挥、话剧（今后电影也一样）的导演、体育队伍的教练、建筑的设计师、从事经营的经理人等，皆属此列。……这一系列新能力的共同点在于通过管理单个的个人，创造前所未有的新价值。陈旧的学院共同体中的思想家和作者，不过是演奏乐谱的单个演奏者。而新式的思想家和编辑则更像一名指挥，可以将独立的演奏家组织成团体，以个体或声部为单位对原曲进行再创作，并将其成果添加、归总到自己对原曲进行再生产的过程当中。

随后，山田还写道，他们“需要把握尚未成形的课题，并为解决这一课题而对那些据推测可能具备相应潜力的作者进行评估，而后动员并组合这些人来解决课题”。山田补充道，对这些新式编辑而言，

“构思意象与影像的能力”远胜其他。

这场以将财富“解放”给“民众”为口号的出版革命带来了诸多变化，其中与思想问题休戚相关且必须引起注意的，恐怕正是这种新编辑能力的诞生。在一九二六、二七年之后的图书大规模出版时代，随着社会上出现的对这种新编辑能力的需求也勉强逐渐得到了满足，出版物不再局限于由历史遗产单纯编辑而成的全集和文库，还陆续发行了讲座、丛书、全书、新书[①]及百科词典之类的书籍。不得不说，一九二〇年代这场始于一日元图书及文库的出版革命，在大幅改变日本以往出版架构的过程中，为新样式书籍的发行打开了一扇大门，形成了今日出版的雏形。

## 二

如今众所周知，负责选编改造社《现代日本文学全集》的乃是木村毅。而另一边，关于岩波文库，据小林勇记述（见《别无他途》），《寄语读书人》真正的执笔人其实是三木清。正是这位小林，在三木清刚从京都来到东京并开始担任岩波书店编辑顾问之后，隔三岔五地去本乡菊富士宾馆拜访三木，事无巨细皆与其商谈。就这一点来看，三木清至少在文库创刊阶段事实上扮演了编辑的角色，说得更准确一些，可以说他发挥了真正的创造型编辑的作用。

其实，前面引述的山田宗睦的文章，也揭示了思想家三木清此前未曾引起关注的一面。从编辑岩波文库开始，三木在岩波书店作为一

① 日语写作“新書”，特指版式为 105 mm × 173 mm 的书籍，内容多为社科时政类，写得浅显易懂，带有启蒙性质。

名创造型编辑所达成的功绩，直到二战战败前被捕为止，着实令人惊叹。关于这一点，山田也说，三木所做的工作“即便放在现今的出版界，都无人超越。得益于这些工作，日本确实出现了学术百科全书和学术媒体”。

继上述岩波文库之后，三木第一份正式工作是编辑一九二八年二月至第二年四月出版发行的全十二册《岩波讲座第一辑　世界思潮》。当然，这并非三木独立所为，而是由三木、林达夫和羽仁五郎三人合力完成。

那之后，《岩波讲座》从人文科学延伸至自然科学，涵盖各个领域，主题五花八门，二战战败前出版到第十五辑，战后又继续发行，直至今日。据说其初衷乃是岩波茂雄想要反抗东京大学等帝国大学官僚主义式的闭塞，于是设法从全国各地的大学广纳贤士，自由挑选其认为最优秀的教师，面向“民众”“解放”学问，其性质类似市民大学（附注一）。既然如此，这套《世界思潮》能担起《岩波讲座》的揭幕重任，且执笔阵容过百，其内容自然不可能不引起我们的兴趣。

这一系列讲座以世界思潮、西方思潮、东方思潮为三大支柱，大致按五个类别收录论文，致力于网罗古今东西各大思想流派，并展望未来。这里所说的五个类别，首先按地区分，如日本、中国、波斯、英国；其次按学术领域分，从宗教思潮到自然科学思潮，从经济思潮到艺术思潮；第三按学派分，如乌托邦思想、浪漫主义、马克思主义；第四按时代分，从罗马精神到现代思潮；最后按人分，从佛陀到福泽谕吉，从卢克莱修到列宁，古今东西六十八位思想大家逐一介绍。在此暂且不深究单篇论文的内容，仅就这纵横时空如张网一般试图将历史思潮无一遗漏尽数囊括的做法而言，笔者不由大胆设想，三木等人的意图难道不正是想将讲座发行七个月前开始出版的、不问古今不分东西准备收尽世界名作经典的岩波文库，进一步发展成一个体系吗？不管怎么说，至此我们应该已经能从三木清、林达夫、羽仁五郎身上早早感受到了百科全书派的影子。在此也无须再强调，这正是创造型编辑所应具备的资质。顺带补充一句，三木之后于一九三三年编辑了《岩波全书》，一九三五年编辑了《大思想文库》，一九三八年编辑了《岩波新书》，其身为创造型编辑的工作一直在不断地垒叠出新的高度。

所谓“岩波文化”或“岩波文化人”之类的说法，最早应该是二战后由大宅壮一那批人所创。自一九三〇年代起，几乎一直到一九六〇年代末，岩波书店始终被视为日本学术出版的核心阵地。若要追溯其源头，笔者深切感到可以回溯至岩波文库创刊后不久，即一九二〇年代末。事实上，在一九二七年文库创刊后的一两年间，岩波书店作为一家出版社也经历了较大的转变。

说起来，岩波书店创业于一九一三年——东大哲学系毕业的岩波茂雄，辞去神田高级女子学校的教职后，同年在神田南神保町开了一家二手书店。第二年，书店承接夏目漱石自费出版《心》的业务，自那之后开始涉足出版业，并从一九一五年起发行全十二卷《哲学丛书》，奠定了其作为出版社的地位，这便是岩波书店的创业史。关于那套《哲学丛书》，安倍能成这样评价道：“这套书对日本思想界，尤其是对年轻学子的影响之大，可以说与其销量相当，迄今为止哲学书几乎无人问津，而这套书却在那一时期开创了哲学，或者说哲学书大流行的时代。”（摘自《岩波茂雄传》）这段话在提醒我们注意这样一个事实：这恰恰决定了岩波书店此后的发展方向。那之后，虽然岩波书店也出版过一些在当时长销不衰的书籍，如阿部次郎的《合本三太郎日记》和仓田百三的《出家及其弟子》，但无论何人都会承认，“成就岩波书店之盛况的最为重大的契机”（语出安倍），正是一九一七年至一九年出版的《漱石全集》。如此，尽管神保町的店铺在地震时毁于火灾，但到一九二六年时，书店已有四十一名店员，每年出版近百本新书，据社史《岩波书店五十年》记载：“出版书籍基本均为所谓的‘硬书’，虽然不能期待高销量，但即便如此，岩波书店仍在稳健发展。”此番回顾岩波书店的初期发展历程，有一点不容忽视，岩波茂雄在一高[①]结识的挚友安倍能成、上野直昭、阿部次郎，以及其同辈的友人小宫丰隆、和辻哲郎、茅野萧萧、野上丰一郎和寺田寅彦等，皆在明里或暗里帮助过岩波。这些人都是漱石的弟子，也是大正教养主义的推动者，书店的性质实则类似他们的沙龙。

然而，一九二七年书店开始发行文库之际，据安倍能成记述（前揭书），岩波的这些友人，还有岩波书店的多数作者，皆与书店大掌柜堤常一起，强烈反对这一举措，理由主要出于经济上的考量。不但如此，《岩波书店五十年》中还提到，在文库开始发行后的一九二九年，当三木清考虑到“哲学及相关各学科今后的发展”，主张出版新一辑《哲学丛书》时，这些旧丛书的作者也坚决表示反对，最终仅同意以补充旧丛书的形式发行《哲学丛书续编》，且最后仅出版了两册便寿终正寝。换言之，正如这一系列事实所显示的，岩波书店在一九二〇年代末出现的转变，正是通过这些为书店提供协助的人内部

① 指第一高等学校，创办于1886年，创办时名为“第一高等中学校”，旨在为帝国大学输送现代化建设所需人才，多数毕业生皆升入东京帝国大学（现东京大学）。

的新老对立、交接来完成的。

而深入到思想层面、以最直接的方式向我们展现了其间种种波折的，或许正是岩波书店在一九二〇年代至三〇年代中期这段时间发行的唯一一份刊物《思想》所经历的变迁。为了揭示一九三〇年前后岩波书店的转变究竟有何意义，在此有必要回顾一下期刊《思想》走过的历程。

期刊《思想》创刊于一九二一年十月，发行至一九二八年八月，其后经历了八个月的停刊，于一九二九年四月复刊，之后，除去二战时一九四四年十一月至四五年七月这段空白期以外，一直发行至今。在此，姑且将其创刊至一九二八年八月称为第一阶段，复刊至一九三四年年底称为第二阶段，来展开我们的考察。最先需要书写一笔的，自然是刊物的编辑。关于第一阶段的编辑阵容，从创刊到一九二五年四月为止，所有工作皆由和辻哲郎一人负责。其后因为和辻迁居京都，遂以和辻协助高桥穰的形式改由两人联合编辑，这一方式一直持续到一九二七年七月和辻前往欧洲为止。之后，名义上由高桥单独负责编辑工作，但事实上，三木清与林达夫皆协助高桥参与了编辑。而关于第二阶段的编辑阵容，其实不仅仅是这段时间，直到一九四四年十月停刊为止，编辑工作皆由和辻哲郎、谷川彻三和林达夫三人负责。其中，在一九三四年三月和辻由京都大学转至东京大学之前，基本可以认定，为《思想》掌舵的其实只有林与谷川二人（附注二）。

若翻开一九二一年十月的《思想》创刊号，可以看到与现在的刊物相同，在兼做目录的白色封面背面写有“创刊宗旨”，落款为岩波书店。该宗旨明确记载了创刊的目的，称：“不媚于时代之大流，让普通读者亲近永恒之问题，这样的期刊不正是当今日本最为需要、同时又最为稀缺的吗？弊书店志在填补这一空白。”同时也表明了编辑的态度：“不论立足何种立场，也不论出自哪一领域，只要是献身于真善美的劳苦之作，我等皆愿意将其收入本刊，以期为提升本国人的通识教养贡献一份力量。”而在一九二九年四月号的刊物上，卷首刊发了和辻、谷川与林三人联名发表的《复刊致辞》，宣布沿袭创刊以来的一贯精神，并在此基础上就现实情况指出“各领域专业期刊有所增加”，且“现代思潮中的一些东西正愈加生动地与现实生活交织到一起”，而后阐明了新的编辑方针：“一方面，将进一步致力于满足读者对各专业类期刊所欠缺的普遍性视角与整体性展望的需求，另一方面，也将基于对现代这一时代以及对日本的更具体、更现实的关注，重新理解并评价这些思潮。”作为具体措施，《复刊致辞》表示不仅要刊发“时事评论”，强调“各方各面广泛需要新人”，还在最后自戒道：“需高度警惕固守于一党一派、无视或排挤其他立场的偏狭与固陋。”值得玩味的是，文章末尾标有“H”字样的缩写，由此可推知，此文显然出于林达夫之手。同为一九二九年四月号，《编辑后记》明确批评了《思想》在停刊之前的风格，称人们将《思想》“视为与普通知识阶层无缘的极其高等、极其专业的学术杂志，而另一些不明事理之辈更是将其视作闲散文字加考据的有闲刊物”，并坦言“为了重新整装待发，必须要进行组织改革与编制更换，《思想》停刊的几个月确实是必要的准备期”。在此基础上，《后记》断言“对新兴之物掩耳蔽目，仅凭这一点便足以打上‘反动’的烙印”，并表明了决心：“《思想》今后不惜付出一切努力，以关注现代人最为关心之事为己任。”以此明确了《复刊致辞》中一些重要措辞的具体内容。如此，只需将上述三篇文章摆在一起，想必读者便已能轻易读出第一阶段的《思想》与第二阶段之间的巨大差异。

而以更为具体的方式将这种差异最为明确地呈现到我们面前的，无疑是那些为期刊撰稿的作者。在第一阶段，发稿最多的当属时任东大哲学系教授科培尔博士①，由此也能窥出一些端倪。说得极端一些，第一阶段的《思想》可以说是科培尔博士与他几个弟子的刊物。岩波茂雄自己也受到博士的熏陶，所以他那些友人——和辻哲郎、石原纯、安倍能成、小宫丰隆、上野直昭、野上丰一郎、茅野萧萧、阿部次郎以及吉村冬彦，这些名字在目录上出现得最为频繁，而田边元、吹田顺助和出隆则次于他们。不过值得注意的是，一九二三年之后，林达夫、三木清、本多谦三、户坂润、谷川彻三和羽仁五郎，这些比岩波年轻一辈的新生代开始登场。考虑到三木和林达夫在一九二七年七月之后的几乎整整一年里参与了刊物的实务性编辑工作，前文引用的复刊号《编辑后记》中关于《思想》终究未能摆脱“有闲刊物”这一风格的指摘，或许还应理解为年轻一代对老一辈顽固势力的愤懑，毕竟三木与林在第一阶段无力扭转局面。

到了第二阶段，西田几多郎发挥了如第一阶段的科培尔博士般的作用。不过话虽如此，就这一时期的内容来看，即便将三木、林和谷川都算作西田的门人，刊物也并未被西田几多郎及其弟子们所独占。作者阵容更换一新，这一事实毋庸置疑。当然，占据主要位置的皆是第一阶段的新人，在此基础上加入了更新一代的作者，以及那些和以往撰稿人研究领域截然不同的人。按照撰稿次数排序如下：清水几太

① Raphael Koeber（1848—1923），哲学家，出生于俄罗斯，后前往德国深造。应明治政府聘请在东京帝国大学教授哲学、西方古典学等课程。

郎、三木清、户坂润、林达夫、本多谦三、泷泽克己、野吕荣太郎、服部之总、唐木顺三，这些人都成了杂志上的老面孔。不过，撰稿最多的仍是和辻哲郎，安倍能成、野上丰一郎、小宫丰隆的名字时不时也会在目录上出现。相较于第一阶段，第二阶段的刊物内容确实出现了令人印象深刻的变化。最明显的例子便是，第一阶段曾开设创作专栏，刊登中勘助、内田百闻的小说，以及冈田祯子的剧本等。而第二阶段废除了该专栏，代之以中野重治、小林秀雄、萩原朔太郎、室生犀星、武田麟太郎、藏原惟人、宫本显治、河上彻太郎、伊藤整、保田舆重郎、中村光夫及亀井胜一郎等人的文章，这些当时活跃于文坛的众多论客皆有登场。相信只是扫一眼这些新出现的作者，任谁都会赞同如今的《思想》已经与“现代思潮”结下了深厚渊源，且大大扩张了其发表范围。

刚刚提到第二阶段废除了原有的创作专栏，其实期刊内容的更迭正是第二阶段的一大特色。一九二九年四月之后，刊登的论文可分为“评论”“回顾与展望”“问题与批判”“介绍与探讨”四大类。一九三一年十一月号起，刊物新开设刊登新书书评的“社会科学新潮”专栏，一九三二年四月号起开设“哲学时评”与“海外哲学时评”专栏。虽然“社会科学新潮”专栏开设不久便被撤销，但“哲学时评”专栏于一九三三年五月更名为“思想时评”专栏后，一直存续在刊物内。毋庸赘言，刊物内容的这种调整与体系化正是在呼应新的编辑方针。

因此，理所当然地，自《思想》创刊以来一直引为其特色且几乎从未间断的每年两期的特辑，其内容也发生了巨大变化。先来列举一下第一阶段的特辑主题，有“悼念科培尔先生”“地震之后”“佛教思想史”“现象学研究”“日本文化研究”“新进哲学论文集”“希腊文化与现代”“佛教思想”。这一系列主题大多带有普遍性，以至于这些特辑究竟发行于哪个时期根本不会引起注意。相较之下，到了第二阶段，一九二九年的主题是“支那考”与“辩证法研究”，一九三一年为“新艺术的诸项问题”和“黑格尔研究（纪念逝世一百周年）”，一九三二年是“电影艺术的诸项问题”“歌德研究（纪念逝世一百周年）”与“哲学现状”，一九三三年为“科培尔先生纪念特辑”“艺术论”和“思想文艺现状”，一九三四年是“日本精神”与“宗教问题”。可见，制作特辑时，选取的主题皆是那段时间里最具争议的论题。

或许只有在了解了一九二九年复刊后《思想》所呈现出的这些巨大变化的前提下，我们才有可能充分理解清水几太郎在追忆复刊后的《思想》时所留下的这段文字：“我从未见过像当时的《思想》那般新鲜且充满野心的杂志。那本刊物在讨论哲学的同时，也关注失业和萧条，探讨马克思主义与无产阶级文学之余，还研究机械和有声电影。那时，一边在实施普选，一边又在修改《治安维持法》，死刑与无期徒刑同时被加入刑法中，萧条与失业也都是摆在眼前的现实，机械文明带来的诸项问题沉重得叫人喘不过气。尽管如此，那些鲜活的思想和概念，看上去似乎拥有与这些重要问题相当的力量。或者说，贯穿着试图掌握这种力量的决心。”（摘自《小历史》，刊载于《思想》一九五七年十二月号）

确实，因为三木清、羽仁五郎、林达夫等年轻一代创造型编辑崭露头角，岩波书店在一九二〇年代末实现了巨大的转型。不过，从《思想》刊物的内容编排中也能看出，这并不意味着老一辈人遭到放逐。尽管主导权交到了年轻一代手上，老一辈人向后退了一步，但他们对岩波书店的整体运营依然拥有巨大的影响力。从这一时期开始一直到二战后，岩波书店即便面对强权压制也仍然一以贯之地毅然引领着学术出版，之所以能做到这一点，恐怕很大一部分需归功于岩波茂雄巧妙利用新老两代人，让他们共立并存。小林勇曾试图仅仅依靠新一代人，一度离开岩波创办了铁塔书院，但没多久便又重新回归了岩波书店。这一事实无疑比其他任何例证都更富象征意义地展现了个中内情。如此看来，岩波书店在一九二〇年代末的转型，确切地说是在维持固有地盘的基础上，迅速吸收了三木、林达夫和羽仁等新一代创造型编辑而实现的。或许，使用“修正轨道”这样的说法更为妥帖（附注三）。岩波书店仅修正了一下轨道便找到了应对新一轮出版革命的办法，可以说这也保障了其此后在出版界的地位。

总之，笔者在此想要再一次强调，为岩波书店在一九二〇年代末赢得如此声望的，正是三木清、林达夫、羽仁五郎这些发挥了全新编辑能力的创造型编辑。而这些创造型编辑，也正是一九二〇年代孕育出的一种全新的文化职能。在那之后，出版社若不将知识分子作为创造型编辑招入麾下，便难以在新的大规模出版时代立足。同时，这也催生出了一种新的知识样态，迫使其后的文学家和思想家在出版企业中或多或少要承担起撰稿以外的其他职能。

## 三

林达夫生于一八九六年十一月，比三木清年长一岁。三木生于一八九七年一月，所以就学龄而言二人可谓同级。不过，因为担任领事的父亲外派，林幼年与家人生活在西雅图，一九〇四年才进入小学，入学比三木晚一年。且林自京都府立一中毕业后复读了一年，所以比三木晚两年才升入一高。为此，林从一高中途退学，进入京都帝国大学哲学系做选修生的第二年即一九〇四年[①]，三木已升入哲学系的研究生院。二人自一高以来总是错过，基本没有相识的机会，据说直到这时才开始在京都有了深交。在前文已做过引述的《读书遍历》中，三木写道："那时我属于古典派乃至教养派，对古希腊悲剧等多有涉猎。翻阅格罗特的《希腊史》，读布克哈特的《意大利文艺复兴时期的文化》，倾倒于但丁和列奥纳多·达·芬奇。就这一点而言，我与林达夫志趣最为相投。"

一九二二年，林达夫自京大一毕业就前往了东京，三木一九二二年至二五年留洋，直到一九二七年春才来到东京，在这一点上林早了近五年。正因为如此，林在《思想》上刊发的第一篇文章是一九二二年五月号与六月号分两期发表的《古希腊悲剧的起源——形式史的研究》。而三木虽然早在本科在读期间便已屡屡向京大哲学系刊物《哲学研究》投发论文，但初次在《思想》亮相乃是其从德国寄回的、发表于一九二三年十二月号的《论波尔查诺的命题本身》。所以在这一点上，林达夫也领先三木一步。不仅如此，林除《思想》以外还为《读卖新闻》等报刊撰稿，并在岩波书店翻译出版了多部书籍，一九二三年六月出版威廉·布赛特[②]的《耶稣》，一九二四年八月与姐夫和辻哲郎合译出版了斯特林堡的《狂人辩词》。三木归国后，在一九二六年六月出版了《帕斯卡的人的研究》，一九二七年一月在《思想》上刊发了《解释学现象学之基础概念》。之后如前文所述，他

① 此处为作者笔误，正确时间应为一九二〇年。

② Wilhelm Bousset（1865—1920），德国神学家。——王前校注

接二连三地发表了一系列组成《历史唯物主义与现代意识》一书的论文。但必须注意的是，在此之前，比起三木，反倒是林达夫的名字在出版界更广为人知。

二战后，唐木顺三以“型、个性与存在”为副题，写下了《现代史试论》。他在书中将维新前后出生、幼时诵读四书五经的鸥外、漱石、露伴、二叶亭、内村鉴三和西田几多郎那一代人称为“诵读派”，而将“明治二十年[1]前后出生……大正六、七年[2]时年近三十或未满三十的”一代人命名为“教养派”。唐木就“教养派”的特点总结道，“热衷于读书，如蜜蜂一般自由且全凭喜好地收集人类遗留下的丰富文化之花蜜”，且“想要借由这些花蜜来扩充自身之个性”，并举出三木清之名作为“教养派”的典型人物。笔者姑且认可唐木的此种分类方法，在此基础上，笔者想将年龄跨度超过二十年的“教养派”进一步细分为前期与后期。具体来说，借用唐木的说法，即“或直接闻道于漱石，或在接待日坐于漱石家中的一代人”，和“阅读作者在自序中自喻为鏖战苦斗之记录的《自觉中的直观与反省》[3]一书”，一面聆听西田几多郎讲课，一面又无法对白桦派置若罔闻的一代人。应该可以如此界定：他们分别在明治二十年前后和明治三十年前后出生。而后期“教养派”有别于前期“教养派”的根本性差异，便在于其精神形成之后，皆以某种形式突破了“教养派”的框架。在对后期“教养派”的特点给出如此定义后，笔者想说与三木清相同，林达夫身上也具有唐木顺三所说的“教养派”的典型特点。

---

① 即 1887 年。

② 即 1917、1918 年。

③ 二十世纪日本最有独创性的哲学家西田几多郎（1870—1945）的代表作之一，1917 年初版。林达夫和三木清都是西田的学生。——王前校注

不过，即便林达夫与三木清同为“教养派”，我们也不能忽视在这两个年岁相仿且经历极度相似的人身上，粗粗一看便可看到显著且巨大的差异。在此，笔者想遵循一九二七年岸田国士发明的“北欧系”与“南欧系”这一分类法进行一番考察。岸田将这一分类法用在了日本戏曲上，他把“北欧系”定义为：“这类戏曲要求以‘力量’为重，追求‘深刻’，试图在戏中阐述‘人生的意义’，阐释‘社会的问题’，为此人物性格阴暗、沉郁，偏好追究事理，有时从头至尾争论不休。”与之相对，他就“南欧系”阐释说：“呈现轻快的素描风格，不重‘力’但重‘香’，不求‘深刻’，崇尚‘韵味’，不以‘人生的苦闷’为苦闷，反而通过多重幻想将其戏剧化，比起表现‘社会的冷酷’，更偏向不究事理地暗中展现人类经受不住那份冷酷的自嘲，或因那份冷酷而感到愤懑的悲喜，并满足于此。”（摘自《新戏剧界的领域》，刊载于《戏剧新潮》三月号）前文已经梳理了三木在一九二〇年代开展的工作，他对同一个问题打破砂锅追究到底。如果三木清可以归为“北欧系”，那林达夫为何应被归入“南欧系”？为了回答这一问题并证明这一论点，笔者有必要回顾一下同时期林达夫所开展的工作。

林达夫在一九二〇年代的一系列工作始于《古希腊悲剧的起源》，若要用一个词概括，那必然是“多彩”二字。首先，我们且粗略看看其文章探讨主题所对应的时代。《古希腊悲剧的起源》，如题所示，探究的是古代。《文艺复兴时期的海洋文学》（刊载于《思想》一九二七年七月号，后更名为《发明与发现的时代——论该时代在乌托邦文学中的反映》）和《文艺复兴》（刊载于《岩波讲座　世界思潮》一九二八年二、五、七、十一月刊），以文艺复兴时期为题。《三枚戒指的故事——宗教精神在宫廷中的反映》(刊载于《思想》一九二七年二、三月号)，时间跨度从中世纪至十八世纪。《“雅宴”——一个邀请》(刊载刊物同前，同年四月号)，谈的是十八世纪至二十世纪的事情。《论国家主义的诗人》(刊载于《读卖新闻》一九二三年三月二十四、二十五、二十七日刊)和《圣人的脸——论近期宗教性文艺之盛行》(以笔名“佐竹繁夫”刊发，刊载报纸同前，同年六月二十三、二十四、二十八、二十九日刊)，则以现代为题。其次，再来看看各主题涉及的领域，从戏剧(《古希腊悲剧的起源》)开始，到文学(《论国家主义的诗人》《圣人的脸》)、历史(《文艺复兴》)、文献学(《三枚戒指的故事》)，若加上翻译作品，还有宗教(《耶稣》)和美术(沃尔夫林《意大利和德国的形式感情》，刊载于《思想》一九二三年九月号)，以及可谓横跨美术、文学、音乐三大领域的《“雅宴”——一个邀请》。即便不考虑时代差距，仅看看这些论文，都着实让人禁不住感慨其绚丽多彩。

关于当时开展的这一系列工作，林达夫自身在一九三三年出版的评论集《文艺复兴》所附的《作者感言》中这样写道：当时正在“从事西方文艺思潮的历史研究”，“这些文章中的大部分，皆是作者迫于无奈因外部事由不得不提笔时，基于‘备忘录’写就的，所以作者在其中明显受到了‘备忘录’这一形式所附带的一切制约。不过，作者也在其力量与时间许可的范围内，竭尽所能将‘备忘录’改造成了所谓的‘指南’。毕竟，这些‘备忘录’确实承担着启发作者自身，向其展现问题之所在，并提供揭示谜底的新线索之重任。若对此进行一定的变形加工，不妨也可作为供有兴趣的读者阅读的‘指南’”。一九二五年十一月，《思想》在“书籍周边”这一总标题下刊发了林达夫的《文献学家　失落的天主教文化——读新村出氏〈南蛮广记〉有感》一文，在读了作者的夫子自道之后，笔者愿意将当时的林达夫视为其在此文中描述的文献学家。

林达夫在这篇随笔中列举了文献学家所应满足的三项条件。第一，“为了真理而追求真理，拥有超越利害关系的对知识的纯粹的爱”；第二，因为“过去是一片沃土，能哺育未来梦想，并孕育驱策人实现梦想的力量”，所以深谙“热爱过去是一种虔敬，也是一种卓然的处世智慧”；第三，“这些人单只是确立诸多微小的事实便能从中收获满足，乐于将那些更富野心、也更辉煌的综合性工作交托给他人”，所以具备“自我牺牲与谦让的美德”。在此基础上，林达夫将阿纳托尔·法朗士虚构的学士院院士希尔维斯特·波纳尔（见《希尔维斯特·波纳尔的罪行》）推举为符合这些条件的文献学家的典范。这是否也意味着，从这位时刻抱持怀疑精神、主动将自己定位为文献学家的作家阿纳托尔·法朗士身上，林达夫不仅看到了文献学家应有的样子，还看到了他所向往的理想中的人的形象？事实上，在林达夫的随笔中，他从未像对阿纳托尔·法朗士这般对一个人倾注过如此多的倾慕之情，且时不时让他出来亮相。另外，林达夫还有着如文献学家一般不知厌倦的好奇心，对任何事物不探究到底便寝食难安，而其极富特点的秉性之一便是对一切事物始终抱持着不变的质疑。

让我们带着这样的认知回顾一下林达夫在一九二〇年代开展的工作。古希腊悲剧“始终被视为一种概念先行的绝对范式”，林达夫出于对这一做法的质疑，忍不住开展了对“其形成过程的历史考据”，由此诞生的便是《古希腊悲剧的起源》。想必他写下《“雅宴”——一个邀请》也是为了批判美术、文学、音乐这几大艺术领域的专家们固步自封于各自的小圈子。而《文艺复兴时期的海洋文学》一文，则针对历来仅把思想和文学作为考察对象的思想史及文学史提出了质疑：以发现新大陆和发明武器、指南针、望远镜及火药为例，对新生事物的关注不也应该成为思想史和文学史记录的事件吗？不仅如此，一九二五年十一月至二七年三月期间，在《思想》上断断续续连载的那一系列构成“书籍周边”的书评，不仅讨论词典的问题、质疑翻译是否准确，还将那一册册书置于世界思想的脉络中予以评判，这些书评本身便已对以往那些草率写就的书评进行了批判。说起来，文献学这门学科当时在日本鲜有耳闻，它打破了明治以来隔断在各学科之间的壁垒，套用今日的说法，正是一门跨学科的综合性学问。

林达夫的这种怀疑精神有时也会表现为对当代各种问题的辛辣评论。比如，他在《论国家主义的诗人》一文中，尖锐地指出“日本有那么几个诗人堪称‘几乎无法不叫人为之惊诧的国家主义者’”，以此指责西条八十和三木露风的藤森成吉提出了自己的主张：“诗人的社会观之类，凡此种种不值一提，他只需写出能打动人心的诗句足矣。”林达夫还借由批评藤森成吉，在这篇随笔中向那些“试图宣讲新的福音热心劝人改变信仰的”普通人，极其郑重地告诫道：

> 你的忧虑令人感到亲切，但遗憾的是因为你忧虑之事并不值得为之付出半丝忧虑，所以我不得不说此乃无益之举。或许你的眼睛就如放大镜，映出的事物过于膨胀，扩得未免太大了。

另外，在《“雅宴”——一个邀请》一文中，林达夫将华托酷爱的“雅宴”放在核心位置，探讨了魏尔伦为这一类画作吟诵的诗篇以及德彪西为魏尔伦的诗篇谱写的乐曲。文中，林先强调了华托这一绘画的革命性意义，之后又轻描淡写地写下了如下这段话：

（前略）这位“改变了法国面貌的”革新先锋，不过是一个讲述自己梦想的、温柔的、病态的懦夫。想起世间那些为数众多的高声叫嚷着革新却毫无革新之实的“革新先锋”们，这一事实让我觉得颇值得玩味。

林达夫没有从正面尖锐地攻击对方，而是运用讽刺，四两拨千斤般直击要害，换言之，他若无其事地使出了杀手锏。这种机敏睿智、游刃有余的手法，让人读来只觉心头一阵舒畅。

而且，他这种让人备感痛快的高妙的文章并不仅仅出现在辛辣的评论中。当时，《思想》几乎整本刊物从头至尾皆是所谓哲学家的文章，其内容之晦涩早已声名在外。三木清的文章虽然条理明晰，但绝对说不上明快。与之不同，林达夫的文笔之畅达叫人眼前一亮，其文每每装点在《思想》刊物内，几乎就如尘土堆里冒出了一只仙鹤。多年后，林自己在与久野收的对谈录中透露：“我从阿纳托尔·法朗士和保尔·瓦雷里那里学会了文章的社交性——换句话说，若没有服务精神，便不要写给人看的文章。”（摘自《增补　思想剧评》）一如其言，他笔下的文章因为穿插假名文字组成的专有名词和富于意趣的比喻而平添了华彩，同时又大胆摄入西文的意境，读来从不显得厚重刻板，自始至终轻快畅达，以此在读者心中唤起共鸣，可谓是现代日语随笔之典范。

最后，笔者在此想提请诸位关注一点，与三木清留洋带回的东西有关。事实显示林达夫与三木不同，前者从一开始便具备了历史意识。作为“教养派”的一员，林达夫的这种着实可称之为特例的历史感觉，早在其十八岁[①]时便已能窥见一二。当时，他向《一高校友会杂志》投发了题为《关于歌舞伎剧的一点考察》的文章，尝试借用西方“世纪”的概念来重新定义德川时代。如前文所述，《古希腊悲剧的起源》就古希腊悲剧的形成过程从历史的角度进行了考察；《三枚戒指的故事》围绕莱辛创作的《智者纳旦》中出现的“三枚戒指的寓言”重新追溯其起源与变迁，以此探讨欧洲宗教精神的推移与发展；而《“雅宴”》更是同时论及了华托、魏尔伦和德彪西三位不同时代的人物，时刻不忘将历史的发展置于视野之中。绝不仅仅是这一类随笔，无论阅读林达夫的何种文章，其观点背后必然潜藏着一种源自历史视野的俯瞰视角，由此产生的巨大说服力令读者心悦诚服。在此已无须刻意指出，林达夫这种敏锐的历史感觉几乎让人觉得是与生俱来的，由此孕育出的历史意识引导着文献学家林达夫的兴趣。

至此，有必要回到笔者概括一九二〇年代林达夫开展的一系列工作时所用的“多彩”二字。这里所说的“多彩”既非单纯的多样，也不同于绚烂。这份“多彩”以不知厌倦的好奇心和怀疑的理念为基底，始终贯穿着严厉的批判精神，同时深藏不露。正因为如此，表面的多样和绚丽才会很自然地增添光辉与底蕴。毋庸赘言，这种精神特质毫无疑问正属于岸田国士所定义的“南欧系”。

不过有一点或许有必要略作补充，不知是不是维新以来日本吸收西方文化的倾向使然，在一九二〇年之前的日本知识分子中，若想找

① 下文发表于1918年，应为二十一二岁的时候。

出同属“南欧系”的人物，虽然会有永井荷风和上田敏两个名字当即跃入脑海，但除此以外实在寥寥无几。或许日本一九二〇年代的特征之一，便表现在这样一种现象上：就如岸田国士本人那般，“南欧系”的精神终于在文化的各个领域显现出来，与“北欧系”一搏高下，有时甚至风头更健。那时在思想领域，林达夫与九鬼周造并列为“南欧系”的先锋。

## 四

如上所述，在承认三木清与林达夫同属后期“教养派”的基础上，前者可归为“北欧系”，后者可归为“南欧系”。如此一分类，岩波茂雄在一九二七年和辻哲郎留洋之后，起用三木和林担任《思想》编辑高桥穰的助手，这一人事安排或许堪称高招。然而，二人之间的差异最终让这两个来时道路极其相似的人，在不久之后，走上了两条截然不同的道路。具体来说，一九二八年，三木清与羽仁五郎商量，在刚刚从岩波书店离职的小林勇的协助下，创办了《在新兴科学的旗帜下》。他们与岩波书店之间虽然仍有联系，但在小林的铁塔书院这个根据地内——尽管时日不长——终究还是向岩波书店挥舞起了反叛的大旗。而另一边，如前文所述，林达夫则与和辻哲郎和谷川彻三一道，担任起了二九年十月复刊的《思想》的编辑，自此与三木清分道扬镳。

尽管如此，向我们清晰勾勒出三木清与林达夫二人之不同的，恰恰是他们的“马克思主义体验”。在此笔者特意使用了“马克思主义体验”这一让人备感陌生的说法，因为所指的并不仅仅是单纯的理论影响，更关乎受影响者的生存方式。自一九二〇年代以来，一直到不久之前，将马克思主义作为自身的理论立场也就意味着加入革命队伍，基于该理论开展某种政治实践。前文已经阐述了三木清从创办《在新兴科学的旗帜下》到一九三〇年五月被捕入狱为止的“马克思主义体验”。在此有必要通过与之进行对比，来回顾一下林达夫的“马克思主义体验”。

林达夫与《在新兴科学的旗帜下》全无半点交集。考虑到他与三木二人在京都相识后交往甚笃，这件事只能说叫人甚感意外，或许林达夫对该期刊的发展方向略持异议（附注四）。不过，在《无产阶级科学》报道“无产阶级科学研究所”创立大会的一九二九年十一月号的《汇报》上，三木担任部长的第二部门下属会员名单中，可以看到林达夫之名位列榜首。此后，批判三木的运动如火如荼，三木派所员相继被除名或退会，但林依然保留了所员的身份。他甚至还在一九三〇年十月的《无产阶级科学》上刊发了一篇介绍新版列宁《帝国主义论》在莫斯科出版发行的报道文章，题为《列宁〈帝国主义论〉之新形态》，暗中表明与三木站在不同立场。同年八月，三木清退出了“无产阶级科学研究所”，十一月中旬他从丰多摩监狱获释，此后不再参与任何马克思主义实践活动。不过，那之后他始终关注反法西斯运动。在为抗议一九三三年五月纳粹党焚书事件而诞生的“学艺自由同盟”中，他不仅是发起人，还担任了顾问，直到最后都发挥着核心作用。且在同年七月组建的“远东和平之友会”中，也可以看到三木的名字。而另一边，林达夫在一九三一年六月参与组建了“不问立场，旨在广泛团结关注苏俄的所有文化人的大众合法团体”（林与久野合著《增补　思想剧评》）的“苏联之友会”，长谷川如是闲任会长，秋田雨雀任副会长。林在其中担任出版部长，并邀请摄影家伊奈信男任编辑，发行了画报《苏联之友》。不仅如此，“苏联之友会”还邀请汤浅芳子担任讲师，开办俄语学习班及各类活动。不过，第二年五月，该会改组为“日苏文化协会”时，林退了会。但另一方面，一九三二年十月，活动仅限于“纯粹合法的场合及严格意义上的理论性领域”的研究团体“唯物论研究会”创立时，林与服部之总、羽仁五郎、本多谦三、三枝博音、户坂润等人同为发起人。且在十月二十三日的创立大会上，上述几位与清水几太郎一起被推选为干事。截至一九三四年十一月举行第三次全体会议时，林一直身居干事之位。

若借用当时流行的说法，林达夫是一位名副其实的“同路人”。必须指出，他自一九二九年起，截至一九三四年十一月的近五年时间里，始终坚守着“同路人”的立场。不用说，这段“马克思主义体验”也在他那一时期的随笔中投下了清晰的影子。

比如，林有一篇随笔刊发于一九三二年六月发行的《岩波讲座 教育科学》第九分册上，题为《无产阶级反宗教运动》。

就结构来看，整篇文章分为“宗教与马克思主义”“资本主义中的宗教”和“国际无产阶级反宗教运动现状”三大章。第一章又细分为“一 宗教对何人有用”“二 资本主义社会宗教的根源”“三 宗教与无产阶级”“四 反宗教斗争即阶级斗争”四小节，第二章细分为“一 帝国主义战争与宗教”“二 与国家组织结盟的教会”“三 教会推行资本主义政策”三小节，第三章则由“一 无产阶级无神论在不断发展”“二 反宗教运动的三大潮流”两小节构成。文章开篇援引了列宁就马克思所说的“宗教是人民的鸦片”一语给出的诠释，开宗明义地写道："在资本主义社会，宗教与其他一切意识形态样式（科学、哲学、艺术、法律、道德）相同，都是阶级压迫的工具。"林达夫的这篇《无产阶级反宗教运动》，只需观其结构便足以推知文章内容，文章接连引用马克思、恩格斯、列宁的语句，称"战后资产阶级'统治'的'新'形态便是法西斯主义。存续岌岌可危的统治阶级在法西斯主义中找到了'生路'，正在竭力推动资产阶级民主主义、国家的法西斯化以及大众法西斯运动，以便针对无产阶级革命组织一场预防性质的反革命"，"现如今，教会与神职人员公然充当着法西斯反动的旗手，出现在一切地方，原本处于宗教影响下的'信众性质的'大众也开始逐渐认识到了宗教的阶级面目"，诸如此类的官样话语在文中随处可见。最后，文章谈到了资产阶级反宗教运动与社会民主主义反宗教运动，并就后者重点指出："社会民主主义者如今已是'压迫劳动阶级的直接武器'，他们的一切实践都证实了这一点。"文章以此为据，得出结论断言道：这些都是"神职主义反动攻击的诡辩，是在给罗马教皇的反苏联十字军助纣为虐"。若一定要说出此文与宣传手册等常见的煽动性宣传言论有何不同，或许也只能说这篇随笔中不时穿插着一些证明其观点的西方社会的具体史实，并插入了一九二六年和一九二七年"维也纳脱离教会人数"这一图表。即便如此，无论文风还是内容，对那些熟悉一九二〇年代林达夫随笔的人而言，恐怕都很难相信此文竟出自林达夫之手。

前一章中已经言及，一九三〇年批斗三木清运动的导火索是三木在《中外日报》上发表的一篇宗教论。在此就这一点略作展开。三木在二月九日发行的报刊上发表了《如何批判宗教》，开篇写道："任何人都心知肚明，现今的宗教中有一些元素理应予以否定。有眼力的人必然会看见，识字通文之人必然会知晓。无论是何种宗教肯定论者，想必也不会不加区分地为现在的宗教之全部进行辩护。”文章接着指出，“不过，我不会因为这些原因单纯而绝对地否定宗教。因为单纯、绝对地否定宗教是机械唯物主义的做法，也是实证主义的立场。人非机械，宗教问题包含在人的存在之中。这一问题不会因为无阶级、无剥削的社会的到来而消亡”。在这之后，文章就现代社会提出了批评，称“资产阶级社会的特性在于其非宗教性。……在让人自我异化的社会里，宗教无法真正存活”，并向宗教家们呼吁：“宗教不应再拘泥于人，而必须在阶级层面与无产阶级相结合。为了与无产阶级相结合，必须放弃精神上的劝诱，主张该阶级的物质利益。宗教必须放弃劝导和平的做法，加入阶级斗争的行列。唯有如此，自我否定方能成为通向自我肯定之路。”这篇宗教论在此搁笔。同年二月二十三日，三木再次在《中外日报》上发表了《宗教斗争与阶级斗争》一文，并加上了“答批评者”的副标题。三木在文中重申其当时的主张，强调了不同于日本的“俄罗斯的特殊性”，进而论述了与列宁立场不同的必然性，指出“问题就在于随着无剥削社会的到来，宗教是否将不可避免地消亡”，从而再次提请人们关注宗教问题深层次的根源。

三木清的这些观点激起了堪称异常的巨大反响，且立场不分左右，其中不容忽视的当属宗教家们的反应。一直持续关注该问题的《中外日报》以东京支局的名义，将刊发于该报的一系列短论文汇编成册，标以“马克思主义与宗教”的标题，于同年五月由大凤阁出版。在其中收录的《何谓回归宗教开山师祖？——读三木清氏论文有感》一文中，《中外日报》主笔三浦参玄洞这样写道：“但凡真实、率直地接受万物之真理，且尚未丧失良知的宗教家，此刻便应当回归他们的开山师祖。……此种时刻，我们的三木先生所提出的马克思主义理论与宗教的结合没有任何可责难之处，今后必须成为宗教家的指导理论。”他对三木清的观点表示全面赞同，而在此书中撰文的其他佛教相关人士，大部分也都抱持与三浦参玄洞相近的立场。

第二年四月五日，妹尾义郎等人组建了“新兴佛教青年联盟”，在东大佛教青年会馆发布了一份宣言，起首写道：“现代令人苦恼。同胞们因为渴望信与爱而不得不站起来斗争，大众为求得面包而不得不遭受压迫。逃避还是斗争？如今，举世皆在混沌与窘迫中彷徨。”这与上述事件恐怕也不无关系。那之前没多久，川内唯彦、冈邦雄、三枝博音、高津正道与真溪苍空朗等人举办了“日本战斗无神论者联盟”结盟恳谈会。即便真实情况如秋田雨雀所记，恳谈会当即便带上了“派系性质与机械论倾向”（摘自《雨雀自传》），但考虑到真溪乃《中外日报》东京支局的局长，这次恳谈会势必也同样可以看作是三木理论所结出的果实。

尽管作为无产阶级反宗教运动的一环，林达夫身边发生了如此多的事件，但林的论述却对这些事只字不提，而仅列举西方局势作为常规例证，其余便只是极其机械地演奏那些翻来覆去屡屡重申的正统论调的变奏版。虽然久野收就文章背景陈述说，一九三二年前后苏联高调宣扬“哲学的列宁主义阶段”，且“战斗无神论者联盟”也指称反宗教宣传与斗争是当务之急。久野还举出事实称，作为其结果，同年十二月米丁[①]的《哲学论争的总清算与反宗教宣传》在日本翻译出版，

① Mark Borisovich Mitin（1901—1987），前苏联哲学家，1930年起任《在马克思主义的旗帜下》主编，斯大林时代苏联哲学界的主导人物。

进而称赞林达夫的《无产阶级反宗教运动》领先于米丁的译本“响应了这一课题”，盛赞林达夫的“眼光之锐利”和无神论态度之“坚定不移”(摘自《林达夫著作集》第三卷《解说》)。但就笔者看来，这只是为尊者讳而已。一九二〇年代林达夫的随笔中所体现的不知厌倦的好奇心、怀疑的理念以及犀利的批判精神，在这篇随笔中已经无迹可寻。归根结底，这篇随笔里究竟何处可以找到林达夫自身思考探究的痕迹？文中有的只是拼凑正统论调编辑而成的一篇空洞的文字。笔者禁不住想说，此等文章根本无需林达夫执笔。

无论在日本现代的思想史还是文学史上，一九三五年前后都是一大转折点，这一点已无可争议。一九三三、三四年或可看作这一转折的所谓开端。在此，姑且将时间限定于一九三三年做一番考察。这一年二月二十日，小林多喜二在筑地警署惨遭杀害，四月下旬至七月，京大泷川事件吸引了世人的目光。其间，六月七日，身处狱中的日本共产党干部佐野学与锅山贞亲发表“转向”声明。其后仅短短一个月，在1370名思想犯中，未量刑拘留人员的30%和393名已量刑人员的36%接连“转向”，出现了所谓的“雪崩式转向”。同年十月，《文学界》与《行动》创刊，吸收了无产阶级作家林房雄和武田麟太郎为同人，“文艺复兴”一词广为流行。之后第二年一月，河上彻太郎与阿部六郎合译的《悲剧的哲学》出版，掀起一股舍斯托夫热潮。可以说，为这一切打下基石的正是一九三三年。

也就是在这一九三三年快要过半的六月，三木清发表了《不安的思想及其超克》(刊载于《改造》)。他在书中写下了如下这段话，虽然略长，姑且援引于此。

这些年我国也有人在不间断地喧嚷着精神危机，而此危机最内在的一点，即所谓最精神性的一点，因此也可以是最有魅力的一点，可以说便在于我们从来不曾真实经历过精神危机这一事实。……当然在欧洲，这样的精神危机早在过去便已开始生产其精神性的表达。……人们可以将这些一概视为不安的文学、不安的神学、不安的哲学。它们很早便已被介绍到日本，被移植了过来。然而，由于我国的社会条件，尤其是文化条件，它们通常仅被视为新事物、新文学、新神学或者新哲学，日本人不过是出于长久以来偏爱新事物的癖好而对之表示欢迎。包括发起攻击的一方，都未曾充分理解其特殊的性质，而将其与其他事物等同对待，视之为资产阶级文学、法西斯哲学等，止步于无差别的评论。即便这未必是一种错误，恐怕也几乎接近于无意义的概括。……

更何况，即便在日本，大约从去年起，知识分子的精神状况不也出现了相当显著的变化？人们可以将满洲事变[①]这一重大事件视为一个标志，将那种变化称为事变后的影响。因为这事变后的影响，在知识分子中逐渐形成的精神氛围正是“不安”。今后，其程度恐怕会变得越发深重，阴影也越发浓厚。不安的文学、不安的哲学等，或许会不知不觉、无可察知地潜入人们的内心，并在不久之后反客为主。

① 即九一八事变。

其后，三木以本杰明·克雷米奥[①]的《不安与重建》为例，阐释了笼罩在法国“战后”的“不安的精神”，并接着写道：

> 不过在日本，约莫到去年为止，这种不安的思想的影响仅限于局部。看似压倒性地控制着青年灵魂的，乃马克思主义。到处都是旗帜鲜明，无论在哪里皆势头威猛。根本问题就在于“应如何活动”。……然而，反弹期如期而至。青年知识分子遭遇外部阻挡的灵魂，只怕会被引向内部。社会的不安化作精神的不安，且进一步“内化”。……如上所述，不能将此危机即刻等同于单纯的文化危机，其本质乃是一种“精神”危机。而且，正因为此危机对青年知识分子而言不可谓无魅力，所以也愈发危险。

三木清还就一九三三年给出了预测，他在最后写道：“或许可以说，社会性不安膨胀至此的时代，史上罕有，而将人的不安展现得深刻至此的时代，也同样史上罕有。”

就在三木如此概括一九三三年这一时期的大约五个月后，林达夫也在《岩波讲座教育科学》第十九分册上发表了《无产阶级艺术运动》，尝试在文中就同一时期给出概述。文首写道：

> 如今，社会生活的各个领域都笼罩着“不安”。这不安深不可测，就连那些对猛烈吹刮时代的暴风雨基本皆可保持若无其事的讲坛哲学，在其面前也将不再能夸耀自己为“无风带”，其深

---

① Benjamin Crémieux（1888—1944），法国批评家，《不安与重建》一书主要分析一战后的文学思潮。

度可见一斑。

之后，林以欧洲为例，断言“战后世界文学乃‘不安’的文学”。在此基础上，他与三木相同，也举出克雷米奥的《不安与重建》阐释了“战后的不安”。

至此，三木清与林达夫殊途同归，都承认一九三三年的日本出现了与西方同样性质的不安，不过两人在批驳克雷米奥时显现出了分歧。克雷米奥此书出版于一九三一年，概述了法国一战后的文学与思想，并探讨了未来的可能性。克雷米奥在书中论述称，如今不安的时代已然过去，正在步入重建的时代。对此，三木提出了质疑：“但事实上，作者所说的新人文主义时代，在一九三〇年及其后到目前为止的这段时间，真的出现了吗？”并指出：“恐怕人们会说，只要社会性不安一天不被消灭，不安的思想就不可能完全被超克。”另一边，林达夫则这样分析道：“现代文学乃‘不安’的文学，这句话说得更确切一些，应为现代**资产阶级**文学乃‘不安’的文学。所以一言以蔽之，处于没落进程中的资本主义体制出现普遍性危机，进而引发了文化危机，而这恐怕不过是其在某一艺术领域（文学）中的表现而已。”他还断定：“随着资本主义矛盾呈递进式成熟，资产阶级艺术作品中的真实性将越来越少，这才是资产阶级艺术危机真正的原因所在。”

若要用一句话概括此处三木与林达夫的区别，或许可以说两人虽然都认为要最终超克“不安”必须等待社会变革，但对于究竟是将一九三三年逐渐显现出来的“不安”视为自身的思想问题主动应对，还是仅将其视作社会发展的必然而对其隔岸观火，二人的态度出现了分歧。这种分歧也直接反映在两篇文章的结论中。三木回顾历史总结道，“自上世纪末起，人类便在寻求与自我相称的对自我的定义，且迷茫至今”，并严厉批评了同时代唯物论哲学的失责，称“现代哲学即为‘人学’，这一点本身不应遭到驳斥。只要还是将人学与观念论简单地等同视之，唯物论便过于单纯。如今，正是这种唯物论哲学有义务，也必须准确、具体、真实地就何谓人这一问题给出答案”。他还指出，“为了超克不安的思想，必须给出一个与人相称的、新的人的定义”，从而就一九三三年摆在众人面前的问题指明了应对的方向。相比之下，林达夫先指出“一个正在没落的阶级的文学，与另一个阶级的文学，即便处于同一社会也是截然不同的两种东西。不能以一方来要求另一方”，以此点明事实引起读者注意。他主张，“现如今，能够如此这般在艺术中正面揭示时代的秘密，不退缩、不畏怯地展现真实，唯一享有这一地位的艺术正是无产阶级艺术”。他还进一步阐释道，“无产阶级艺术必然在无产阶级的阶级斗争中，发挥着在文化战线一翼充当一种强有力的意识形态武器的作用”。在此基础上，林强调在当今资本主义国家，“可以说刚刚降生不久的无产阶级艺术已有显著发展，甚至诞生出了达到世界水准的杰作，这是不争的事实”。他在文章最后援引了国际无产阶级艺术运动某一领域的指导机构所发布的决议：“无产阶级正在形成一种现代社会绝无仅有的力量，这种力量能够将世界文化抬升至前所未及的高度。”简言之，林达夫认为当下的“不安”根本不值得忧虑，一种取代其的新动向已经出现，其责任落在了无产阶级身上，正在稳步确立其地位。

同为一九三三年，三木还有一篇随笔题为《现代阶级斗争的文学》，在一月刊发于《岩波讲座　日本文学》分册上，但正因为这篇文章，该分册当即被禁止发行。此文系统地梳理了一九二〇年至三一、三二年的无产阶级文学，与川口浩在几乎同一时期发表的《无产阶级文学概论》一起，可算是同类文章中最早问世的。就其内容而言，虽然今日看来也并非全无可指摘之处，但笔者以为此文是一部经过精心梳理、条理清晰的文学史，几乎让人质疑其后的无产阶级文学史究竟在多大程度上超越了前者。由此可见，三木清作为一位书写文学史的作者，他肯定对日本无产阶级文学的整体发展状况抱有极大的关注。然而，在《不安的思想及其超克》一文中，三木提出在文学领域也必须创造新型人，而对无产阶级文学草草带过，仅写了这样一句话："或许有人认为客观主义现实主义的主张从某种意义上说，成了阻挡进步的障碍。也正因为如此，最近类似'社会主义现实主义与革命浪漫主义'的东西成为了问题，这恐怕绝非偶然。"相较之下，林在《无产阶级艺术运动》中用了四分之一的篇幅来阐释无产阶级文学，两者形成鲜明对比。

在此，简略记述一下当时无产阶级文学的发展状况以供参考。一九三二年五月，林房雄出狱后不久发表了《为了作家》(刊载于《东京朝日新闻》十九、二十、二十一日刊)。以此为开端，无产阶级文学内部针对当时遭到穷追猛打的领导层所提出的斗争至上主义进行了批判，加上一九三三年春输入日本的苏联新社会主义现实主义理论，以及夏季关于《治安维持法》越改越坏的宣传，到了一九三三年秋，无产阶级文学阵营终于出现了一场难以收场的大混乱。当然，这场混乱与当时苏联发生的一系列事件不无关联。一九三二年四月二十三日，苏联共产党中央委员会以组织框架僵硬和派系排他主义盛行为由，决定解散此前构成文学运动领导机构的"拉普"(全称"俄罗斯无产阶级作家联合会”）。在一九三三年起发行的《国际文学》创刊号上，基尔波京[①]在《十月革命十周年时的苏联文学》一文中，重新开始倡导社会主义现实主义，并就此前一直遭到攻击和排斥的革命浪漫主义给予了认可，可以说为一九三四年八月“苏联作家协会”第一次全体会议正式表决采纳社会主义现实主义路线扫清了道路。所以当时上演的又是一出悲喜剧，一国的文学运动再次因为他国文艺政策的转换而被钳住了命门。

但即便如此，在了解了一九三三年无产阶级文学运动的这些乱象与式微，及其在第二年导致“纳普”（全称“日本无产者艺术联盟”）解散的事实之后，不得不断言林达夫的《无产阶级艺术运动》与《无产阶级反宗教运动》如出一辙，也不过是拼凑正统论调编辑而成的一篇空洞的文字而已。归根结底，在一九三三年这一时期，世界上根本不存在什么所谓“已有显著发展，甚至诞生出了达到世界水准的杰作”的无产阶级艺术运动。不得不说，不仅仅是日本，那时的林达夫对世界的现状始终视而不见。在正统论调难以控制的现实面前，林达夫放弃了自主判断，而三木清即便与马克思主义保持了距离，也依然该批驳的批驳，该承认正确的便予以承认。不得不说，三木这种思考的灵活性与林形成了鲜明对照。相较于“北欧系”的三木清，代表“南欧系”的林达夫在一九二〇年代显现出的那种游刃有余的文献学家形象，在这些文章里已经荡然无存。

在此，有必要就三木清在一九三〇年十一月获释后的情况略作

① V.Kirpotin，苏联评论家。

补充。

前文已经简述了三木获释后与无产阶级运动之间的关系，基本可以说，这段时期他几乎将所有精力都倾注在了完成《历史哲学》一书上。其后一九三二年四月，《历史哲学》作为《哲学丛书续编》中的一册，由岩波书店出版。此书涉及三木自身在《唯物史观与现代意识》一文中提出的“历史性”问题，内容姑且可以概括为：从黑格尔到海德格尔，重新探讨了以往与历史相关的所有哲学理论，并由概念定义出发，将其与三木业已阐释过的人学联系在一起，从而建立一套所谓历史人学的理论体系。三木自己就这部著作解释道：“我在《唯物史观与现代意识》一文中，论证了基础经验、人类学和意识形态三者之间的辩证关系，为我的理论……奠定了基础。……不过在旧论中，对于‘基础经验’这一概念给出的定义远远不够充分”，“无须赘言，在此基于事实概念，就基础经验的概念重新进行定义，同时也重新定义人类学与意识形态的概念。”（摘自《答对拙作的评论》，刊载于《思想》一九三三年九月号）至此，“历史性”问题如今成为了支撑实践主体行为的基础，显现出了明确的轮廓。

然而，这部《历史哲学》刚一出版，关于此书是否意味着三木已经“转向”的议论一时间甚嚣尘上。同样是《历史哲学》，岩崎勉、小松摄郎、高山岩男等非马克思主义系的哲学家从中看到了三木理论的发展，而船山信一和本多谦三等马克思主义者看到的却是三木的“转向”。面对此类批判，尤其是本多谦三所谓“过去数年间斗争得最为热烈的三木氏，最近却最为引人瞩目地（至少在理论上）完成了转身，这实在令人惊诧”（摘自《哲学时评（一）哲学新转向——论三木氏的近作》，刊载于《思想》一九三三年八月号）的责难，三木清给出的回应正是前文所引述的那篇《答对拙作的评论》。三木在文中申明："我当然知道我不曾停留于先前的观点。然而，我相信这并非单纯的转向，而是一种辩证的发展。倘若这可以算作转身，那么我今后——无论本多氏乐不乐见——恐怕都会三番五次地转身，且我自己应该绝不会以之为耻。"自一九二〇年代后半期开始，本多谦三可谓是三木的同志，也是他最为亲近的友人之一。同样，此前与三木联合执笔《论唯物主义是如何被观念化的》一文，对三木哲学批判提出反驳的秋泽修二，也在进行自我批判后被公认拥有了批判三木的资格。无论是秋泽修二，还是本多谦三，以及其他那些加入反三木运动的为数不少的三木旧友，三木在这段马克思主义体验中委实失去了众多故交，被他们所叛离。思及这一事实，不得不喟叹在日本成为一介独立思想家的道路之艰险。

不过，艰险归艰险，三木清究竟有没有"转向"？说起来，"转向"这一概念本身在论述其他思想时并不会出现，乃是马克思主义体验所特有的东西。与其说那是一种思想，不如说其前提是为信仰。唯有如此，方能理解这一概念。正因为这样，人们只能选择皈依马克思主义还是与之敌对，二者必居其一。无论在西方还是日本，情形如出一辙。然而必须指出，三木清身为思想家的独立性，正体现在他拒绝承认马克思主义思想的特殊性上，他自始至终将其与其他思想置于同等地位。一九三〇年，三木被拘留于丰多摩监狱期间，他应检察官的要求在其写下的《手记》中这样说道：

我的基本态度究竟为何？首先，我从一开始就不曾站在马克思主义的立场上，从其观点出发论究其他各种问题，相反，我是从我自身哲学上的立场出发，将马克思主义视为一个问题加以论究。

为此，就三木清而言，本就不存在“转向”之类的说法。不过，不妨指出一下《历史哲学》与三木之前那些著作的区别。《历史哲学》的一大特点，便在于书中对马克思、恩格斯及列宁没有给予任何特殊待遇，相反，还故意避开了马克思主义的用语。而且，就此书给人的印象而言，无可否认，从《唯物史观与现代意识》开始，在一九三〇年之前的三木论文中贯穿始终的“应如何生存”这一迫切的追问，在此书中远远地退居到了幕后，所有精力都被倾注在理论体系的建立上。在那些虎视眈眈时刻监看的马克思主义异端审查官的眼中，这些变化皆被视作了“转向”，考虑到马克思主义的宗教特性，这恐怕也是无可奈何的事。

不难想象，三木清经过一九三〇年那段酸楚的经历后，想必已经痛切领教了马克思主义的宗教特性。三木获释后，没有选择“或面对批判誓死抗争到底，或垂下头自我批判乞求宽恕”这两条路中的任何一条。对于他并未“沿袭当时多数转向派走过的道路，将自身置于马克思批判派或反马克思派中”一事，虽然久野收将之评述为优秀的“马克思理论家们所走过的炼狱之路”（摘自《三木清——论其生平与遗产》），但笔者更愿意相信，就如前文引用的《手记》中那段话所表明的那样，一九三〇年之后的三木显然已经摆脱马克思主义的宗教性束缚，重新拥抱了自由，并决意构建包含马克思主义在内的自身的理论体系。虽然这样的独立思考在他的宗教论中也能窥见一斑，但窃以为它以更加明确的形式广泛展露在众人面前的，乃是三木在《历史哲学》完稿后写就的那篇《不安的思想及其超克》。

如此，三木清经由马克思主义，大步迈上了在日本极其罕见的独立思想家的道路。与之相对，我们又该如何理解林达夫在同一时期一味急速冒进的轨迹？关于这一点，必须指出的首要原因恐怕正是一九二九年至三三年期间的时代背景。那时，就连一九二二年一度批驳有岛武郎《一个宣言》的广津和郎都承认，“自由主义必须转换成下一个东西”，并在此基础上袒露心声，称尽管如此，却无论如何跟不上那些新动向，“被往日文化的重负压得动弹不得，精神因此日渐消损”，从而坦言，过去将有岛逼上死路的烦闷如今也成了他的一部分（摘自《我的心声》，刊载于《改造》一九二九年六月号）。——那正是这样一个时代，日本大部分的知识分子都相信只有两条路可走：“要么沦为统治阶级的娼妇，要么与新兴阶级相结合用力推动历史的车轮。”（石滨知行《知识分子的历史性与阶级性》，刊载于《改造》一九三〇年三月号）而且，在权力一次次的严酷压迫下，接二连三出现了殉道者，面对这样的现实，只要承认马克思主义是正确的，先不论妥当与否，众人皆认为有义务参与某种形式的实践，且外界通常也都默认如此。置身于这样一个时代，即便是“同路人”，恐怕也很难想象除“苏联之友会”以外，林达夫会直接且积极地参与其他实践活动。毕竟，一心想要成为文献学家的他，本就只是一介书生。如此一来，我们是否可以推测，正是这种身为书生的负疚感，反而导致其在书房这个封闭的空间里，出现了远超那些实践家的激进化？山田宗睦在言及加藤正时曾提及，当时无论“无产阶级科学研究所”还是“唯物论研究会”，都出现过同路人提出的主张总是比党员更加激进的现象（见《昭和精神史》）。笔者猜想，是否也可以认为这一时期林达夫的身上也出现了同样的现象。而且，或许正是因为身居书房不曾直面现实，所以才会如此急速冒进。恐怕唯有如此推测，我们才有可能理解《无产阶级反宗教运动》与《无产阶级艺术运动》这两篇文章中的林达夫。

## 五

一九三〇年至三三、三四年期间，林达夫的形象只能用“惨不忍睹”来形容，或许笔者对之已经着墨过多。在此若不赶紧加写一段林达夫当时与之截然不同的另一番模样，只怕会被人责难有失公允。

在一九三一年十一月至三三年九月发行的《岩波讲座哲学》上，林达夫于一九三二年六月和一九三三年九月分两次发表了《社会史性质的思想史　中世纪》一文。《社会史性质的思想史》起初便被策划为系列论集，三木清负责古代，林达夫负责中世纪，羽仁五郎负责近代，本多谦三负责现代。二战后，四篇论文在一九四九年结集成册，出版了《社会史性质的思想史》一书。其整体构想便是追溯古希腊以来西欧社会的变迁，并尝试结合这些变迁揭示各种思想的形成过程。战后出版的合集中添加了林达夫的《后记》，文中称此书“意在开拓一个不仅在日本，即便在西方发达国家也近乎未开垦的领域”。

我们且来看看林达夫的这篇《中世纪》，为把握全文内容，在此先介绍一下章节构成。该书分为“序论‘中世纪’的社会构成即封建主义”“欧洲封建社会”“封建社会中的教士阶级”“教会的精神独裁”四个章节。其中，第三章又细分为“（一）作为意识形态社会阶层的教士”“（二）修道院中的教士”“（三）罗马教皇与基督教会”三个小节。仅看这些便会发现，这篇《中世纪》就页数来说，关于教会的部分便占去三分之二，极度重视教会可谓是此文的一大特点。

不用说，此文的序论中多处引用了马克思、列宁及梅德韦杰夫等人的文本，就此文发表的时期来看，这确实也是理所当然。序论在定义了封建主义的概念后指出，“马克思主义理论，是唯一一种将科学方法交付到历史研究者手中的理论”，并在此基础上就中世纪研究补充道，“尤其需要强调的一点是，必须时刻认识到意识形态被赋予的各种形态是阶级斗争的反映”。不过，进入本论后，马克思和列宁几乎不再露面，引用的皆是博瓦索纳德①、皮雷纳②、卡尔梅特③、泰勒④、吉尔森⑤和朗格卢瓦⑥等，多为法语国家中世纪学者的文本。文章主要详细描述了中世纪人的生活，包括中世纪庄园结构与领主及骑士的日常工作，领主对农民所享有的具体权利及课税类别，百姓的周日生活及教会课税等。林达夫从各种极度平常的日常事务中一一提炼出了中世纪社会的本质，在此仅举例一二。

> 中世纪的基督教信仰并非是对信条（credo）中的上帝的信仰，而是对身为“中间人”的圣人的信仰。比如给自己生活赐

① Gustave Émile Boissonade de Fontarabie（1825—1910），法国法学家，明治时代负责起草了日本的大部分民法典，被誉为现代日本法律体系的奠基人之一。

② Henri Pirenne（1862—1935），比利时历史学家。

③ Joseph Calmette（1873—1952），法国历史学家。——王前校注

④ Henry Osborn Taylor（1856—1941），美国历史学家，以研究古代史和中世纪史著称。——王前校注

⑤ Étienne Gilson（1884—1978 年），法国哲学家，历史学家，法兰西学术院院士。

⑥ Charles-Victor Langlois（1863—1929），法国历史学家。——王前校注

予好“运”的圣人，保护自己免于一切危害与不幸的圣人，为自己治疗疾病的圣人——从这些圣人处祈求对自己生活有用的奇迹——这便是中世纪真正“活着的”信仰的实际内容。过往那些基督教“教父”们建造起的教义大系之类的东西，就连负责教化民众的教士都几乎不闻不问。……封建农民的**圣人**，最重要的便是凭借现实的力量参与他们的日常实践生活，给予他们直接有用的效验，是为奇术师（thaumaturge）。在这里，宗教完全是圣人与信徒之间的“交易”行为。礼拜、祈祷和捐赠皆是此交易的形态，这便是封建的、“民众的”、“实际的”宗教的主要内容。

我们不应轻视这种琐碎而质朴的工作（即古代思想与文学遗产的收集与整理）的意义。人们已经习惯了从教父哲学一跃而至经院哲学的常规哲学史叙事，而将这三四百年间的知识活动视为一片空白。但我们必须认识到，若没有这段时间对抄本的抄录以及对各类书籍的编纂工作，其后的神学研究恐怕也不可能展开。即便到了公元九世纪，即使是被誉为拥有欧洲最充实书库的圣加仑修道院，也不过仅有四百卷抄本。由此可知当时书籍的稀缺、散佚（即便如《圣经》这样的书籍，在其后很长一段时间，售价都能轻而易举地赶上一位神父一年的收入），莎草纸与羊皮纸的匮乏，以及负责抄录的修道士的无知，这一切让本已充满困难的工作愈加难上加难。十二世纪时，素以第一大藏书家闻名于世的沙特尔的贝尔纳，死后捐赠给修道院书库的全部书函粗略计算也仅有二十四卷。这些琐碎的事实在反映中世纪大众知识地平线的狭隘边界方面，可谓饶有兴味。古代哲学与文学的残篇之残篇，

> 教父哲学的一部分，以及圣经文献——这便是修道士们从古代世界的废墟中拯救并保存下来的全部思想遗产。

关于这些文章的魅力，或许可以将之比作魔术，仿如路边不起眼的石头，被那束光轻轻一点便化作了七彩生辉的宝石。当然，这一方面需要渊博的知识，另一方面还需以对整个历史进程切实可靠的整体把握为前提。且在此之上，还必须具备足够的写作技巧，能巧妙传达事实。然后再综合这些，以文章的形式将其精彩演绎出来的，恰恰正是消失了一段时日的、一九二〇年代的那个“多彩”的林达夫。

而这论文尤为精彩之处，应该是文中将教士定义为中世纪唯一的知识分子，并在此基础上阐述修道院作为中世纪精神活动的中心所发挥的作用这一部分。在这些章节中，林达夫运用丰富的实例，从前文引述的修道院对“古代思想与文学遗产的收集与整理”工作开始，进而列举了其“继承古代世界的教育传统，将所谓‘自由七艺’（Septem artes liberales）的学养作为教育基石”而开展的“教育活动”，并指出其作为“培养修道士的巨大训练机构”而“提供了大量教化民众的教师”这一事实，最后提到了在罗马教皇与“各地教会势力及封建势力”做斗争的过程中所发挥的政治作用。林达夫指出，在黑暗的中世纪，遭到压迫的民众只能试图在宗教中寻找救赎，从而阐释了教会在中世纪社会的作用。对当时熟悉包括一般常识在内的马克思主义理论的读者而言，林达夫施展其充分的说服力开辟了知识的新疆界。

这篇《中世纪》的末尾附有一篇《附记》，林达夫在其中写道，“本文的叙述已在本人所能想到的极限内进行了最大限度的简化，可尽管如此，不幸的是最终亦只能止步于‘序论’而告终”，并就其后剩余部分的写作计划列出了章节标题“(四)封建都市的出现、十字军及其在思想史上的意义(五)大学、乞讨团运动、宗教审判(六)作为反封建主义运动的异端(七)经院哲学与‘自由思想’”。林达夫所言的相对于“序论”而言的本论，以及将剩余写作计划变为具体内容的文章，终究未能问世。不过，其后至少有数篇文章对“序论”进行了补充，并尝试将剩余写作计划具体化。在笔者看来，三四年六月刊发于《岩波讲座世界文学》第二分册的《文艺的社会基础——弗理契批判》，以及同年十一月刊发于《思想》的《作为口号的“神学之婢”》皆属此列。

正如副标题“弗理契批判”所示，《文艺的社会基础》一文就一九二〇年代苏联最具代表性的艺术史家弗理契的著作《欧洲文学发展史》提出了批评。可以说，文章在这一框架下结合社会史揭示了中世纪文学的形成过程。然而，最让人感到兴味盎然的，是当时《欧洲文学发展史》一书被奉为基于马克思主义立场评述欧洲文学史的圣典，而林达夫这篇文章却将具体事例逐一引为反证，将之批驳得体无完肤。文中林达夫毫无忌惮地断言其为“庸俗唯物论”，并在文末给出结论称：“但令人惊讶的是，马克思主义艺术学泰斗弗理契在这一点上暴露出的学术无能，竟还不如那些学院里的书呆子。”这篇论文结构独特，先一一列出具体问题点，并围绕这些问题点驳斥弗理契的观点，之后才亮出林达夫自身的见解。虽然在林达夫的见解中有诸多部分与《社会史性质的思想史　中世纪》一文相重复，但文中就中世纪文学的主体力量指出，“中世纪原初意义上的文学活动起始于这种学僧即文士与吟游诗人的合作。而给出指令开展此类合作的，正是基督教会推行的文艺政策”，并在展开论证时，从批评约瑟夫·贝迪尔[1]关于《英雄史诗》的学说出发，证明“那是献给十字军的骑士煽动文学，也是为朝圣‘拉客’的宗教宣传文学”，之后还从中世纪城市发展的观点出发，对朗松所主张的《列那狐传说》和“韵文故事”（fabliau）皆为“市民文学”的论述进行了补充。由以上种种可以看出，林达夫已经比《社会史性质的思想史　中世纪》更进一步，提出了其独特的问题，并进行了阐述。

而另一篇《作为口号的“神学之婢”》则追溯了“哲学乃神学的婢女”这句中世纪欧洲天主教会著名的口号的起源，揭示了口号的意义随时间流逝所显现出的变化，并梳理了大学的诞生过程：始于修道院学校，十二世纪时发展为神学院，到十三世纪初出现大学，该世纪下半叶，这些大学一早便掀起了脱离神学的解放运动。毋庸赘言，此文内容与《社会史性质的思想史　中世纪》的《附记》中所提及的第五章完全一致。

至此，笔者自认为尽可能忠实地介绍了林达夫在一九三二年至三四年期间围绕欧洲中世纪，尤其是法国中世纪所开展的论述。或许有人会提出反驳，认为这些内容放在今时今日岂不都是常识。当然这一说法完全正确，但笔者想提请诸位注意林达夫写下这些论述的时间。马克·布洛赫与吕西安·费弗尔在斯特拉斯堡大学联合创办《经济社会史年鉴》（现名为《经济·社会·文明年鉴》）是在一九二九年，而马克·布洛赫细致探讨贵族阶层的生活乃至思想，第一次就整个中世纪社会提出成体系示意图的《封建社会》一书，则要到一九四〇

① Joseph Bèdier（1864—1938），法国作家，中世纪史专家。

年方才付梓。在一九二〇年代至三〇年代，法国的中世纪史研究皆以朗格卢瓦和卡尔梅特等人的法制史、经济史为中心。考虑到这一点，可以推知，林达夫所能参考的资料恐怕只有传统中世纪研究期刊《Romania》上刊载的调查报告等公开发表的文献。一九三〇年代前半期，他在远东的岛国日本埋首于书房，开展了这些孤立无援的研究，不得不说其先驱性令人惊叹。更何况，关于中世纪知识分子的研究，直到二战后，“年鉴学派”的雅克·勒高夫等人才首次涉足。思及这一点，对于林达夫的慧眼，我们唯有敬服。

而且，慑于马克思主义的影响，历史被剔去皮肉仅存骨架，尤其在我国这一状况一直持续到近些年。若将这一点也纳入考量，则林达夫在研究中世纪史时，将马克思主义中的可取之处取为已用，同时从日常琐事出发，尝试论述某一时代知识场域的形成过程，这种姿态足可谓超前了半个多世纪。林达夫对这方面问题的关注在一九二〇年代的随笔中已经有所显露，进入一九三〇年代，选择欧洲中世纪这一研究对象之后，终于开始显现出清晰的轮廓。从弗理契批判中也能看出，林达夫在面对其持续关注的欧洲中世纪问题时，就连马克思主义的束缚都未能施展威力，也只有在这一领域，他真实地，不，应该说以更为成熟的文献学家的形象，向我们展现了他在一九二〇年代时的面貌。

在此，顺带提一提《社会史性质的思想史》一书中的另外三篇文章。本多谦三的《现代》刊发于一九三二年六月，以一八〇〇年至一九二〇年代为考察范围，内容聚焦于德国，主要从社会主义观点出发陈述历史，并以马克思为中心记述哲学史，读来只让人觉得此文充其量不过是在展现作者学力之不足。三木清的《古代》发表于一九三三年七月，虽然符合其一贯风格，随处可见独创性的观点，且历史梳理条理清晰，但终究没能超出希腊史概述的范畴。而另一篇羽仁五郎的《近代》刊发于一九三三年九月，羽仁亲自执笔的只有第一章和最后一章，其余部分由清水几太郎论述法国，舆水实论述英国。单就羽仁论及文艺复兴和德国近代思想的部分而言，只能说属于引用接引用的典型的左翼文体，且内容没有超出正统论调，绝对算不上陈述独立见解的那一类文章。仅就《社会史性质的思想史》一书而言，林达夫所写的《中世纪》一枝独秀，时至今日其内容与文体都足以令读者为之倾倒。

截至这本一九三三年完成的《社会史性质的思想史》，三木清与林达夫自一九二七年以来持续多年的联合编辑与撰稿工作，彻底画上了句点。

## 第二章
# 一九三五年前后

## 一

前一章曾经提到，在日本思想史和文学史上，一九三五年前后，即一九三三、三四年至三六、三七年可视为一大转折期。暂且不论如何看待这一转折期，至少关于这一点本身几乎不存在争议。但若要探讨这一时期的特点，各家看法不一，不过时至今日，基本可以认为有两种看法已为众人所接受，视为定论。

一种是中岛健藏基于其自身体验提出的，将一九三五年三月二十日贵族院发布《关于政教革新的建议》这一声明，以及其后二十三日众议院表决通过《关于国体的决议案》这两个事件视为时代的象征。中岛就此阐释道，“在那之前，即使政治波涛汹涌，只要不一头扎进去，不对其指手画脚，便仍可以做一个彻彻底底的旁观者”，但如今“局面幡然改变”（摘自《昭和时代》）。另一种见解来自平野谦，他是如此看待这一时期的："一股虽略显混乱，但争论马克思主义与自由主义、社会主义与革命、无产阶级与进步等能否相互携手的潮流，与另一股从广津和郎的新闻小说论到横光利一的纯粹小说论，争论纯文学与通俗小说之统一与分离的潮流相互交织，似乎形成了昭和十年前后混沌的文学现实。各派虽竭尽了所能，却始终无法确定自身立足之处在整体中处于何种位置，在此情况下，又不得不各自拼尽全力彰显自身，并相互争论。"（摘自《文学·昭和十年前后》）

中岛将重点置于人与政治的关系，平野则从文学的角度出发，两者虽有差异，但可以说互为表里。若将两者相结合，毫无疑问，确实可以大致了解一九三五年前后的状况。不用说，笔者完全无意就此提出异议，只不过，若退后几步拉远焦距进行一番远眺，窃以为也可以获得与之截然不同的看法。这里所说的不同的看法，主要聚焦一九三五年完稿的三部具有里程碑意义的著作：岛崎藤村的《黎明之前》、和辻哲郎的《风土》和西田几多郎的《哲学论文集第一卷》。

关于《黎明之前》，毋庸赘言，《序章》于一九二九年四月发表于《中央公论》，其后每年四次在同一刊物连载，一九三五年十月完稿，第一部早在一九三二年便结集出版，第二部于一九三五年十一月付梓。概括来说，这部作品把与发疯而死的父亲纠缠一生、挥之不去的黑船幻影作为作者自身的出发点，由此追溯历史，并借由这一举动来追问究竟何为近代日本，可谓藤村毕生的杰作。

再来看和辻哲郎的《风土》，第一章于一九二九年四月发表于《思想》，后续章节每隔一段时间发表于同一刊物，一九三五年三月以《牧场》一章收尾，九月以《风土——人学的考察》为题出版。这部作品先提出了一个预设："风土的类型"即为"人类自我认知的类型”。在此基础上，作品基于气候、气象、地质、地形、土壤肥力及景观，将世界分为季风、沙漠、牧场三种文化类型，进而通过对三者进行比较，来探讨各文化类型中人的性格、习性、风俗乃至住房结构，以揭示其特点。作品不仅在比较文化史上开创了可谓之为“风土学”的新疆域，还形成了独树一帜的日本文化论。

最后是西田几多郎的《哲学论文集第一卷》。此书于十一月问世，继前一年的《哲学的根本问题续篇》之后，还收录了一九三五年当年发表的《世界的自我同一与连续》和《行为直观的立场》等文。不过就西田而言，值得关注的与其说是《哲学论文集第一卷》这单本书籍，不如说是从一九一一年的《善的研究》开始，一直到这本书为止所有一系列的哲学思考。西田的思想不能只看单部作品，而是必须把握贯穿其所有作品的整个脉络。关于以《哲学论文集第一卷》为代表、到一九三五年为止西田所做的工作，他自己在给高山岩男同年出版的《西田哲学》一书作序时，写下了这样一段话：“在我看来，以往的对事物的思维方式，在伦理上基本是主语式的，在认识论上是主知式的，尤其是近代，皆是以自然科学的实在为模型思考实在。但如今，我们或许不得不从根本上反思这种立场。”另外，《思想》杂志曾在三六年一月号推出“西田哲学特辑”，汇集了高桥里美、务台理作和三木清等十四人的论述，在《编辑后记》中也可以看到对西田工作的评价，抄录如下：“毋庸赘言，西田博士不仅是我国哲学界的泰斗，放眼世界也是举世难觅的天才思想家。今天，若不以某种形式与西田哲学认真地对峙，则哲学将不可能前进。而任何一个关注哲学的人，但凡无视这一哲学，恐怕也无法在这一学问上取得任何富于成果的收获。”

笔者特别关注这三部著作或者说这三项工作的原因，并非仅仅因为其在一九三五年完稿或达到了完稿的水准，更因为笔者在这三部著作或者说这三项工作中，看到了一个三者共通的、意义极其重大的特质。

在此且补充一些信息：一九三五年这一年，藤村与西田一个六十三岁，一个六十五岁，若再度借用唐木顺三的分类，此二人正属于“出生于明治维新前后，幼时诵读四书五经的一代人”（摘自《现代史试论》）。而和辻哲郎时年四十六岁，与安倍能成和阿部次郎一样，是典型的前期“大正教养派”中的一员。

藤村创作《黎明之前》的契机是一九一三年至一六年的欧洲之行，关于这一点，想必没有人会提出异议。为了“认清”西方这个“黑船幻影”的“真面目”，并“击碎自己的梦”（摘自《海》[①]），藤村搭上法国船只“厄内斯特·西蒙”号自神户港启航，在欧洲逗留了三年三个月，而后返回日本。他所感受到的东西在《海》的末尾以朝着隅田川喊话的形式表达了出来：“你所见证的值得人们为之惊叹的所谓大改革，想必给人心里带来了‘推移’，但又是否在人的深处带来了‘改革’？想到这一点，一种难以言说的幻灭的悲哀淹没了我。”难道不正是这种“幻灭的悲哀”始终贯穿《黎明之前》，将悠久的历史潮流本身嵌入作品之中，使之成为现代日本唯一正当的长篇小说？

另一边，和辻哲郎在《风土》的《序言》中这样写道：“我第一次开始思考风土方面的问题，是在一九二七年初夏，当时正在柏林读海德格尔的《存在与时间》。从时间性的角度把握人的存在方式，这

① 岛崎藤村的作品名应为《去往大海》。

种尝试引发了我极大的兴趣。但我也产生了一个疑问：既然时间性可以像这样被阐释为一种主体性的存在结构，那为何空间性不能同时、被同样地阐释为一种根源性的存在结构？”一九二〇年代，文化人类学尚未成为一门独立学科，我们若愿意倾听作者的这些内心独白，应该就不会怀疑和辻之所以萌生创作《风土》的念头并最终完稿成书，不仅仅是因为其深谙东西方文化、学识渊博，还因为他始于一九二七年的那场欧洲之行（附注一）。

再来看西田几多郎。前面已有提及，《哲学论文集第一卷》和他从《善的研究》以来的一系列思考不可分割。高桥里美在发表于《思想》“西田哲学特辑”的文章中，回顾了当时热情迎接西田第一部著作《善的研究》的“我国的哲学氛围”，并将西田不同于此前已经存在的“东方倾向”和“偏西方哲学倾向”的立场，命名为“第三种倾向”。文中写道：“第三种倾向，可以说介于两者之间，即便没有明确表示要将打破东西方哲学思想壁垒、使之融为一体作为日本哲学的使命，但其实包藏着这种意图。”（摘自《论西田哲学》）若结合前面引述的西田自己阐释其思想立场的话语来看这段文字，便一定会明白西田的哲学思考超越了以往西方哲学进行严格区分的主观与客观，从“纯粹经验”出发，意图化解人在世界当中为客观、面对世界却为主观的悖论（附注二）。

就此看来，这三部著作或者说这三项工作虽然从不同时期的不同问题意识出发，但可以说它们都与动荡不安的时代保持了一步之遥的距离，不受噪声所惑，花费五年、十年乃至二十年的漫长时间，刻苦钻研、呕心沥血，方才大功告成。而且，若在更为宽泛的意义上将其作为一个整体来看，可以说它们都在努力回应明治以来“日本与西方”这一根源性问题。虽然三者探讨的领域各不相同，但借由这种努力，日本第一次在吸收西方文化的同时形成了不同于西方的独特的东西。横光利一在一九三五年四月发表的《纯粹小说论》(刊载于《改造》)一文中总结道：“我国的文人熟知欧洲，更胜于亚细亚。日本文学的所谓传统，乃法国文学、俄罗斯文学。今后，日本若不能诞生属于日本人的纯粹小说，作家不如自断其笔。”就在半年后，虽说领域有所不同，但确实接连问世了三部横光所期盼的呕心之作。其中，就藤村与和辻而言，我们不应忽视前往欧洲的经历正是二人的原点，使他们这种创作成为可能。因为曾旅居欧洲，所以能客观看待日本，同时也因为对西方有了切身的体会，所以才能客观看待西方。而与此二人不同，西田虽然不曾在西方生活，但他一生都对西方的新思想保持着令人惊异的敏感度，就西田哲学的发展过程来看，不难察觉到他通过思考——尽管过程缓慢——确实获得了这种客观探究的眼光。所以，正因为具备了明治以来长期缺失的、同时客观看待日本与西方的视角，一九三五年才能结出这些硕果。

梳理至此，是否可以说一九三五年这个年份对本世纪前三十年间，以各种形式围绕日本与西方所反复提起的各种问题做了一个了结，换言之，是否可以将其视为现代日本的一个节点？若站在这个角度上，笔者认为平野谦所谓的“昭和十年前后”的“混沌”或许会呈现出另一番全然不同的面貌。

举例来看，这里有以下两段在一九三四年至三五年期间发表的文字。

（前略）人类精神中有一片从未被任何人自发地踏入的领域。

> 涉足之人皆是走投无路，迫不得已去往此地。这是充满悲剧感的领域。身居此地之人开始以另一种方式思考，以另一种方式感受，也以另一种方式怀抱梦想。于他人而言珍爱且宝贵的一切，在他眼中皆是多余且无缘。……“逝去之物不会再来。”船烧了，所有退路皆已断绝——唯有前进——朝向那未知且永远叫人害怕的未来。如此人朝前走去，几乎不再问等待他的是什么。他觉得，他青春的梦——如今已不可能达成——皆为虚妄、欺瞒、悖离自然。

> 就世代而言，我们这一代人的青年时期主要从一九二〇年代末跨越至三〇年代初。在我们日本，从不曾有任何一代青年在这般激荡的时代中度过青春年华。也不曾有任何一代人其生而为人的良心要像我们一样经受时代的种种刺扎。我们在最易受伤的年纪感受着惊涛骇浪的时代，怀抱着最易伤痛的时代情结走到现在，今后我们必须开始书写这一代人的文学。……饱经时代蹂躏的青春的文学，也必须是日本最初的青年文学。这丰富的时代，受左翼压制，被右翼压迫，因家庭，因环境，因情绪，因恋爱，辗转徘徊，就连前后那些极其微小的东西都能唤起我们全身心的关注，唯有这样的心境是为下一代文学准备的。我们别无选择。

前一段文字摘自一九三四年一月河上彻太郎与阿部六郎合译出版的舍斯托夫《悲剧的哲学》，此书引得当时的青年竞相捧读。后一段文字是一九三五年一月保田与重郎发表于《哲思》卷首的《倒退的过剩意识——论“日本浪漫派”》中的一段。毋庸赘言，后者论述的自然是“日本浪漫派”，但可以说它与前者一样，尽管都充分认识到了时代正在变化，却仍然用文字记录下了青年们除他们自己已经一脚踏入“悲剧的领域”这一事实以外，对所要奔赴的地方和所要前进的方向毫无头绪的迷乱与焦躁，从而简洁地概括了无产阶级文学覆灭后，一九三四年至三五年这一时期人的精神面貌。

不过，就在一年半之后，与保田一样，同属“日本浪漫派”的亀井胜一郎写下了如下这段文字，让人感到一九三四、三五年正是预示一场巨大知识地壳运动的胎动期。

> 毋庸多言，《黎明之前》的故事，以明治维新这场大变革为时代背景，被设定在这片地方上的小山区。藤村的意图，恐怕不仅仅是出于对历史的兴趣光从“林子里”远眺这巨大的流变。……人在迷惘失措、不知该如何安放自己的身心时，似乎都会怀念故乡，探究血统。父辈的血统，今时今日也流淌在自己身上。故乡的风景终究会化作内心的风景，幼年时听过的摇篮曲也会久久余音绕耳，变作内心的歌谣。一介个人行事必须倾尽自己所有的历史与生存。或许那样的时代便叫作革命期。
>
> （摘自《论〈黎明之前〉》，
>
> 刊载于《日本浪漫派》一九三六年六月号）

从一九三四年三月的《转型期的自我》（刊载于《文化集团》），到一九三五年五、六月的《活着的犹大（舍斯托夫论）》（刊载于《日本浪漫派》），再到《论〈黎明之前〉》，亀井胜一郎其人正可谓从迷乱与焦躁出发，在这两年间完成了巨大的转变。不过，必须要注意这样一个事实：他在一九三六年探寻到的新天地正是《黎明之前》的磁场。同样的论断几乎也适用于一九三六年发表了《带冠诗人之一人》（刊载于《哲思》七、八月号）和《日本之桥》（刊载于《文学界》十月号）的保田与重郎。基于这些记述一九三五年前后两个不同时期的文章，笔者设想一九三五年的三部呕心之作所象征的“成就”可以说化作了一个磁极，无论显在还是潜在，它们释放的磁力作用在了同时代的迷乱与焦躁上。舍弃那些拐弯抹角的说辞开门见山，此前在探究一九三五年前后的文学与思想时，总习惯于强调外部事物的压力——我们姑且可以承认确实存在这些事物的干预——但在此基础上，笔者想要主张一九三五年前后文学与思想上的巨大转变，离不开给西方与日本这个问题带来本质性转换的一九三五年“成就”的重大影响。而且，此处所说的影响不仅仅是一九三五年“成就”的直接延续，也包括对它的反弹与抗拒。笔者斗胆提出了一个假设：一九三五年前后的知识地壳运动，或许通过对这些“成就”所形成的磁极作出反应，而创出了一片新天地。

笔者不由感到，只有在如此设想之后，从《村之家》《普贤》《冬之宿》开始，经《故旧自应忘》《濹东绮谭》，再到《旅愁》，一九三五年前后的这些作品才拥有了统一的性格，成为了一个整体，并显现出明确的轮廓。

这一点不仅仅局限于文学。这一假设在包括思想在内的领域也同样成立，在此仅以羽仁五郎为例，略加阐释。

作为《岩波讲座第十辑日本历史》推出的最后一批书籍，羽仁五郎写下了《明治维新》，付梓是在一九三五年五月。关于这部《明治维新》，当时井上清在入手此书后记述称，彼时围绕服部之总提出的"幕府末期存在严格意义上的工场手工业阶段论"[①]，掀起了一场如何评估幕府末期经济发展阶段的争论，席卷史学界。井上写道："在这种时候，《明治维新》一书的出版，于我等而言简直如同旱天慈雨。……就好比被关在一间密闭的房间饱受煎熬之际，一位壮士将门完全打开，风姿飒爽地走了进来，为我们将每一扇可称之为窗户的窗户彻底打开了。"（摘自《战争的历史学》，羽仁《明治维新研究》解说文）确实，《明治维新》一书开篇便写道："漫长而彻底的德川幕府封建统治终于被推翻，纵使是在万般艰难的条件之下，终究迈出了走向自由的第一步，明治维新确实是值得我们日本人民为之自豪的国民骄傲。"书中没有引用包括马克思在内的任何一个名字写作片假名的理论家[②]的观点，而是如蒙太奇一般串联起了一系列古文书，相较羽仁过去惯用的那种拼凑引文的生硬文体，简直难以想象。此书不仅以体言结句，文体独特，类似拟古文，最重要的是，还生动详细地刻画了维新前后的民众生活，进而揭示了维新的意义。在此书出版的一年七个月后，同样经由岩波书店，作为《大思想文库》中的一册，羽仁又出版了《马基雅维利君主论——论其历史背景》。这本书也和《明治维新》相同，尝试探究近代的出发点，这一点可从书籍开篇的下面这段话中窥见一二："纵观东西，成就全世界人类历史之最高荣誉的乃文艺复兴。文艺复兴奠定了现代的基石，无法理解现代历史进步之必然性的人，越是抹杀近代文明进步的意义，便反而越发具体地证明其意义深

① 1933 年，服部之总否定一直以来将幕府末期评定为封建小生产时代的主流见解，提出幕末属于"严格意义上的、本源意义上的工场手工业时代"。

② 指名字为西文的西方理论家。

远。”此外，羽仁一九三七年发表的《白石·喻吉——断片——论先驱者对日本教育取得世界性发展做出的贡献》也如出一辙。而且，这些一九三五年之后问世的作品，无一不是回归了羽仁在一九二〇年代作为历史学家迈出第一步时所关注的主题，对其进行了深化，同时又不局限于各主题与时代之间的关联，而将论述的目光扩及到更为广泛的领域。

一九三七年二月五日至九日，羽仁五郎在《报知新闻》上发表了《现代历史学家的任务》。他在文中就如何阅读新闻报道给出了具体示例，并就历史学家肩负的职责指出：“民众不只是历史的对象，也是其主体。然而，为了让民众发挥主体能动性就历史做出自己的判断，历史学家必须为其提供历史事实。”——“面对煽动性的政治宣传，为了弄清历史事实，历史学家和民众必须相互协作。”至此，恐怕已无须赘言，支撑羽仁五郎在《明治维新》之后做出此番努力的正是这种使命感：身为历史学家，他理应为了民众而返回近代发展的起点，尝试从那里反向映照出当下的面貌。在一九三〇年三木清被驱逐之后，羽仁五郎继续留在“无产阶级科学研究所”，尽心竭力推动发行《日本资本主义发展史讲座》，并从《幕府末期社会经济状态、阶级关系与阶级斗争》一文开始，在该丛书上还先后发表了《幕府末期政治统治形态》《幕府末期思想动向》及《幕府末期政治斗争》等论文。一九三三年九月，羽仁曾因涉嫌违反《治安维持法》而被警方立案调查，当时他确实是一位马克思主义历史学家。但在一九三五年之后，他向我们展现出了另一种新面貌，截然不同于其在诸如《社会史性质的思想史　近代》等文中所显露的姿态。当然，羽仁五郎的这种转变也确实是对“转向”这一外在压力的一种屈服，但难道就不能认为，其中也存在着同一时期日本与西方这个问题的本质性转换所带来的某种影响吗？

一九三四年三月，羽仁提交给司法省刑事局的《羽仁五郎手记》（刊载于《思想研究资料》特辑第十一号）中写着如下这段话。虽说这份手记是迫于官方压力所写，且羽仁与保田与重郎和龟井胜一郎的侧重点也有所不同，但仍然会让人不由自主地感受到时代新磁极的影响。

> （前略）唯物史观不以对现实中各民族、各国民、各地区等的特殊历史状况的忠实研究为基础，而更偏重从德国、法国、英国、俄罗斯等国的历史总括性研究中提炼出的各种抽象命题，将重点放在"过往历史乃阶级斗争的历史"之类的主张上，即便在开展具体的历史研究时，也仅选取符合此等命题的史料史实加以罗列乃至刻意强调，强制进行从属于此等命题的历史叙述，这样的实例在此已无须一一列举，真正的科学史观绝对需要排除此种危险与谬误（后略）。

## 二

要说林达夫在一九三五年发表的文章，除去四月在《东京朝日新闻》的"红外线"专栏上隐去真名，以"微型巨人"或"狼星"等署名发表的五篇专栏文章以外，直至七月在《思想》发表《阿米尔[①]与革命》之前，再找不出任何一篇。所以，这篇《阿米尔与革命》便是

① Henri Frédéric Amiel（1821—1881），瑞士哲学家，诗人和评论家。

继前面提到的《作为口号的“神学之婢”》后，林达夫时隔八个月发表的文章。

这篇文章添加了“Amiel social”的副标题，在正式谈论此文之前，笔者在此想先将时间倒拨两年四个月，谈一谈一九三三年一月二十二日至二十五日，林达夫在《东京朝日新闻》上分三次连载的《所谓剽窃》。这篇文章是为一场论战而写。前年七月，三木清在《改造》上发表了《论文学之真——文艺时评》。同年一月，板垣直子在《东京朝日新闻》(十五至十七日刊）发文举报，指称三木之文剽窃科尼希[①]。对此，三木在同月十八日发行的同一报刊上以《唯一言——答板垣女史》予以了反驳。

林达夫在文章开头写道：“近日有一事引发震动，有位学者是我国最‘光芒四射’的理论家之一，偏偏在众目睽睽之下，被扣上了最是极端厚颜无耻的‘剽窃者’的帽子。”林达夫在文中提醒众人板垣女士素以“女警世家”之名著称于世，进而点明文章意图道：“然而，从板垣夫人如秋霜烈日般的断罪方法来看，恕我直言，不得不说或多或少潜藏着类似中世纪经院宗教审判方式的形式主义、机械主义、抓小辫子主义的危险。倘若像使用度量标尺般使用此种方法，会造成何种情况？拙文的第一个目的便是揭示这一答案。”然后，文章提出了质疑：“假如像板垣夫人那样，将一切‘剽窃’视为卑鄙不义之举，并将之定性为犯罪，试问今日究竟能有多少学者及著文论道之人能够免于这厚颜无耻的污名？”之后，林达夫以西方的文豪及大学者为例，断言“宽泛而言，剽窃乃人类社会共通的现象”，并举出阿纳托

① René König（1906—1992），德国社会学家。

尔·法朗士作为与夫人持相反态度的例证。接着，文章将剽窃者定义为不加分辨、囫囵窃取的人，并引用了法朗士的两段警句，一是“此等之徒不配居住在思想的殿堂。不过，若是那些仅从他人处获取适合自己、于己有益之物的作家，那些深谙筛选之道的作家，则皆为正派人士”；另一段则聚焦于“分寸问题”：“人可以像蜜蜂那般，不叨扰他人而偷得一些东西。然而，绝不可学习蝼蚁劫掠整颗谷粒。”其后，文章一方面强调了剽窃作为文化继承的一种手段所具有的重要意义，另一方面又提及了那些“一面希望自己的学说成为社会公共财产，一面又努力让其成为个人私有财产的”学者，提醒众人“在资本主义社会，很多时候‘剽窃’意味着‘不劳而获’，构成‘盗窃罪’”，并在末尾总结道：“只要资本主义尚存一日，想必这‘剽窃’问题便始终摆脱不了令人唾弃的财产犯罪的性质。”文中，从莎士比亚到席勒，从约阿希姆·杜·贝莱到斯佩里尼，众文豪轮番登场，这篇剽窃辩护论无疑正是林达夫的得意之作，作者以其渊博的学识四两拨千斤，不费吹灰之力地驳斥了板垣直子的观点。之所以在此重提这篇《所谓剽窃》，是因为笔者认为《阿米尔与革命——Amiel social》一文所犯的“剽窃”罪，其实远比三木清的《论文学之真》严重数倍。

《阿米尔与革命》开篇是这样一段话：“‘观察这男人需要两种态度，望远镜都有两个镜筒。一个是喜剧，一个是悲剧，一个是伏尔泰的镜筒，一个是帕斯卡的镜筒。’这便是眼镜铺老板蒂博代的开场白。”文章首先就阿米尔的“喜剧即悲剧”概括如下：

> 阿米尔的喜剧，一言以蔽之，乃当断不断、举棋不定的喜

> 剧。说起阿米尔，通常人们都认为他是一个极度害怕采取行动的人，对显露自身意志与性格抱着非同一般的胆怯。事实便是，其人一直过着沉思冥想的生活。然而，这并非因为他相对实践的生活选择了沉思冥想的生活，而是因为他不愿做出选择，因为他无法做出选择，或者说因为他不懂得如何选择，所以，迫不得已过着这样的生活。这种生活如同一座十字架，他背负着走过了半生。而且，他将之视为一种被动性、无欲、非存在，与实践的生活、“欲望的欢愉、恋爱的快乐、动人的美丽、履行义务时的神圣感”相对立，认为彼逊色于此。

文中指出，因为“作文会显露性格”，所以阿米尔仅留下了不存在“创作”的“被动式文字，没有任何写作技巧的文字”，即日记。林达夫就蒂博代[①]对这位瑞士人的看法介绍道：

> 蒂博代认为，这皆是在阿米尔身体里筑巢的魔鬼在作祟。按其说法，破坏阿米尔体内的实践之人、homo faber 的他的魔鬼无时无刻不在监视着他，倘若他稍稍出现偏离其职分、即 Journal-intimiste 的迹象，那魔鬼便会立刻将所有出口封堵殆尽。

到这里为止，林达夫自己明确表示是在阐述蒂博代的意见，但紧随其后的下面这段文字，任谁读了都会以为此乃林达夫个人的见解，而不会产生任何疑问。

---

① Albert Thibaudet（1874—1936），法国文艺评论家。

> 不过，我想说的是，根据我个人的观察，阿米尔的魔鬼所行之事与革命所行之事略有相似，所以在此我有一个设想，使其内攻并化身反刍动物的X，何不用革命加以解释？用阿米尔的话说，风景乃精神的一种状态。反过来，窃以为也同样可以将精神状态视为风景的一种反映。内在生活是何等深刻地为外界风景所规定——阿米尔岂不正是最叫人感到兴味盎然的一个例证？

起首第一句话确实是林达夫所写。但作为其论述依据的关于精神与风景之关系的言论，却直接借用了阿尔贝·蒂博代《阿米尔或梦的一部分》(附注三)开头所写的内容。林达夫继续写道：

> （前略）依我所见，阿米尔正是一个一生与革命为伴，又为革命所毁的最为凄惨的牺牲品之一。窃以为他之所以变成一个无能者，正是革命之过。阿米尔在瑞士革命前夜激昂的社会漩涡中成长……

其后，文章记述了阿米尔投身革命浪潮的青春年华，而这其实不过是对蒂博代在总共二百四十余页的著作中花费四十页所写内容的概括，绝非林达夫自己的发现。

而且，林达夫在如此这般写完革命的弄潮儿阿米尔之后，又对蒂博代展开了批驳："若像蒂博代那样将他青年时代的生活视作对内在生活的偏离，并将此作为一段插曲，则内在的人等于阿米尔的传说，无异于在抹杀阿米尔的发展史。"至此，林达夫郑重出示了自己描绘的阿米尔像："虽然性情本质上稳重平和，但他也和当时那些年轻的自由主义知识分子一样，发自内心地顾念着瑞士的自由与独立，因为希望对祖国'有用'而站立到了人群之中。"然而，根据上文列举的诸项事实，想必不难看穿林达夫的这一立论乃是基于一种诈术。林达夫所出示的阿米尔像完全建立在他挪为己用、却又将之批驳为"内在的人等于阿米尔的传说，无异于是在抹杀阿米尔的发展史"的蒂博代的论述之上，而且蒂博代的阿米尔论并非像林达夫所说的那样，蒂博代其实想要依循阿米尔从幼年时代起一贯的轨迹来揭示其身为"内在的人"的精神变迁。这里所发生的正是一场字面意义上的"偷梁换柱"。

为避免引起误解，在此稍加补充。一九二三年，瑞士孤独的思想家阿米尔跨越三十五年的日记经贝尔纳·布维耶之手，以两卷完本的形式出版发行。日记刚一问世，正是蒂博代，将其与瓦雷里笔下的特斯特先生和阿纳托尔·法朗士笔下的伯杰雷先生（附注四）这两位虚构的人物摆到了一起，将之认定为冷峻拒斥外部世界、决意坚守自身纯粹思考的"自由人"。蒂博代在他的阿米尔论中先记叙了阿米尔身为孤儿的身世，之后细致地追溯了其前半生的经历：在发端于一八三〇年代中期的谋求瑞士自由与独立的斗争中送走了青春时代；因为政治与文化皆处于法国统治之下，所以将德国认定为"精神的武器库"，并前往柏林留学；一八四八年在柏林亲身经历了革命；日内瓦大学因瑞士资产阶级革命改组后，他作为一名年轻的自由主义者，得到校方盛情相迎。之所以追溯这些，是因为蒂博代最想阐明的乃是阿米尔的精神所走过的历程：比起令同时代青年痴迷的"为自由而斗争"，阿米尔在革命中不得不选择"关于内在自由的充满苦恼的反省"。

再回到林达夫，他先是忠实地沿袭了蒂博代论述阿米尔的轨迹，然后就一八四九年阿米尔前往日内瓦大学赴任一事指出“他的堕落其实正始于这一充满荣光的瞬间”，断定“民主主义的日内瓦，革命的日内瓦”令阿米尔感到“幻灭”和“失望”，“杀死了他心里那个实践的人”。也就是说，林达夫将蒂博代的理论截断在了一八四九年这个时间点上，并假定革命的希望在那时落空，从而将蒂博代之前的论证偷换到了截然不同的文章脉络中，塑造了一个与《阿米尔或梦的一部分》一文想要论述的形象截然不同的“革命受挫的阿米尔”形象。

《阿米尔与革命》将蒂博代的“内在的魔鬼”偷梁换柱成了“外在的魔鬼”，并做了如下结论：

> 若要说这是魔鬼在作祟，显然这魔鬼并非内在的魔鬼，而是外在的魔鬼。虽然社会状态是否应被比作魔鬼这一点值得商榷，但鉴于成熟的社会通常都习惯于将革命视作魔鬼，所以，若有人固执地要使用魔鬼这一说法，我也不介意姑且称其为魔鬼。

诚然，这是毋庸置疑的剽窃。林达夫从资料到思路，几乎原封不动地沿用了蒂博代的所有东西，只在最后关头毅然决然地跳出蒂博代，塑造了他自己的阿米尔像。其此番笔力，笔者甚至不禁为之感动。就这样，林达夫比蒂博代更为明快地呈现了阿米尔因革命而幻灭、受挫，最终变身为孤独的“日记作者”的形象。但林达夫究竟为何不惜冒着被指“剽窃”的风险，也要讲述他自己的阿米尔？他又何必非要依凭于蒂博代，却又塑造一个与蒂博代性质全然不同的，既非“内在的人”也非“内在的自由人”，而是“革命受挫的”阿米尔形象？这让笔者不由自主地猜想，在一九三五年前后，林达夫内心或许悄然发生了某种“转向”。换言之，我们是否可以认为，作为一个不为外人所察地完成了转变的内在“转向”者，林达夫当时无论如何都摆脱不了这样一种欲求：他需要将阿米尔的精神转变与他自己的思想历程强行统一起来，以期通过讲述阿米尔来为其自身的“转向”寻找一个正当的理由？唯有做出这个假设，我们才有可能理解一九三五年的林达夫，理解他为何非要将阿米尔与革命这一初看之下性质截然不同的东西联系到一起，并通过剽窃和歪曲蒂博代来展示其令人惊叹却又得不到任何回报的笔力。

在第二年五月四日的《帝国大学新闻》上，林达夫再一次言及阿米尔。他这篇题为《社会主义者阿米尔》的文章，是为河野与一翻译出版的《阿米尔日记》以及森宏一等人合译出版的新书《德意志意识形态》所写的书评。文中先指出阿米尔与马克思皆受蒲鲁东的影响，进而写道：

> 围绕蒲鲁东主义和真正的社会主义，马克思、恩格斯与阿米尔出现在了同一片竞技场内，且互相对峙——此番光景难道不是近代社会思想史上最为奇异的遭遇战之一吗？甚至无须那些侍者即评论家故意让两方在纸上相会，现实中的历史性命运已然将他们置于同一场运动、同一场革命的漩涡之中。而两方在其过程中所走过的道路，至少在表面上，也正是今日摆在知识分子面前的两条道路，这一点正是此番对峙的现实意义所在。

我们有理由认为，林达夫故意把阿米尔跟马克思放在一起，并在此明确宣布他自己如今所选的正是阿米尔的道路。这一事实无疑也证明了笔者基于《阿米尔与革命》得出的推论并无偏差。林达夫确实借由阿米尔为他自己的“转向”给出了一套理由。但同时，我们也不应忘记他之所以能够借由阿米尔实现这种“转向”，其引路人正是蒂博代。纪德、马拉美、阿米尔，《N·R·F》评论家阿尔贝·蒂博代不仅拥有一双时刻洞察时代先机的慧眼，总能先于旁人发现这些隐世的奇才，而且就如《教授们的共和国》(附注五)一书所显示的，他还不乏超越文学框架、从整体上把握整个知识领域的广阔视野，他凭借敏锐的历史感觉开创了精神世界的分类学。想必他灵活的思维深深吸引了林达夫，单就二人同样兴趣广博这一点来看，也能轻易推导出这个结论。正如法布尔在《昆虫记》中所描述的，林达夫就好比一只产在麻蝇蛹中的小蜂的卵，以蛹为食发育生长，最终咬破蝇蛹长大成虫。他在蒂博代的观点中孕育其自身的观点，将这位西方评论家的方法化归己用，借此编织出了自己的“转向”的理由。我们必须要记住正是这位阿尔贝·蒂博代改变了过去那个教条主义者，为其提供了这样一套方法。

## 三

一九三六年三月，岩波书店开始发行全二十四册《大教育家文库》，首发的两本是长田新的《裴斯泰洛齐》和林达夫的《卢梭》。这本《卢梭》正是林达夫唯一一部以单行本的形式问世的著作。

林达夫在《序》中开宗明义，称此书“旨在尝试对让-雅克·卢梭（Jean-Jacques Rousseau）在《爱弥儿：论教育》(*Émile ou de l'éducation*)一书中所论述的教育思想进行入门式的解读”，并就其个人见解阐释道：“卢梭主义绝非浪漫主义。因此，再没有比所谓‘不存在浪漫主义中有而卢梭思想中没有的东西，也不存在卢梭思想中有却并不浪漫的东西’这样的命题更曲解卢梭的。而且，这一命题得到了许多人的赞同，就比如现今仍未消停的关于卢梭的思想论争，这些正是最有力的证据。”序文还就该书的特点申明道：

> 鉴于此，在这部解读《爱弥儿》的书中，我绝不会抹杀其浪漫主义的一面，在此之上，我要将卢梭理性主义的一面从那些不恰当的浪漫主义式理解中解救出来，这一点必须成为本书课题的重要组成部分。坦白说，也正因为如此，无可避免地要做出一些牺牲，浪漫主义者卢梭、情绪主义者卢梭在本书中不得不或多或少地隐入幕后。

众所周知，日本对卢梭的译介始于一八七五年中江兆民翻译的《社会契约论》。在那之后的六十年间，直到这一时期为止，可以肯定卢梭对教育界的影响最为显著。尤其是一九一三年发行的三浦关造的《爱弥儿》节译本《人生教育爱弥儿》，截至一九三〇年，该书先后再版二十次，使得卢梭的教育思想成为了大正时代自由教育的指导思想。关于这一点，想必众人皆会表示赞同。然而，一九二四年九月，长野县督学委员与学务处长对松本女子师范附属小学采用新教材授课进行了干预，由此触发了所谓的“川井训导事件”[①]。自此，政府转而开始采取打压政策，加之第二年《治安维持法》成立，全国的自由教

① 1924 年，松本女子师范附属小学的训导（即教师）川井清一郎因未在课上使用国家指定的教科书而被处以停职处分，并最终离职。该事件在教育界引发了一场争论，被视为政府打压大正自由教育运动的代表事例。

育运动迅速衰落。代之而起的，是一九二〇年代后半期在“新兴教育研究所”指导下开展的无产阶级教育运动，势力不断扩张，其对资产阶级思想家卢梭自然不屑一顾。为此，在其后的一段时间，卢梭在教育界暂时隐去了身影。不过，随着无产阶级运动退潮，在一九三二年鲹坂二夫的《卢梭教育思想》和一九三四年稻富荣次郎的《卢梭自然观与教育论》等书的助推下，到一九三五年前后，卢梭再度回到了大众视野。多年后，林达夫在与久野收的对谈录中，就一九三六年他自己出版的《卢梭》一书回忆道：“当时广岛高等师范学校的稻富荣次郎——想必应该还健在——写了《卢梭》，评价极高，论述了《爱弥儿》一书，但那是过于浪漫主义的卢梭。在日本流通的有关卢梭的文献我基本都通读过，说过什么，缺少什么，在理清这些之后，我写那本书，以反题形式写了那样一个理性主义者卢梭，可以说带有解毒的意思。”（摘自《增补　思想剧评》）当时，林达夫所针对的目标正是这样一种卢梭：“他无视伦理，从不受现实禁锢，在幻想的世界里一路高歌，正是那幻想为卢梭独特的存在意义奠定了根基。也正因为这份幻想以如火的热情为驱动，所以才有了预言者卢梭独一无二的世界。”（摘自稻富《卢梭自然观与教育论》）为此，林达夫的《卢梭》一书虽然乍一看似乎全然看不出痕迹，但其实结构编排煞费苦心，旨在匡正以稻富为代表的同时代人对卢梭的认知。

林达夫的这些批驳集中出现在书籍的第一章“教育思想家卢梭”中，他以极其普通的形式不动声色地驳斥了以往的卢梭形象。林达夫先回答了关于卢梭是否有资格被称为教育思想家的质疑，而后就史实指出：十八世纪下半叶“教育学”曾是法国沙龙的流行主题之一。作为例证，他举出一七五〇年至六〇年某位思想家命名的那场“教育学大争论”，写道：“首先需要知道，尽管《爱弥儿》的姿态很谦逊，但不管怎么说这都是一本争论之书，了解这一点至关重要。此书既针对耶稣会式的老派教育，也针对试图以科学为进步武器的‘百科全书派’式的实用主义科学教育，是对这两者的抗议。”书中顺带借用了前面提及的论述文化继承与剽窃的理论（参见《所谓剽窃》)，以此回应了对卢梭独创性的质疑，并就指责卢梭自相矛盾的说法反驳道：“人们总是依照‘头脑的理论’或‘心胸的理论’来看待卢梭的‘思想的统一’。但在这里，更重要的难道不应是‘斗争的理论’吗？卢梭归根结底是一位思想的斗士。所以，清楚地认识到他在面对各种思想课题时究竟在与什么做斗争，这一点恐怕比任何东西都要重要。”而对那些指责《爱弥儿》作为一部教育论太过“虚构”或“不合常规”的言论，书中写道：“《爱弥儿》不仅仅是卢梭的教育学，也是他信仰的告白，是一种自我告白。谁都知道爱弥儿的老师正是卢梭自己，但从某种意义上说，爱弥儿其人不也是他自己吗？”从而强调了《爱弥儿》所带有的小说的性质。

如此，在对各类观点加以反驳之后，林达夫在第二章“作为文化概念的卢梭的‘自然’”中提出，“卢梭的自然概念是一种文化概念”，并就奠定卢梭思想之基础的自由这一概念的重要性阐述道：“我们必须要强调的，是自由，而非我们与禽兽同样拥有的自爱或怜悯。卢梭热切地坚守着自由这一观念，他从中看到了人类最本质的一项权利，这或许是因为他认为这是刻在人类的自然这一属性之中的。”

书中第三章“教育的原理”从“自由主义”开始，经“消极教育”到“实物教育的理性主义关联”，分九个小节论述了卢梭的教育理论。在这一章中，林达夫姑且遵循了以往阐释卢梭教育理论的范式，不过依然反复强调了“应以育人为首要目的”这一理论，以及支撑该理论的第一定理：“应该自由地将孩子养育为自由的个体，换言之，自由不仅是教育的手段，同时也是目的。”书中就卢梭教育思想的意义指出：

> （前略）我们必须认识到，卢梭的自然教育其实是与基督教教育所依凭的根本观念正面对立的，其发展会从根本上颠覆后者，就这层意义而言，无异于在教会教义的心脏上直接插了一刀。为什么这么说？因为基督教教育从根源上视自然为腐朽且罪孽深重之物，教育孩子就是要不断对其人性进行净化，将其从这种“原罪”中救赎出来，就是要放眼未来的生活而与自然斗争到底，将其克服，其重点在于不断地束缚、纠正、并惩戒孩子。所以，在基督教的拥护者们看来，虽仍然在“神”的名义下，但反对这一切，将自然视为善，把遵从自然的法则作为人生的目的，这无异于彻底颠覆人生的整个方向。……所以对教会而言，再无任何思想比这更加危险。如此，便很容易理解为何对《爱弥儿》最猛烈的批评与攻击，最先来自于教会的那些思想代言人。

不过，在此必须指出，林达夫的《卢梭》中最值得玩味的内容，是在这些论述卢梭教育思想的革命特质之后，阐释其对法国大革命时期的教育产生了何等巨大的影响，以及讲述其在现实中是如何执行的部分。在这一部分里，林达夫言辞热切地论证了处于革命漩涡中的法国社会正是实践卢梭教育思想的乌托邦。书中第四章“卢梭在教育史上的地位”从头至尾都在论述这些内容。在此，笔者想重点关注一下林达夫在这一部分所强调的三点。

第一点是教育与政治的关系，书中写道：

> （前略）反过来想，教育绝非政治的单纯附属品，而恰恰是其最主要的组成部分，不是吗？因为正如卢梭所相信且论述的那样，政治组织的正常运作依靠的与其说是组织架构的完美，不如说是公民习俗的纯良。从自然的自由与平等的角度看，经妥善调整的国家法律也唯有在市民已然拥有对自由平等的热爱时，才有可能生效。总之，不是政治社会塑造人，而是人维持着政治社会，因为政治所构成的正是建立在教育基础上的金字塔的顶端部分。

第二点关于学校教育的“世俗性（laïcité）或中立性（neutralité）”。林达夫就历史事实指出，最早将这一点写入口号的是法国大革命，而后写道：

> 所谓中立性，就是坚持不懈地保护孩子自由的一种方法，除此以外再无其他意义。所以，绝不应将其视作仅仅与宗教、哲学等教育挂钩的处理方式，它必须涵盖所有教育内容。

第三点关于“百科全书派”与卢梭的区别，书中写道：

> 这些人对科学的进步，尤其是其推动文明发展所带来的物质进步，以及其对增进人类幸福的保障深信不疑，不仅不愿承认教

育除了普及理性之光外还可以有其他目的，反而还认为启蒙本身便可以成为道德与社会进步的杠杆。但在卢梭看来，情况恰恰相反，科学虽不至于产生毒害，但却是虚空的。科学所追求的探索，以及它所探究的问题，几乎都与道德上的人无关。……在卢梭眼中，所谓“有用”，仅限于对“生存”有所助益的东西。而所谓生存，便是“知道如何最妥善地承受眼下生活的善与恶”。这当然是物质地、肉体地生存，但同时，也远远更多地意味着道德地生存。所以，在此必须铭记卢梭倾其心力所专注的，乃道德上的有用，“对人”有用。

从以上三段文章足以看出，卢梭的教育思想与“新兴教育研究所”所倡导的“共产主义教育只有在无产阶级儿童参与斗争活动时方能展开”（摘自《关于无产阶级文化运动的研究》，刊载于《司法研究》报告书第二十八辑）的革命教育，根本水火不容。教育归根结底“应以育人为首要目的”，卢梭的教育思想站在这一视角之上，与那些企图利用教育的政治、将意识形态带入教育的政治及宗教、以科学主义及功利主义作为依托而轻视德育的所谓进步教育，泾渭分明地划清了界线。林达夫将这样一个卢梭全面展现到了人们的面前，毋庸赘言，其在这一点上与卢梭完全站在同一立场。

林达夫无视了《一个孤独漫步者的遐想》这部作品的存在，批驳那些将卢梭的思想“仅仅视为内在的精神发展而看不见其他”的人，力主“Rousseau social——今后势必会成为研究卢梭的一大重要课题”。在此，笔者无意探讨林达夫的这种卢梭观。但至少卢梭就原始人“是悲惨的”这一常规论断提出了质疑，认为处于原始状态的人才是最平和的，并反问：人秉持“怜悯之心”的本性，不才是“内心安宁、身体康健的自由的存在”吗？在此，笔者想提请诸位莫要忘记，卢梭就人类历史本身进行了本源性的思索，并写下了如下这段文字：

> 使人类如此堕落的，除了他本质中的变化，他取得的进步，以及他获得的知识，究竟还能有什么呢？若你想称颂人类社会，且尽情称颂。但即便如此，社会必然会随着人的利害关系的纷乱交错而使人们相互憎恶，表面上看似互帮互助，但实质上使之相互做出所能想到的所有恶行，这恐怕便是现实。
>
> （摘自《论人类不平等的起源》小林善彦译）

卢梭质疑一切，惯于从根源上探究事物的本质，他思想上的这种激进主义对一九三五年前后的林达夫产生了巨大影响，这一点不难预见。而且，林达夫认为暗藏“斗争原理”、与教会和偏见勇敢抗争的“Rousseau social”，冷峻拒斥马克思主义者身上典型的政治情境主义，是更具有普遍性、更激进的革命先驱。从这一事实当中，无疑也可以清晰地看到这一点。林达夫在一九三六年用笔塑造了这样一个卢梭，这让笔者不禁想起了四年后，在被德国占领的法国孜孜不倦执笔写下长篇巨著《J-J·卢梭传》的让·盖诺，想将此二人放在一起做一个比较。一九三五年之后的三年间，盖诺一直在与安德烈·香松和安德莉·维奥里斯一起，主持象征法国人民阵线的知识分子周刊《星期五》。在经历了《苏德互不侵犯条约》所带来的政治幻灭之后，盖诺写下了他对时代的诅咒：“你们一直以为，无论真理如何定义，真理的进步同时也在敦促人类尊严的进步。但我们彻底改变了这一切。如今，那些号称是思想家的人都在宣扬，一切不过取决于力量。……你所言说的‘美德’之类，都成了玩笑之物。属于个人的时代似乎已经逝去。……现在，无论是谁都只盼着成为群体中的一员。要么与他人一同毁灭，要么与他人一同获救，而将自己的恶德与美德都委于他人之手。”盖诺还向卢梭倾吐道：“为了理解你不安的特性，我与你共度了一个个弥漫着热烈气息的长夜，想必在许多人看来愚不可及。”（以上均摘自《J-J·卢梭传》宫谷德三、川合清隆合译本）盖诺经历了一个“暗如深谷”的时代。而另一边，就如同紧随“转向”接踵而至一般，同样接受了卢梭洗礼的林达夫，在比法国更先一步逐渐降临的“无论是谁都只盼着成为群体中的一员”的时代里，拒绝“将自己的恶德与美德都委于他人之手”，而开始在孤独中寻找人生的新方向。

《爱弥儿》一书问世没多久便被巴黎高级法院收缴、烧毁，作者也同时被签发逮捕令，被逐出蒙莫朗西的寓所，开始了延续其一生而不见尽头的、伴随困窘与迫害的流亡生活。一九三五年至三六年间，林达夫隔开七个月先后撰文书写了两位日内瓦人：一位因为对革命感到幻灭而不得不转过身背对现实，在孤独中思考；另一位讴歌自由的乌托邦，却因这样的思想而被社会放逐，终其一生都在流浪中寻找安居之地。一想到此二人都可以用“social”一词来形容，且皆是梦想落空的、社会的惨败者，笔者甚至感到，林达夫书写这两位曾深度投身于现实的日内瓦人，其目的或许是为了劝服他自己，让自己相信他所应选择的新方向正是一条布满荆棘的道路，已不再能仰赖他人，而必须独自忍受孤独。林达夫借由阿米尔和卢梭切切实实地完成了自己内在的“转向”，之后留给他的生活只能是像阿米尔或卢梭那样在孤独中不停地思考，再无其他。

笔者通过解读阿米尔和卢梭的文本推导出了上述结论。一九三五年，林达夫在《东京朝日新闻》“红外线”专栏上刊载的文章中写了下面这段话，或许可以看作现实中的印证。

> 那些日子死死抱住马克思主义这头怪象的鼻子或尾巴，郑重其事地忽而往右，忽而往左，认认真真地聆听那些幽灵会议，听盲目的领头人们慷慨激昂地诉说这是真正的大象。啊，“知识阶级”也好，马克思主义也罢，都愈发叫人“困惑”。
>
> （摘自《群盲摸象图》四月六日刊）

> （前略）在文学中，可以确信我等预言命中、现实中也如期出现的又有几何？在这一点上，教训最为惨痛的当属“马克思主义”文艺评论家。他们打着科学的幌子，如教皇一般夸示绝无谬误，先不论其理论本身时时刻刻在自我更正，仅将这十年间，他们每月以“修订”为名发布的预言和现实中发生的事件做一对比，其结果正可谓是预言精神场场告负的完败记录。
>
> （摘自《预言癖的败北》十二月二十一日刊）

必须承认，对于马克思主义的咒缚，阿米尔和卢梭作为一贴解毒剂确实产生了效果。

## 四

翻看林达夫的作品目录，会发现他在一九三五年至三七年夏这段时间，撰文数量和过去相比显著增多。若将匿名发表的专栏文章也计算在内，刊登其稿件的刊物除此前的岩波书店讲座系列和期刊《思想》以外，还有《东京朝日新闻》《帝国大学新闻》，以及《文学》《作品》，乃至《妇人公论》。这一现象与林达夫在这一时期对表述方式所表现出的关注恐怕不能说毫无关系。

林达夫在一九三五年九月发表于《思想》的《评论家弃权》一文中写道：

> 评论家A
>
> 学界，称其为新闻工作者。文坛，称其为学院派人士。在学界，都说他写的东西避重就轻，打着新闻业的擦边球。在文坛，都说他写的东西故作高深，令人反胃。
>
> 对这位评论家——其人分明已叛离学院派，却又被冠上了学院评论家这一美名——而言，媒体的世界乃是防止贫血与动脉硬化等学院世界风土病的健康乐土。因此，“为了健康”，他几乎已在那里永久定居。然而，这绝不能保证所有学院派人士只要移居该地，任谁都可以预防疾病或让病体痊愈。

在此无须说明，文中这位“评论家”便是林达夫自己。正如其所言，林达夫是同时栖息于学院派和新闻业的两栖类，但他既非新闻工作者也非学院派人士，那么他究竟该采用何种独特的表述方式，或者说广义上的写作风格呢？通过阿米尔与卢梭的熏陶，如今林达夫已脱离一切党派，千真万确地选择了林达夫自己的立场。于他而言，这一问题绝不可以等闲视之。这或许也是他故意将自己作为评述对象，写下这篇充满戏谑意味的《评论家弃权》的缘由所在。

林达夫也有文章从正面论述了表述方式的问题，便是一九三六年五月发表于《思想》的《思想的文学形态》一文。

文中，林达夫认为思想的表述方式大致可分为两种写法，即“书写业已思考过的事项”和“为了思考而写”，前者以《思想录》和《方法论》为例，后者则有《蒙田随笔》，前者称为“随想”，后者称为“随笔”。在这篇《思想的文学形态》中，林达夫将西田几多郎列为“随笔家”型思想家展开了论述，具体内容留待后文再考。林达夫在此文中提到，最近他正在“进行系统的法国思想史研究”，出于这个原因，他对思想家文章风格的这种关注逐渐聚焦在了法国。其后，林达夫引用了库尔提乌斯《法国文明》中的说法：“无论何种意识形态，若不以某种形式对其进行文学性锻造，便不适用于公共生活。”而后写道：

> 如此，文学在法国知识社会意识形态活动的所有领域都拥有着中央集权式的、统治性的职能。与之相对应，思想著作——只要不是在他国、诸如纯德国式影响下创作而成——也必然需要以类似文学的形态表达，因此也会作为文学被公众广泛阅读，这构成了法国知识生活的特殊性。

林达夫应该预想到了有人会问这里所说的“文学”其“内容有何特点”，对此他抢先一步给出了回复：“形成法国文学核心传统的伟大‘著作家’既是文学家也是思想家，且除去极少数例外，几乎也都是道德家。只有当哲学家也是道德家时，才有可能站在时代精神的核心潮流之中。”其后，林达夫就法国思想的文学形态这样阐释道：

> 为此，他们总是把在现实生活中被分析、取自日常存在的细部的社会性有个性的个人作为实际的实证研究对象，在这个基础之上建立“人的哲学”。简言之，他们最主要的关注点就是追求“人的状态”的普遍形态。不过，法国道德家们对人的探究的特点，在于其并非抽象地、概念式地罗列探究结果，而必然会将其重构成一个可及的活生生的具体的形象。

无须特别指出，这些关于法国思想的文学形态的阐释同时也暗示了林达夫自身所希望达成的理想的表述方式。换言之，可以认为林达夫在学者与评论家截然有别的日本评论界，将自己定性为综合两者于一身的评论家，为自己划定了一条身为表述者所应走的道路。

读到此处，诸位想必一定会冒出一个新问题：那么就林达夫而言，这在现实中又是以何种形式表现出来的？我们姑且将时间稍稍拨快一点，以一九三八年末林达夫刊登于河出书房《二十世纪思想》讲座丛书第三卷中的《主知主义概论——读瓦雷里》为例，来思考这一问题。

此文一开头便指出，“主知主义”这一名称与瓦雷里的思想并不相称，随后即表明了自身的立场：“我承认世间这些思想中介者的工作大有裨益，在这一点上我绝不落于人后，但对于某某主义这类兑换纸币的通货膨胀，多少已有些腻味。我绝对无意指其为伪钞，只不过，若不能撞见实物，实在是完全无法予以信任。过往的辛酸经历令我不能不对此存疑。”其后，文章将论述转向了瓦雷里，称“保尔·瓦雷里是一个对为自己而写和为公众而写做出严格区分的人”，还轻描淡写地添了这么一句话：“二十年前，我因为青年所特有的激情，倾倒于阿纳托尔·法朗士。但最近一两年，我对保尔·瓦雷里——若允许我使用这一令耳朵备感不适的说法——怀抱着一种类似中年之恋的感觉。”其后，文中就瓦雷里阐述道：

> （前略）保尔·瓦雷里不仅仅是阿纳托尔·法朗士在法兰西学术院的后任，而且在法国社交文学的大传统中，这种继承关系也被认为自然而紧密。二人都接近完美的文体家，如果说先行者有着“缺乏抵抗的奇迹”，通过为人们卸下思考的重担来给他们带来愉悦的话，那么后继者所做之事恰恰相反，但也一样不曾折磨众人，而是令他们感到愉悦。两者的差异不正可以用“怠惰的殷勤”和“劳苦的殷勤”加以定义吗？而瓦雷里那条“质疑引导形式”的定理，极适合用来提示这两位思想家兼艺术家的共性。然而，现在将此二人联系到一起的，却是他们更浮于表面的社交家身份。此二人对“公众”这一撰文对象的理解方式，带有强烈的沙龙社交界的味道。

林达夫对“精神危机”“精神政治学”“智力决算表”的作者瓦雷里的此番诠释，连带作者在日内瓦智力合作委员会[①]中参与的种种活

① 即国际智力合作委员会（International Committee on Intellectual Cooperation），创建于1922年，旨在增进各国科学家、研究员、教师、艺术家及知识分子之间的交流，可谓是现联合国教科文组织的前身。

动，都促使其开始关注该如何看待现代社会中的现实这一问题，感叹“针对迄今为止的事物而逐渐形成的观念，在这史无前例的新事态面前，皆无用武之地”。然而，笔者在此有必要提请诸位注意，他这种诠释与一九三〇年代日本社会对瓦雷里的普遍认知有着本质差异。比如一九三九年，小林秀雄借完整翻译《特斯特先生》之机，发表了《〈特斯特先生〉的方法》(刊载于《文学界》十、十一月号）一文，文中这样总结道：

> 我一直在重申。没有任何匪夷所思之处。每个人都有自己的特斯特先生。只不过，怀疑的力量是唯一无可怀疑之物，能将精神力量运用至此的人实属罕见。而且，看见自由，抓住信念，能深深进入到自己内心的人也实属罕见。欠缺的，总是意志。

面对同一对象，两者的态度可谓极端对立，笔者无意据此将林达夫定义为学者或学者式的，将小林秀雄定义为评论家或评论家式的。不过，在肯定小林秀雄的评论确为评论的基础上，笔者在此想提一提前面引用的林达夫文章之后的段落：“就以往论述思想的方法而言，这些恐怕确实只是细枝末节，不值一提。然而，像这样前前后后探究各种根本性的东西，难道不正是瓦雷里自身的方法吗?”之后，像是要回答这一问题，林达夫写道：“回归这种根本性的东西，再从那里重新出发——这正是瓦雷里以及阿兰[1]等人的方法，可谓出其不意。”

笔者之前已经论述过林达夫在《阿米尔与革命》一文中，将蒂博

---

① 原名埃米尔-奥古斯特·沙尔捷（1868—1951），法国哲学家，记者，毕业于巴黎高等师范学院，著有《幸福散论》等。

代的《阿米尔或梦的一部分》中的方法与理论据为己用，通过蚕食蒂博代塑造了他自己的阿米尔。在笔者看来，同为评论家，蒂博代比瓦雷里更善于从生活中各式各样的细务琐事中发现“根本性”东西，并从中创出自己的分类学。林达夫此番偷师蒂博代写就的评论，与小林秀雄学习在期刊《N・R・F》中占据嫡系位置的雅克・里维耶尔[1]所写的评论形成鲜明对照，从某种意义而言这恐怕也是理所当然的。翻看纪德与科波的书信集，屡屡会看到揶揄蒂博代的话语，说他性格使然，不将所有事物纳入考虑范围誓不罢休，结果常常到期交不了稿，且交出的稿件大幅超出预定篇幅。可即便如此，仍然撼动不了蒂博代被推崇为两次世界大战之间最具代表性的评论家之一的地位。如果以存在这样一个蒂博代为前提，我们必然可以赞同林达夫的风格与小林秀雄截然不同，他确实掌握了将问题“重构成一个可及的活生生的具体的形象”的方法，是无可置疑的另一种类型的评论家。

既然在论及表述方式时言及了小林秀雄，便不得不提一九三九年十一月小林在《文艺春秋》发表《学者与官僚》一事，第二年一月林达夫撰写《开店休业的必要》提出了反驳，其间的来龙去脉有必要在此稍加梳理。

此二人终其一生仅有这一次交锋，笔者首先想要指出这场论战其实涉及当时两件事：一是小林在阅读《思想》特辑号之后，就学者所写的文章提出了质疑：“这到底是不是日本人写的文章？是否可以说是文明人写出的文章呢？”关于这一点，林达夫并无异议，其文章开

---

① Jacques Rivière（1886—1925），法国评论家，《新法兰西评论》主编。

头的一段文字已经显示出他的态度，文中写道："小林秀雄先生所写的题为《学者与官僚》一文，可谓是亲手递交给日本哲学界，更具体地说是在德国哲学这所学校里学得很拙劣的日本哲学家们的一封'强烈的'抗议书，甚是有趣。"当然，身为《思想》的编辑，出于自身立场，林达夫姑且在形式上就"哲学家自以为是"这一提法进行了反驳，但在林达夫所说的"在法国思想这所学校里多少做过几回旁听生的人"的眼中，小林的批驳正是对他们平日所不屑的"德国式思考方式之二流模仿"的抨击，其内心只怕反而想直呼快哉。从林达夫的文章里，甚至可以嗅出一丝其自身也与小林一样同属法国派的惺惺相惜的味道。

二人明确针锋相对之处，是关于当时的另一件事。小林举出西田几多郎作为学者的代表人物，将其作为批评对象质问道："事实上，有自己的思想，试图只在观念的世界里表达这一切，这样的学者因为缺少围观者和读者，其境地何等窘迫？"紧接着，小林批驳道：

> 其孤独是极其病态的孤独。若没有西方哲学的教导，其身为思想家的工作将毫无建树。为了弄清该如何把日本或东方的传统思想编入西方式的体系当中，他恐怕当真是耗尽了心血。……西田先生不得不仅仅依凭于他自身的诚实自问自答。成日只是一味自问自答的诚实究竟充满了多少疑惑，唯有神知道。西田先生的这种全然不可能感受到他人之抵抗的孤独，催生出了他那种并非用日语写就，当然也并非用世界语写就的怪异的体系。这既不是因为他缺乏才华，也不是因为他缺乏创意。

对此，林达夫在反驳文章中仅仅做了简单的回应：“他就西田几多郎先生出示了极其独特的见解，但西田先生究竟是否如其所想，真的缺少围观者和读者吗？恰恰相反，在吾辈眼中，如这位哲学家这般拥有广泛读者与评论者——乃至追随者的‘幸福的’哲学家，在这世界上何其稀有。”林达夫虽然也提及了小林举作例子的笛卡尔和尼采，但终究不免给人以消极防守的印象。不过，其实在三年八个月之前，林达夫便已在《思想的文学形态》一文中，就西田几多郎的文章写法阐述了他自己的见解。

在前面提及的论述“随想”和“随笔”的区别之后，林达夫继续写道，若要寻找“随笔家”类型的思想家，“西田几多郎先生不正是如此吗”？他还明确指出尚没有人察觉到这一点，并在此基础上强调了“这位哲学家在做哲学时的这种‘随笔’性的特质”。而后，林达夫写道：

> 西田哲学就其思考形态而言，绝非展示一个业已完成的思想体系，反倒可以说是随笔。正因为是随笔，所以——若可以作此比喻——总是弥漫着工作室的氛围。……它并非所谓的生的哲学，但其形而上学散发着浓厚的生的气息，或许正是因为这种所谓“手工作业”的痕迹原封不动且真实生动地传达着生的波状线。西田哲学一方面要自成体系，另一方面又全然成不了体系，在外行人眼中，不，即便在内行人眼里，也一样繁琐冗余地缠结着看似“重复”的东西，但同时，又不会凝结固化，永远不曾完结，呈现出流动的发展曲线，毫无半点陷入动脉硬化的征兆，这一切可以说也是因为同样的缘故。

关于评述西田几多郎文章写法的上述两种截然对立的见解，笔者在此恕不站队。坦率地说，笔者过去完全赞同小林的见解，与之持同一论调，但近年在重读西田著作的过程中有了新的领悟。笔者姑且认同小林所说的“缺少围观者和读者”这一事实，但也开始逐渐认识到这种不断重复自问自答、呈漩涡式展开的独特的“随笔”式写法，即西田随笔，正是西田自身作为一个思想家苦思精研之后，摸索出的具有一定说服力的方法。在此，笔者尤其关注这样一个事实：小林与林达夫抓住了此前从未有任何人提及的、对西田思想而言至关重要的本质性的一面——二人都将目光投注到了西田文章的写法上，但却给出了截然不同的评价。而且，笔者前面已经指出，藤村的《黎明之前》与西田一道，在一九三五年前后形成了新的知识磁场，在这部作品身上也可以看到同样的现象。

在《文学界》一九三六年五月号上发表的《〈黎明之前〉联合评论会与后记》中，小林这样评述道：

> 作者经过漫长的文学生涯终于在自己内心发现了日本人这一绝对的特质，正是这一特质成就了这部小说。在诸如个性、性格这些近代小说家们斗争多年，藤村自己也斗争多年的东西的更深处，作者发现并确证了日本人的血脉，这支配着整部小说。小说给人的静谧的观感便来自于此。值得注意的是，虽浑然又混沌，但作者炽热地信奉绝对的日本人这样的特质，并积极地表现这一特质。这部小说的所谓意识形态或思想之类我等论述的东西，正是由此而生。事实上，在日本的小说中，从未有作品如此高调地

展现“日本的”这一概念。

另一边，同年八月，林达夫在《文学》发表了《岛崎藤村——TÔSON SÉDENTAIRE》一文，这样写道：

> （前略）虽然也可以附带说一声“天才”，但归根结底仍是姿态的艺术。他无论写“暴风雨”，还是写“黎明之前”，那些作品总是缺乏动感，本质上皆为 Quiétif ① 的艺术，恐怕正是源于这种 sédentaire② 的姿态。也曾见过一些愚蠢的评论家在论及藤村的作品时一味寻找 Motif ③，可对大部分倾倒于藤村的他的“书迷”而言，其作品中富于魅力的，不正是由他这种姿态所催生出的 Quiétif，说得更透彻一些，不正是由此散发出的一种体味吗？可惜就我本人而言，对于这一类姿态的、体味的艺术，总抱持着一种厌恶与反抗。

毋庸赘言，对西田几多郎与岛崎藤村这两位在一九三五年形成新磁场的人，林达夫与小林秀雄所表现出的截然对立的反应，自发地显示了此二人的坐标在知识新天地中分处两极。于林达夫而言，一九三五年前后这一时期确实是一个转型期，如前所述，他的转变一方面来自对其中一极的独创性的共鸣，另一方面也来自对另一极的生理性的“一种厌恶与反抗”。小林秀雄在一九三六年翻译了阿兰的

---

① 意为：安静的。
② 意为：久坐不动，久居在家。
③ 意为：主题。

《关于精神与激情的八十一章》，一九三九年末完整翻译了《特斯特先生》，另一边，林达夫在一九三八年二月出版了柏格森的《笑的研究》，编入岩波文库，由此可知二人这一时期的关注对象时不时会有交集。可即便如此，他们终究再没有同时出现在同一领域。一九三五年前后，二人虽一度大幅靠近却没能相交，一想到其后这两位智者在日本思想界发挥的作用，不由让人对他们各自的原点陷入深深的思考之中。

## 第三章

# 园艺与筑城术

## 一

在此，有必要聚焦林达夫身边的人、事、物，粗略回顾一下一九三六年至三八年间发生的历史事件，相信这绝不是白费笔力。

按时间顺序看，一九三六年二·二六事件[①]发生后，紧跟着便是七月的“共产主义学院”事件。平野义太郎、山田盛太郎和小林良正等“讲座派”学者因涉嫌“协助确立日本共产党发展战略并将之传播到大众中”（摘自内务省警保局《社会运动状况》）而被捕，三个月后即同年十月，所有人均发布了“转向”声明，至此“讲座派”名存实亡。之后，进入一九三七年，毋庸赘言，这一时期最重大的事件便是日中战争爆发。

① 1936 年 2 月 26 日至 29 日，受陆军皇道派影响的青年将官等率领近一千五百名下级官兵发动政变未遂。

一九三七年七月七日日中开战，其后日本国内形势急转直下，关于这一点恐怕已无需笔者赘述。国家叫嚣着国民精神总动员，言论管制超乎想象，日甚一日，报纸杂志充斥着和战争相关的报道与评论，大街小巷军歌泛滥。在“举国一心”的口号下，劳动团体和农民团体也在讴歌为战争出力，那些批驳战争的政党、工会干部以及山川均、猪俣津南雄、大森义太郎、向坂逸郎等“劳农派”学者，都因涉嫌“戴着合法团体的假面具暗中开展共产主义运动”（摘自《东京朝日新闻》一九三七年十二月二十三日刊），而在十二月十五日遭警方拘捕（史称“第一次人民战线事件”）。紧接着，第二年二月，大内兵卫、有泽广巳、美浓部亮吉、青野季吉等也因同样的罪名被扣押（史称“第二次人民战线事件”）。几乎在同一时期，“唯物论研究会”被勒令解散，内务省警保局通知各出版社禁止刊发宫本百合子、中野重治、户坂润、铃木安藏等左翼作家与评论家的文章。“岩波文库”的白腰封系列（社会科学类书籍）共二十八册接到劝告被要求自然停售（附注一），马克思、恩格斯、列宁等人的著作从书店下架，警保局事务官等在出版恳谈会上告知各出版社编辑人员“自由、和平、打击法西斯主义”皆为禁用词（附注二），这些都发生在一九三七至三八年间。

不过，为了更立体地呈现这个时代的面貌，在此且补充以下两个事件。

一是一九三七年十一月，小林秀雄在《改造》上发表了题为《关于战争》的随笔，文中有这样一段话被断章取义，成了众所周知的“名言”：“我无法想象面对战争时会有一种特殊的觉悟叫文学家的觉悟。若真到了不得不提枪上阵的时刻，想必我们也会为了国家欣然赴死。我无法想象凌驾于这之上的觉悟，也认为无此必要。”事实上，这段话必须和随笔后半段的另一段话合在一起看："政府当局发表声明称为了和平而战，但在已然觉悟到战争不可避免的国民面前，一味对和平论调严防死守，这不仅是对国民的侮辱，也是对他们自身的侮辱。那些身处战场最英勇地战斗着、也最清楚战争为何物的人们，想必也对什么是和平有着最痛彻的领悟。"包括后半段在内，从这篇《关于战争》的随笔中，或许可以看到日本大多数知识分子在日中开战前夕所共同持有的态度。

另一件事是《濹东绮谭》出版三个月后即一九三七年十月，永井荷风因反感银座街头为庆祝战斗胜利而举行的灯笼游行，将餐饮娱乐的地点改在了浅草。他开始出入"歌剧馆"①，并在当时的日记中写道："在丸之内②令人感到不快的家伙也来到了浅草，与无智的群众一起看这些，体会到一丝哀愁。"（摘自《断肠亭日乘》）关于荷风在"偏奇馆"③烧毁前持续多年的新的生活方式，矶田光一就其发端给出了这样的解释："由于第二年四月起要实施'灯火管制规则'，当时正是之前的准备阶段，十一月十六日开始的一周，测试了怎样才能不让室内的灯光漏到外面，荷风因为入夜后不能看书而连续多晚去了浅草。"（摘自《永井荷风》）必须指出，在那个时期，荷风的这种态度未必是绝无仅有的个例。

窃以为，现在常人所熟知的林达夫形象正是从这一时期开始显现。在此之前，无论作为思想家还是作为评论家，抑或历史学家和文

① 位于浅草的电影院兼剧场，1909 年开业，1944 年停业。
② 皇居与中央政府核心机构所在地，日本的政治中枢。
③ 永井荷风故居，西式木结构两层建筑，1920 年入住，毁于 1945 年空袭。

献学家，林达夫一直在变，且变动的振幅略大。而在这一时期之后，至少从表面上看，林达夫几乎没有再显露任何变化。

从日中开战之前的一九三七年五月开始，林达夫几乎整整沉默了近十个月，直到一九三八年四月前后才发表了《作庭记》。之所以用“一九三八年四月前后”这样不明确的表述，是因为《作庭记》首发的刊物和发表年月至今不详。

《作庭记》开篇这样写道：

> 在这样一个时代，身上那些“外国趣味”（sens d’étranger）本该抖落了为好，可我这人年岁越长，却眼看着那些“日本的东西”与自己缘分越来越浅，实属不幸。身边几个过去也偏好洋味的人，如今像极了人到中年的日本人，开始品茗茶、赏能剧，画起了文人画。可我一没兴趣，二没能力，全然不能紧跟他们的步伐。不但如此，过去被自己百般厌弃的美国，这段时间反倒变得无比亲切，在建筑等方面，也开始觉得英国殖民时期的风格丝毫不逊色于老式的英伦风情，竟变得中意起来……

在此需提请读者注意的是，这种反时代的记述其实正呼应了二十年前的那篇《关于歌舞伎剧的一点考察》，借用中村雄二郎的话，是林达夫对日本传统美学唱出的“离歌”，是在重申他的“洋学派宣言”（摘自《重新认识林达夫先生——唐璜的考古学》，收录于《林达夫著作集附录研究手册一》）。林达夫在文中继续写道：

> （前略）脑中闪过幼年往事时，眼前总会浮现起美国西海岸

偏北一带浓雾弥漫的林地，就如永井荷风在《美国物语》一书中描绘的那般。听到作曲家麦克道威尔创作的咏唱那些“林地”的歌谣，心底的某一根弦便会被轻轻拨响，感动更甚于日本的摇篮曲。去年，忘了什么时候，听着轻歌剧《波西米亚女孩》有声电影里的唱段，竟体会到一种魂归故里般的 attendrissement①，以至于让我把这无聊的电影看了两遍。想必从前，我小时候应该常听这音乐吧。我年幼时住在美利坚合众国的一处靠近加拿大的海港，在靠山的地方长大，和美国人的孩子一道上美国的幼儿园，请美国人做家教，生命中曾有一个时期，美国话说得比日本话还要好。（后略）

林达夫曾多次写道：“我最不愿做的事，便是在人前讲述自己的私事。”（摘自《父与子的对话》，刊载于《妇人公论》一九三八年六月号）在此之前，他也确实对过往经历只字不提。但在此文中，林达夫主动剖白了可谓是对其精神家园的回忆，他在后文中这样坦言：

（前略）在我到了那些“崇洋媚外”的人开始“回归日本”的年纪时，这个时代的影响开始显露，并逐渐反映到生活表层。对于某种“日本式”的生活方式、生活氛围以及文化形态，我所抱持的情感几近厌恶，变得越来越疏远。在我的精神世界里，已形成了一种“第二世”的 mentalité②。

---

① 意为：感动。

② 意为：精神面貌，思想，心理。

考虑到此文刊发于一九三八年这个年份，文章内容完全是在挑战那个时代，恐怕任谁都会惊讶于作者的大胆。在这个意义上，或许可以说这篇《作庭记》的开篇部分正是林达夫自身的一种宣言。但即便如此，这样的文章依然严重偏离了此前我们所熟知的林达夫的风格，究竟发生了什么促使他不得不写下这样的文章？

除了《作庭记》中提及的那些以外，关于林达夫幼年的记述只在其与久野收的对谈录《增补　思想剧评》中出现过。而其中所讲述的仅是这样一段插曲：在西雅图“一片林木众多、少有人往来的寂寞街区，领事馆兼官舍坐落在一座山坡上，遥遥下方可以望见大海。在那里一间巧用坡道进出的地下库房里，有一台当时极其罕见的幻灯机，用那东西时……”再有便是诸如“冬天玩我的雪橇，夏天开我的玩具游艇”之类的只言片语，其他几乎再没做任何补充。而对于这片深埋心底的精神家园，林达夫写道：“过去被自己那般厌弃的美国，这段时间反倒变得无比亲切……”由这句话可知，至少直到那几年之前，他从未将这片精神家园视为自己的精神家园。换言之，可以推测这片精神家园一直遭到压抑，在此前的那些时间里，林达夫将其从记忆中抹杀了。

在与久野收的对谈中，林达夫还提到他的家人随父亲一起前往新的赴任地孟买，“唯独我因为要念小学，被一个人留在日本，寄养到了福井”。这种压抑恐怕与这段往事不无关系。关于当年那个被留在福井、连日语都说不利索的少年，八十四岁的林达夫回忆道：“我彻底被视为异类。大家成群结队来找我麻烦……只要去了学校，没有一天不与高年级学生争斗。”林达夫表示，在那样的“霸凌”中，“我遭遇当时那样的际遇，极其自然地，我所有的努力都集中到了抹去自己身上‘异类的味道’，成为一个普普通通、不引人注目的孩子这件事上”。然而，四年后家人归国，少年林达夫又被卷入了一场新的戏剧性冲突：“弟弟妹妹们穿着新潮的洋装，讽刺的是，这一次他们的举手投足让我看起来像个‘异类’。所以在那样的氛围下，我彻底成了外人、多余的人，相互之间感受到的只有不协调，每做一件事这感觉便更甚一分，瞪眼甚至反目的情形越来越多。”就这样，“心灵扭曲、不懂礼数的偏执狂”这个外号在亲戚中传开，升入一高后，就如林达夫在《忆三木清》（刊载于《世界》一九四六年十一月号）一文中所写，情况甚至已经演变到：“与父亲的不和、斗争以及其他林林总总加在一起，我对日本这个环境已毫无留恋，在整整一年荒废学业之后，我终于下定决心去美国，永远不再回来。”林达夫当时移居美国的计划因为其自身坠入爱河，再加上父亲的友人、京都大学教授深田康算居中调解而搁浅，他从一高退学后，进入京大成为了一名选修生。

以上便是我们可知范围内的林达夫少年时代的经历，若要基于这些信息思考美国之于林达夫的意义，那么再度进入我们视野的，必然是他在二十一岁时所写的那篇论文处女作《关于歌舞伎剧的一点考察》。林达夫在一高就读时曾是一个狂热的歌舞伎迷，他自己也曾记录道：“在参加一高入学考试的那个月，一考完我便去了小戏院，包括站席在内总共去了二十三次。”（摘自《记一高时代的友人——〈灵魂的故乡〉、一高自治寮》，刊载于《文艺春秋》一九五三年二月号）其热衷程度可见一斑。《关于歌舞伎剧的一点考察》一文开头这样写道：“对‘土地’的热爱是人类的本能。正因为降生时被赐予了日本人的血统，我们不能不真正爱着日本这片国土，爱着这里的人与文化。”在知悉林达夫异于常人的歌舞伎热度后，再来看这段话，我不由自主地想象，在这典型的照本宣科式的、不自然得如同标准答案一般的开篇背后，究竟隐藏着什么。林达夫八岁起便痛恨自己身上“异类的味道”，为了成为一个普通的日本人，他付出了太多不为人知的艰辛。那么，是否可以猜想“故乡”不确定的他当时被一种强迫观念所捆绑，认定自己“正因为降生时被赐予了日本人的血统”，所以不能不热爱日本的传统古典戏曲，进而有意识地加以努力，最终成为戏曲狂人。这样的推测难道真的过于牵强附会吗？若将此推论再推进一步，为了保护自己不受那段特殊的幼年经历所伤，林达夫近乎本能地投入了极端民族主义的怀抱，其后他在高等学校自由的生活中直接接触到西欧的书籍进而自省，也正因为是极度人为性质的产物，所以他很快便摆脱了极端民族主义。林达夫写道：“构成最年轻一代的我们，究竟要死拽着‘美’的形骸纠缠到何时？值此之际，若不能毅然摆脱德川时代形成的病态、颓废的审美情趣，便无法确立真正的生活。”他这一曲言辞激越的“离歌”不正诞生于他自身的经历吗？若不做这样的推想，恐怕很难理解林达夫在《关于歌舞伎剧的一点考察》一文中所表现出的与其令人惊讶的成熟所不相称的急进与激越。不过，《关于歌舞伎剧的一点考察》并未彻底将他从自身内化的自卑中解脱出来。前文已经提及，在那一年后，林达夫萌生了移居美国的念头。有时他的行为太过激越，以至于让我们不明所以。而上述这种基于特殊的幼年经历对日本所抱持的复杂情感，或许可以为我们提供一条解读他种种行为的途径（附注三）。

《关于歌舞伎剧的一点考察》中那种激越的论调，自然而然会让人想起一九三〇年之后的数年间，林达夫作为马克思主义者的教条主义形象。无可否认，林达夫在《关于歌舞伎剧的一点考察》中发布了

“洋学派宣言”，并在一九二〇年代大展所长，结出累累硕果。在《关于歌舞伎剧的一点考察》一文发表后，他曾一度将西欧暗自认定为自己的“故乡”，但在西欧的另一侧，他看到了另一个被普遍认为完成了消灭资本主义社会、解放受压迫民众这一丰功伟业的乌托邦，那时在林达夫内心，恐怕又一次悄无声息地上演了一场与二十一岁时同样的戏剧性转变。对于那段促使林达夫变得急进的时期及他身边的情况，前文已做梳理。然而，联想到一九三二、三三年的《无产阶级反宗教运动》和《无产阶级艺术运动》这两篇散文中，他所表现出的令熟悉后期林达夫的人难以置信的盲目的狂热，假定林达夫内心与之并行地——更准确地说是以一种使之加剧的形式——上演了他所特有的戏剧性转变，这恐怕并不能说是妄加推断。为了舍弃西欧，拥抱新的乌托邦，想必他不得不重拾那份激越，向西欧文化唱出“离歌”。对“故乡”不明的林达夫而言，接受一种新思想总会引发一场巨变，让他不得不探究自我身份认同的根源。不用说，这样的整体性、根源性的变化有时无可避免地会以看似盲目的、激越的形式展露出来。换言之，正因为林达夫并不拥有具备明确形态的“故乡”，所以“故乡”才必须是能够维系其思想根基的东西。“故乡”并非一成不变，而是有意识地选择的结果，对林达夫而言，这无疑是他的宿命，而对几乎从不会对“故乡”与祖国的一致性有所怀疑的大部分日本人来说，我们不得不承认这样的事例极为罕见，也因为罕见所以难于理解。

为了阐明这种事例在日本精神风土中的特异性和在西欧社会中的普遍性，在此想以在《作庭记》四年之后发表的中村光夫的《战争之前（七）》（刊载于《文学界》一九四一年十二月号）一文为例展开论述。该文提到两个人物，一位是在法国图尔与中村同宿一家旅馆的靠养老金生活的老人，老人说“我生来就是法国人，但这件事无关我的意志”，对民族对立表示不解。另一位是在《苏德互不侵犯条约》缔结的那日下午，在惴惴不安中与中村共度了一段时光的年轻瑞典姑娘安娜说：“如果去到哪里都一样，那与其回到自己国家担惊受怕地过日子，不如留在这里做做护士。”为了理解并接受两人的想法，中村光夫着实费了不少篇幅，到最后，他并未就国家与个人这一论题梳理归纳自己的看法，便匆匆搁笔。之所以在这里提起中村此文，是因为笔者认为这种让日本人中村思来想去都难以理解的抛开祖国的想法，难道不是从幼年起便一直潜藏在林达夫的意识底层吗？正因为如此，林达夫才能接二连三不断变换维系自我身份认同的对象，将其视为自己的“故乡”，可以说其根基便是以相对的眼光看待国家。而西欧的现代化从根本上说正是把国家相对化，将个人放在与之对峙的位置上。或许因为意识到要接受审查，中村光夫在《战争之前（七）》一文中并未明确写出这一点，但他基于在西欧的经历，对此类情况自然拥有切身体会。也正因为如此，中村参加一九四二年那场“近代的超克”[①]座谈会（会议纪要刊载于《文学界》同年九月、十月号）时，独自一人果敢地对其他参会人士异口同声反复强调应予以超克的“近代”，提出了质疑：“难道不应该说，现在的日本才终于第一次迎来了真正的现代吗？”

尽管如此，一九三七年七月战争打响，这一事实也将祖国不由分说地推到了林达夫的面前。写过《关于歌舞伎剧的一点考察》，又论

① 近代的超克：在日本对英美开战后，京都学派的几位哲学家和旧日本浪漫派的同人及属于《文学界》的作家、评论家于 1942 年 7 月连续两天举行研讨会，讨论如何评价与超越日本自明治以来输入的西方文化，后来论文发表在《文学界》上。日文里的近代指现代。——王前校注

述了“阿米尔与革命”和“卢梭”之后，毫无疑问，林达夫已经冷静反思了他自身为寻求“故乡”而经历的种种，此刻显然已认识到国家的相对性。对那时的林达夫而言，他说不出“若真到了不得不提枪上阵的时刻，想必我们也会为了国家欣然赴死”这样的话，也做不出将国家绝对化的举动。然而，时代的风潮却是国家的绝对性几乎不容置疑，且现实情况不允许甚至无法想象流亡之类的做法。置身这样一个时代，林达夫怀着一种向往，重又想起了那个公民比任何一个国家都更将国家相对化的国度，那个民族的“血统”和“土地”不具备任何意义的多民族共存的国度，那个他幼年曾生活过的也是他“故乡”的国度，这恐怕是不足为奇的。

更何况祖国被毫无差别地强推到了千万人面前，时代越发强制人们“回归日本”。在此情况下，如果林达夫作为一名思想家试图反抗这一潮流，那么他最先要做的必然是确认自己的原点。林达夫不惜打破“不谈私事”的铁则开始讲述往事，或许可以认为正是出于这样一种意志：面对被绝对化的国家，他渴望鲜明展现其自身作为独立个人的立场。

围绕《作庭记》开篇短短的一个段落竟耗费了如此多的篇幅，笔者也是始料未及。在平凡社出版的《著作集》中，《作庭记》一文仅占五页。林达夫在后文中写道，“所以我的‘乡愁’无论就地理意义还是文化意义而言都最终指向大洋彼岸”，进而记述称自己“想要在这几十坪[①]土地上再现的”并非日本庭园，“反倒是平凡、时而甚至有

① 坪，日本通用的面积测量单位，1 坪约等于 3.3 平方米。

些幼稚的西式庭园”。

不过，《作庭记》中并未言及林达夫的家，若对其居所一无所知，恐怕也无法充分了解他的这座庭园。林达夫在几乎同一时期的散文《我的家》（刊载于《妇人公论》一九三八年五月号）中就“我国的老式农宅等”，强调“其结构之合理、建造之强固与近期那些新潮住宅不可同日而语”，进而反问道：“老式农宅经煤烟熏烤的大型立柱和梁木，宛如流淌着温热血液的值得信赖的伴侣，试问又有谁不曾体验过被那温情脉脉的安住感温柔包裹的舒适与安心？”进而阐述了老式农宅所拥有的“人文主义氛围”。在此基础上，林达夫就自己的新居介绍道：“我最近购入了一座这样的老式农宅，正在尝试保留其原有结构和古老巨木的‘韵味’，将其改建成古英伦风。”在另一篇散文《业余人士的领域》（刊载于《趣味园艺》一九三九年一月号）中，林达夫就其近况汇报称：“最近在靠近海岸的沙地上改建了一栋房屋，最先面临的课题便是该在其周围种植什么样的防风林，以及该怎样进行庭园绿化。”关于其后作庭的经过，林达夫写道，最先参考的是“旧杂志中找到的华盛顿一座天主教堂的造园记录”，所以首先试着“仿建了”主教宫花园中“古老的哥特时代的小庭园”（摘自《作庭记》），同时因为“居所是古英伦农宅的风格，自然，庭园也想修成古英伦风”（摘自《业余人士的领域》）。他不仅收集全国种苗供应商的商品目录下单购买，还从英国跨国订购，甚至自己走访植物园和草药园请求园主分给他种苗。（见《我的植物收集——答〈实干园艺〉主编》，刊载于《实干园艺》一九三九年十一月号）这些记录散见于林达夫一九三八年至三九年发表的多篇散文中。

关于这一系列作庭活动，林达夫在《作庭记》中先申明“所谓的修庭造园是我最讨厌的事情之一，我素与这种文人趣味无缘”，而后解释道：“我比法布尔更加贪心，是在通过园艺活动学习历史、美学、自然科学和技术。”而在他一九四二年写下的《拉芬陀》一文中，还可以看到这样的记述：“对于像我这样把庭园作为历史植物收集场所的人来说，庭园可谓是一道标注着年月日的风景。”（刊载于《图书》九月号）

一九三七年至三八年间，林达夫在鹄沼海岸将一栋老式农宅改建成了英伦风农宅，并收集西方花草种植在房屋周围，着手建起一座让人联想起“莎士比亚花园”或“地中海沿岸地区”的庭园。尽管规模类似微缩模型，但毫无疑问，林达夫在鹄沼海岸所建的正是他自己的精神家园，或者说“故乡”。麻雀虽小，五脏俱全，他可通过在庭园内种植各种植物群，确实再现了“标注着年月日的”西方历史和花园。想必林达夫也将他的整个知识体系浓缩在了这座庭园中。

林达夫在《作庭记》中也提到了法布尔。法布尔五十五岁时隐居沃克吕兹省的塞里尼昂迪孔塔，他的居所围建着高高的土墙，隔断了街道上的噪音，房屋虽小，却可以用来观察各种昆虫的生态习性，这片空间显然浓缩了写下宏伟巨著《昆虫记》的法布尔的浩瀚无边的世界。作为《昆虫记》的译者之一，毋庸置疑，对林达夫而言，鹄沼海岸的这座“英伦老农宅风”居所及庭园，正是他效仿法布尔所规划的收纳自身知识体系的地方。不过，与法布尔不同，我们不能忽视林达夫的世界自然还附加着另一层意义。这一方天地，既是“故乡”远在大洋彼岸的林达夫的世界，也是他旗帜鲜明地与走向战争的极权国家日本相对抗的个人堡垒。行文至此，可以明确断言《作庭记》开篇的那段文章乃是一篇宣言，昭示了这片可称之为乌托邦的庭园即世界的政治意义。

## 二

日中战争爆发后的两三年，可以认为林达夫的所有精力都倾注在了构建新的“故乡”，即其自身的世界，也是与国家对峙的个人堡垒上。具体来说，从实践园艺到广罗文献，当然也包括写作，既是知性的也是体力的，涵盖所有各种作业。而这些作业便直接意味着林达夫对时代的反抗，不得不说这一时期所形成的他的生活方式颇为独特。

比如他在一九三九年十一月的《思想》上发表了一篇题为《植物园》的散文。林达夫为了“补充了解”因一时的流行趋势而被遗忘的日本植物的“种种不变之处”，造访了小石川植物园，由此写下此文。他在文章开头记叙道，走进大门，正面高地坡顶高高矗立着一座刚建成的“带有现代风格眺望楼的叫人无法置评的庸常无趣的西洋建筑”，好似在俾倪四方，根据园方记录，此建筑一九三九年竣工，是一座“全三层、带高塔的钢筋混凝土结构的真建筑”（摘自小仓谦编著《东京帝国大学理学部植物学教室沿革》一九四〇年），以此描述了该建筑乏味无趣、权威主义式的外观。由此开篇后，林达夫指出植物园的官僚主义“不仅故态不改，在某些地方甚至显露出退步的征兆”，顺带列举了仅在文部大臣荒木大将视察时才进行清扫、“草药样本园”地上散落着纸屑以及女学生进栅栏“采摘花草”等事例，带着批评的眼光追根溯源论说日本人的国民性格。文中还就此扩展开，从草药移植的做法论及日本文化的浅薄与排斥西方的愚昧，提请读者引以为戒。而后，他这样写道：“本是在植物园研习草木，可到头来令我反思最多的却是日本人性格中的 bêtise humaine（愚昧）问题。媒体上那些幼稚的日本论对此避而不谈，在我看来，这简直比迂阔的我更为迂阔。日本人以日本人为对象谈论日本人的优秀，细细想来，这样的情形所显露的实则是一种不健全的、古怪的、异样的心理。”

东京帝国大学理学部附属植物园在高地坡顶建起了一座带“监视塔”状高塔的混凝土建筑，在此文中，这座植物园显然被置于鹄沼那座庭园的对立面，被视为国家的象征。于林达夫而言，这篇植物园游记不得不写成一篇现代日本文化论。那时即便是一枝小小的花草，在林达夫面前都无法遮掩其政治意义。更何况思想，决计不可能出现例外。而且他这一时期的特点，正是思想也表现为与花草和庭园同一层面的问题。

“思想的生命力，在某些方面就类似寄生虫。”在从思想的寄生性开始论述的《思想的命运》（刊载于《都新闻》一九三八年四月二十五日至二十八日刊）一文中，林达夫先作了如下说明：“眼下为了建造一座小庭园，我正在粗略学习植物及栽培相关的一些实用知识。”进而反问：“杰出的思想即便被连根拔起也不会衰竭或枯萎，相反，被移植到新的土壤和环境后，反而会焕发生机茁壮成长，其根系会愈发牢固地扎入土中，难道不正是如此吗？”文中强调纯国产品种的植物少之又少，为“排外思想尚未波及”植物界而拍手道贺，借此论述了“移植”的重要性。之后，林达夫指出：“现代正是这样一个时代，思想中介者比思想家拥有更大的影响力。”他感佩道，“思想中介者的鼻子实在敏锐异常，能够迅速嗅闻到时代的需求”，并就当时的思想状况写下如下这段话：

思想买卖只要尝到一次滋味，便叫人难以忘怀。这种买卖无需太多资本，也不会产生库存，只要扫一扫灰尘，刷一刷清漆，有时反而要将之做旧，剩下的便是将商品从右到左转一转手即可。作为买卖，似乎很是轻松。……我们无法不惊叹于这项买卖波及面之广、交易之灵活，但相比之下更叫人诧异的是，思想家竟依附于思想中介者的骥尾，满不在乎地追随其后，简直像寓言《颠倒国》里才会有的事。然而，我们必须认识到这种颠倒实为时代与思想家的脚力和速度互不协调所引发的问题。……世界正在无止境地变得复杂，看似相隔甚远，实则盘根错节急速变化。而且若细细观察，便会知晓当今的世界地图已经简单得可用两三种颜色加以分类。比如“持有国”与“非持有国”，“民主主义国家”与“极权主义国家”等。而在这两大阵营中，其主导思想似乎又逐渐显现出如出一辙的“前定和谐”。

这叫人不得不认为，我们已经迎来了一个思想不再需要思想家的新时代。

此文刊发于一九三八年四月，且不提《苏德互不侵犯条约》尚未签署，甚至比《慕尼黑协定》都早了五个月。在那样的时刻，林达夫便已敏锐地预感到了可称之为思想大缺位时代的一九四〇年之后的时代面貌，并精准地将欧美的思想状况与其政治局势挂钩。他的学识与慧眼让人不得不脱帽致敬。

而关于“思想的命运”这一论题本身，林达夫继续写道：“比如，相继出现的人道主义、马克思主义和新日本主义阵营中竟可以拥有相同的面孔，这种极度匪夷所思的现实状况，恐怕只有通过思想性媚上欺下的存在，才能给出一个解释。这种思想性媚上欺下能够同时体现庸俗且空虚的精神之大胆与怯懦。”唯有允许这种“媚上欺下”跳梁作乱，思想才能拥有活力。文章运用讽刺的手法痛斥了这样的思想状况。

不过，林达夫在此引述的园艺经验和对植物的观察恐怕并不能仅仅理解为比喻。在林达夫的感受和认知里，现代思想状况问题与草药园、苗圃及庭园性质相同，就如同欧石楠和迷迭香一样，每一种思想也必须经由手中的触感才能形成认知。彼时在林达夫眼中，思想的命运也不过是庭园一景。完全在同一层面看待思想的创造和园艺，意味着不仅仅将思想视为头脑的产物，而认为其也需经由视线、手和身体产生。这一时期林达夫的散文屡屡强调“手工作业”的重要性，原因即在于此。笔者在前文中使用了林达夫的新的生活方式这一说法，若换一种表述，应该也可称之为“思想的表演”。前文已经提及林达夫的思想表现方法，这种方法在《作庭记》之后大幅扩展，可以认为不仅局限于文字，也借由其生活本身展现出来。

最后，笔者想就林达夫埋首园艺和修筑自身城堡的这段时期加叙一笔。那段时间，曾被林达夫盛赞为“未来国度旅行者”（参见《旅行者与文学》，刊载于《思想》一九三五年八月号）的安德烈·纪德写下《访苏归来》（一九三六年十一月），结果遭到昔日盟友集体围攻，最终不得不彻底沉默（附注四）。另一边，一九二〇年代至三〇年代期间，不仅引领法国，还时刻站在西欧左翼知识分子队伍最前列的罗曼·罗兰，离开瑞士返回故乡韦兹莱（一九三八年六月），停止一切政治活动，专心埋首创作《佩吉》。无论是谁都不得不作为一介个人来面对现实，那样一个时代已经悄然到来。

## 三

林达夫在《思想的命运》一文中写道：“这叫人不得不认为，我们已经迎来了一个完全不再需要思想家为思想而献身的新时代了。”然而，实际到来的时代看上去却与十年前相同，是一个“政治需要思想家的时代”。在详细解读《思想的命运》的文本后，恐怕有必要在此具体阐述这一点。

在林达夫发表《思想的命运》的几乎同一时期，西田几多郎于一九三八年四月至五月期间，应京都帝国大学学友会之邀进行了三次演讲。该系列演讲以“日本文化的问题”为主题，其内容在两年后的一九四〇年三月汇总成书，作为“岩波新书”付梓。

在那之前，西田几多郎从未论及过日本文化等个别案例，也正因为如此，该系列演讲受到世人极大的关注。当然，在论及日本文化之前，西田必须先阐释“世界与我的关系”“创造与实践”“文化与文化作用”等其自身提出的哲学概念。直到演讲几乎过半，才终于进入正题。

西田首先指出当时广泛使用的“极权主义”与“个人主义”，或者说“皇道”的概念暧昧不明，他重点就“皇道”指出“多为信念与情感”，进而断言称：“假设有概念性内容包含其中，则对该内容理应进行彻底的探讨，且必须在根本上具备客观性。”

西田继而话锋一转，谈及了日本的国家特点，反问道：“回顾数千年来以皇室为核心生生不息发展而来的我国文化轨迹，难道不正可以说是作为‘全体的一’与‘个体的多’的矛盾的自我同一，从被生产到生产，乃至生产到无穷吗?”他阐述道：“历史上作为‘全体的一’的主体性事物常有更迭。……然而，我认为皇室超越了此等主体性事物，作为‘全体的一’与‘个体的多’的矛盾的自我同一，在世界上处于自己限定自己的位置。”西田就日本国体的特殊性进一步解释道：“在我国历史上，皇室归根究底是无中生有，是矛盾的自我同一。……因此在我国，无论何时，复古即维新。重返过去并非单纯回到过去，而是作为永恒的今日的自我限定，向前迈出一步。”

西田还从跟世界史对比的角度这样阐释日本历史：“欧洲历史从空间的世界转向时间的世界，最终聚成一个世界。而我国的历史所包含的带有世界性质的东西，或许可以说是从时间转向了空间。在我国历史中，万代不变的皇室即为时间与空间的场域，主体性事物包含其中。皇室从时间的维度而言即为世界。可以说前者的世界由横向转为纵向，而后者的世界由纵向转为横向。日本历史也可视为世界历史的缩影。”

在对日本历史进行此番界定后，西田由此出发，就日本在世界上肩负的使命给出了如下观点：

> 今日我国文化的问题，乃是必须在维持数千年来养成的纵向的世界性特色的同时，扩展出横向的世界性。正如那句话：身心脱落、脱落身心，必须发扬灵活的心的文化。不是作为主体对其他主体，而必须作为世界包容其他主体。……我认为日本身为东亚建设者的使命正在于此。

在此，笔者有意将时间拨回到西田几多郎的哲学体系基本完成并由此引发众人关注的一九三五年，回顾一下三木清与西田进行的那场题为《日本文化的特质——与西田几多郎博士一问一答》(刊载于《读卖新闻》十月十日至十六日刊)的对谈。对谈时三木提及了西田的理论体系中缺少国家，询问西田如何看待这一点。对此，西田回应道："国家是一种表现形式，作为其形成作用之内涵而体现出来的即为理念。国家因拥有理念而具备个性。换言之，国家如同文化世界里的生物的种子，虽然具有生物性，但在拥有了理念之后才得以成立。"而后，他又补充道："所有存在于历史中的东西都与其他事物相关联。文化也在相互作用中产生。若脱离了这样的普遍性，国家便会彻底沦为生物性的东西。"

西田在《善的研究》一书中写道："自远古历史之初追溯人类发展的轨迹可知，国家并非人类的终极目的。人类发展自有其一以贯之的意义目的，而国家似乎是为了各自达成其中的一部分使命而兴衰存亡。"可以认为，西田与三木对谈时的观点贯彻了其在《善的研究》中所展现的国家观。然而，他在《日本文化的问题》中论述的日本国家，却以"数千年来以皇室为核心生生不息发展而来的我国文化"的特殊性为由，轻易否定了这种普遍的性格。西田将"日本历史"视为"世界历史的缩影"，为此，日本国家只能被赋予终极性的"世界目的"。西田在过去四分之一个世纪里呕心沥血、兢兢业业，建立起了自身的哲学体系。他究竟为何有此一举，以这种任谁看来都超逻辑的方式严重破坏自身成果，甚至不惜危及其哲学体系的逻辑完整性?

关于这一问题，古田光曾站在西田一方为其辩护道："战时西田—三木—京都学派相通相承的基本志向，便是一边依循日本帝国主义的动向，一边竭尽所能阻止其倒向独善式的侵略主义。为达成这一目的，首先需在名义上接受那些超国家主义者提出的‘国体’和‘八纮一宇’等口号，其后再从内容上将之转化为西田哲学的历史哲学理念，以期通过这种方式产生反作用，对现实的实际性进程产生影响，这便是他们所采取的策略。”（摘自《第二次大战下的思想状况》，收录于《近代日本思想史》第三卷）包括山田宗睦的那番言论（参见《昭和精神史》）在内，当时如此这般对西田的苦斗给予理解与同情的意见并不鲜见。诚然，若结合诸如右翼论客借《公论》《现代》等刊物对以西田为首的京都学派发起的猛烈攻击等来考虑，此类论调姑且也可以理解。但一九三五年之后的西田几多郎已是举世公认的日本著名思想家，其自身也深知这一点，影响力之大绝非旁人可比。既然处于如此权威性的立场，且又身为服务于普遍性的哲学的门徒，西田为何不坚守自身的节操？如若实在无法如愿，至少也可以专注于纯粹思考，对其他一切都选择沉默，不是吗？笔者怀着一种遗憾，对这些疑问始终无法释怀。《日本文化的问题》只能说明一点：西田几多郎的思想在政治面前低了头。这让笔者重又想起小林秀雄的那段评论：“成日只是一味自问自答的诚实究竟充满了多少疑惑，唯有神知道。西田先生的这种全然不可能感受到他人之抵抗的孤独，催生出了他那种……怪异的体系。”

同样是京都帝国大学，在西田发表演讲的一年后，即一九三九年五月至六月，这一次由京大学生科①主办，曾担任哲学科主任教授的田边元也围绕日本文化的问题分六次发表了演讲。该系列演讲题为

① 管理学生相关事务的部门。

"历史的现实"，于第二年六月由岩波书店汇总成书，和《日本文化的问题》一起引发极大反响。

当然，在田边元身上，并未看到如西田几多郎那般大幅度"转向"的现象。田边的哲学素来对时代动向较为敏感。满洲事变①之后，民族主义抬头，国际关系紧张，在此背景下，田边认为唯有解决国家与民族的问题，才是在响应时代的号召。自一九三四年以来，他以"种的理论"为媒介，致力于揭示社会与政治的力学构造。鉴于此，田边在讲座中发表了以下言论，我们实在不必感到特别惊讶。

> 正如"一君万民""君民一体"等说法所表达的那样，为了在国家的统一中发挥自发的生命，个人被组织为国家不可分割的一部分，并由此获得生存的权利。国家的统领管制与个人的自发性直接结合统一，这正是我国应当引以为豪的特色，鄙人以为也正可以诠释为：天皇即是对这种国家理念的体现。同时，这种内部组织的协调对外也同样伴随着协调。所以日本文化并非排他的、封闭的，而是具有统一且开放的意义。关于八纮一宇流传着诸多晦涩难懂的解释，而我认为这才是这个词真正的含义。

田边接着指出，"当今西欧的精神力量不足以控制已尾大不掉的技术理性"，世界的危机由此而来。他主张，唯一能够应对这种局面的国家，正是拥有"与科学相结合且能发挥科学之力量的宗教精神"的日本。

① 即九·一八事变。

而笔者在这《历史的现实》中尤为感兴趣的却是后面的部分。田边向那些“一朝被征召便不得不持枪上战场的年轻人”坦言，“在今日这场战争中生命危险无可规避”，由此提及了“死亡”，并指出“站在历史之中，从参与永恒的角度思考生与死”的必要性。

> 要问我们如何才能获得免于死亡的自由，就是如何才能通过进入永恒来超越生死，答案只有一个，即自己自发地在现实中经历并体会人类在死亡中得永生的经验，基于自身意志实践以死为生。……具体来说，就是在历史中个人通过国家，站在人类角度，为建设某种永恒的事物而献身，便能超越生死。若想超越死亡，唯有自己自发而自由地走向死亡，除此以外别无他法。

毋庸多言，这段话纯粹是给二战前日本人编织的、呼喊着“天皇陛下万岁”而光荣战死的神话巧妙地披上理论的外衣，是在极其高明地将国家的理论正当化。思想难道就真的只能这样彻彻底底地屈服于政治，甘当其奴隶吗？今日读到此文之人，恐怕无一不会冒出这样的疑问。再说回《历史的现实》，书中还附有以京大学生科名义刊发的序文，文中写道：“满堂学子满怀紧张与激动之情聆听了这一系列演讲，那光景直到此刻仍异常鲜明地浮现于眼前。”不仅如此，斋藤孝也在《昭和史学史笔记》一书中提到《历史的现实》，并引用了《听吧，海神的声音——日本战殁学生手记》一书中收录的一段感想：“对我来说，感触之深堪比临死前的诵经。……我决定用这本书代替我那不存在的遗言，这应该是最适合用来象征我这个人的纪念物，在此将其留给后世。”这段话写在田边《哲学通论》一书的空白处，是木村久夫的遗笔。关于当时那些青年对田边元所产生的共鸣，斋藤孝也有论及，而当时同样身为学生的后藤宏行在二战后这样解释道：

> 被他所感召的那些青年，无论其自身好恶如何，都是被席卷进法西斯风暴的一代人，无关这些知识分子自身的意志与选择，皆不由分说地被推到了死亡边缘。在这篇文章成书的时期，当时那些青年所渴望的思想，已不再是如马克思主义或民主主义那般抨击现实国家体制或法西斯政策的立足点，而是如何才能把即将在这不近情理的战争中被碾作飞尘的自身的死亡合理化，如何对其进行美化的哲学与思想。
>
> （摘自《总力战理论的哲学》，收录于《共同研究·转向　中》）

确实，那时的思想落在了时代之后，只能盲目地硬逼自己去踩时代的节拍。换言之，在一九三八、三九年的阶段，思想在日本的职责显然已经转变。我们甚至可以说，如果思想不做政治的奴隶，不成为报效国家的工具，恐怕已不再被容许公然存在。只有基于这一新的思想的框架，我们才可以理解其后思想在日本所走过的历程。

事实证明，那之后，京都学派始终忠实跟踪接二连三地发生的政治事件，始终肯定国家的政策，全力对其进行理论武装。高山岩男从世界史的角度研究国防国家的条件（参见《国史观点与世界史观点——关于国史的理念》，刊载于《改造》一九四一年七月号），田边元论述要求国家统一的道义性（参见《国家的道义性》，刊载于《中央公论》《思想报国之路》《改造》，均为一九四一年十月号），高坂正显借由民族问题确立“战争形而上学”（参见《战争形而上学》，刊载于《思想》一九四二年二月号)。这些人自一九四〇年前后开始在媒体上活跃得颇为耀眼,可以认为,由高坂正显、铃木成高、西谷启治、高山岩男组织的那三场试图为太平洋战争正名的著名座谈会——“世界史立场与日本”(会议纪要刊载于《中央公论》一九四二年一月号)、“东亚共荣圈的伦理性与历史性”(会议纪要刊载于前揭刊物一九四二年四月号)、“总力战的哲学”(会议纪要刊载于前揭刊物一九四三年一月号)——将这一切推向了一个高潮。

古田光把三木清也一并归入京都学派,在此若不就西田门下的三木清记述一二,只怕逃脱不了失之偏颇的责难。

前面已经围绕《不安的思想及其超克》阐述了三木清在一九三三年对时代的敏锐洞察。关于他之后的动向,首先必须一提的是其在媒体上作为意见领袖一如既往的活跃身姿。

在此具体简述一番。在从一九三四年持续至三五年的那场所谓“行动主义论争”中,三木清写下《关于行动的人》(刊载于《改造》一九三五年三月号),论述了面对无产运动失败后的时代的不安与混乱,通过主体性回复进行知识分子复权的必要性。紧接着,他发表了《人的再生与文化的课题》(刊载于《中央公论》一九三五年十月号)等一系列论文,倡导人文主义作为新思想的立足点,以此抨击了国体明征化运动①以来被极其露骨地大肆宣扬的日本主义,以期在那些拥有反法西斯这一共同基础的知识分子中形成人民战线式的连带感

① 1935年,针对法学家美浓部达吉主张的天皇机关说(主张天皇是日本统治机构的一部分),想掌握政治主导权的军部和右翼逼迫当时的冈田内阁发出的声明,称天皇是统治权的主体,日本是天皇统治的国家。——王前校注

（附注五）。其后，日中战争爆发。一九三八年六月，三木清发表《世界史之于现代日本的意义》（刊载于《改造》），在承认战争既成事实的基础上，没有从正面阻截如湍流奔涌的历史大潮，而是假意随波逐流但实则试图改变其方向，所展现出的精神之强韧唯有用“怪力神技”方可形容。循着这一方向，他又接连发表了《东亚思想的根据》（刊载于《改造》一九三八年十二月号）等一系列论文。三木当时的理论若总结为一句话，可概括为：立即解放占领区，允许各民族独立，组建多民族联盟“东亚协同体”，基于协同主义即社会主义原理，对包括日本在内的亚洲各国分别进行重组，从而构建亚洲特有的社会主义文化圈。如此，三木于一九三八年初加入“昭和研究会”，被推举为“文化问题研究会”主持人。三木的理论成为“昭和研究会”的引路灯，并于一九三九年一月开花结果，汇总成以研究会名义发行的宣传册《新日本的思想原理》，同时也以各种形式反映在意图早日结束日中战争的第一届近卫内阁的政策当中（附注六）。

行笔至此，且容笔者稍稍跑一会儿题，就这一时期三木与林达夫的关系稍加补充。在《林达夫著作集》最终卷的“简略年谱”中，一九三八年七月的那条下面写着：“以观察员身份加入昭和研究会内文化研究会（后更名为‘文化问题研究会’）。”翻看后藤隆之助监修、昭和同人会编著的《昭和研究会》卷末的“常任委员会委员与各研究会委员名簿”，在“文化问题研究会”委员一栏中，确实可见林达夫之名与三木清、清水幾太郎、中岛健藏列在一起。虽然可能林达夫不过是在三木清的建议下，以观察员的名义在会上露一露脸，但在同年六月林达夫发表于《妇人公论》的《三木清的魅力——答问》一文中，他的写法与战后那篇《忆三木清》（刊载于《世界》一九四六年十一月号）形成了鲜明对照。林达夫在文中先自贬为哲学的落第生，而后写道："我之所以会被我们这位三木清先生所吸引，原因之一或许也是出于这样一种旁观者所特有的立场：我看着他有条不紊地做着我这样的人所做不了的高贵的事业。"就此看来，林达夫参与"昭和研究会"或许并不仅仅是凑个数而已，其中也包含着他对当时的三木清所抱持的一种共鸣。

正如林达夫这一番赞赏所暗指的，我们不应忘记这一时期的三木清在活跃于媒体的同时，也在执笔创作《构想力的理论》，其第一部分于一九三九年七月以《构想力的理论　一》为题付梓，而《二》则在战后作为三木清的遗稿出版发行。该著作在《思想》上的连载虽数次中断，但一直从一九三七年五月持续至四三年七月。另外还有一点先前已经提及，也同样不容忽视。一九三八年十一月二十日，包括克里斯蒂著、矢内原忠雄译的《奉天三十年》，津田左右吉的《支那思想与日本》，斋藤茂吉的《万叶秀歌》，高桥健二译的《德国战殁学生手记》在内，二十册书籍同时出版，拉开了"岩波新书"的序幕，这也正是在三木清的策划下实现的。

在三木清取得这一系列成就的同时，羽仁五郎也在切实推进着一九三五年以来的工作，虽然相较之下远不及三木耀眼，但在此也应记上一笔。

羽仁五郎的《米开朗基罗》作为"岩波新书"中的一册，于一九三九年三月出版。羽仁在书中将读者称呼为"你"，以平易近人但热情洋溢的文体追溯了文艺复兴浪潮中的自由都市佛罗伦萨近二百年的历史，并将其与佛罗伦萨这一自由都市的市民、亡国后仍自强不息的市民艺术家米开朗基罗的命运相结合，向读者阐述了民众自由与独立的意义，堪称是羽仁之启蒙史学的一座高峰。

同年十二月，羽仁的又一部著作《克罗齐》面世。此书记述了一八六六年出生、当时还健在的意大利史学家克罗齐的生平事迹与建树。羽仁五郎走上史学家之路的第一项工作便是在一九二六年翻译克罗齐的《历史学的理论和历史》，由此不难推测，羽仁写作此书实则是在确认其自身作为史学家所肩负的使命。关于从这位经受了马克思主义洗礼的意大利自由主义者身上学到的东西，羽仁在书中写道："我不仅知道了一切历史都是当代史，不仅学会了对一切伪历史性质的想法进行自我批评，而且懂得了与哲学或思想相一致的真正意义。毫不夸张地说，是他教会了我在历史中思考，在历史中活着，并感受到了对历史心怀希望的喜悦。"

除《蒙娜丽莎的微笑》（刊载于《日意文化》一九四二年九月号）一文外，克罗齐这位东洋弟子在战时发表的最后一部历史著述，便是一九四〇年一月至六月在《中央公论》上连载的《明治维新研究》，战后以《明治维新——现代日本的起源》为题付梓。羽仁一九三五年写的《明治维新》将明治维新视作日本现代化的起跑线来畅想未来，而这次写的《明治维新》则与之相反，将明治维新视作现代日本的原点追溯过往，这也正是此著作的一大特点。正因为此，羽仁在书中基于现代问题意识划分章节，从女性、法律、教育、信仰、交通和言论等文化的各个侧面展开具体论述。而且，因为此书特性，内容聚焦迁都东京到开设帝国议会的那段时期，就这层意义而言带有浓重的一九三五年版《明治维新》之续篇的色彩。但无论怎么说，写《明治维新》一文过了五年，以及其后羽仁关于意大利文艺复兴开展的诸项研究的成果都最大程度地体现在了此书中，其中梳理民众与文化的关系的论述无可挑剔。虽说当时正值皇纪两千六百年，重新探讨并评估明治的势头渐涨，但在一九四〇年这样一个时期，竟会有一篇高度评价明治议会政治，并以“正因为此，任何人都不应忘记，事实上我国宪法第二十九条中，包含保障我国国民‘言论著作出版集会及结社之自由’的原则”为结语的论文刊发在综合杂志上，这不得不让我们对编辑（附注七）及其作者羽仁五郎的勇气和捍卫真理誓不动摇的信念留下深刻印象。

三木清和羽仁五郎这两位在一九二〇年代肩负起新时代重任的思想家，直到这一时期仍在各自的阵地上拒绝使用奴性的语言。更准确地说，他们二人巧妙瞒骗审查者的眼睛，书写着自己的语言，而真到了别无选择必须使用奴性语言的时候，二人均选择了沉默。

## 四

关于这个时代，林达夫苦涩地写道：“最近数年，我们见识到了精神主义的昂扬。然而，这种所谓的精神主义甚至不具有强制接种天花疫苗那般的效用，不过就是人工培育出的某种极度虚无的产物。最糟糕的精神主义就是形式主义。顾虑，企图，虚张声势——打破釜底，实为一堆粗糙的劣根性的瓦片。”（摘自《新经院时代》，刊载于《都新闻》一九四〇年一月十三、十四日刊）他将其命名为“新经院时代”。

林达夫在此文中紧接着写道：“我一直以为过去那些经院学者——至少第一流的人物——都是万事万物无所不通之人。他们不是急进论者，而是渐进论者，有时或许也是相当诡计多端的战术家。”他先假意为经院学者辩护一番，而后就“经院学”表示“复杂难解，盘根错节”，并感慨称“只有知识分子懂，有时连知识分子都看不懂”，认为其特点便是“欠缺布道精神”。

如此说来，这个时代的思想家确实都是“经院学者”。这个比喻乍一看不温不火，但我们不能被它所欺骗。无论是谴责伊拉斯谟，还是将拉伯雷的《巨人传》列为禁书，抑或导致艾蒂安·多雷后来被处以火刑，这一切的罪魁祸首皆是经院哲学统治下的巴黎大学神学部。“新经院时代”这一名称，不论林达夫对其进行何种修辞上的修饰，都包含着这样一层含义：正如当年的伊拉斯谟、拉伯雷与多雷一样，有志之士已被逼入绝境，唯有流亡、沉默、被捕三种选择，这样的时代已重新降临。也正因为如此，在这篇以“新经院时代”为题的散文中，林达夫就其当下的状态坦述道：

> 坦率地说，这数年来，我也是对种种事象感到不解却又毫无作为的群体中的一员。就精神层面而言，因为敏感而易轻信的性格，回首过往犯下种种谬误，出于自省而对自己严格课以了斯多葛式的冷漠；就知性层面而言，若上下不分里外颠倒，则活在此世也全无意义。因为如此，时至今日我不具备任何资格，也无任何意愿直面这个时代发言。那些我希望不过是自己杞人忧天的想法开始一点一点变成现实的事态，那些我用怀疑的目光审视的事物最终呈现出否定的样貌，看到这些我已不那么惊讶，也不那么慌张。

这篇散文继而暗示，“缄口不语的思想活动或许也是当今世相下可以容许的活动形式之一”，并就这个时代的立身之道这样写道：

> 或许我实在说了太多悲观厌世的话。但坦白说，身处眼下这个哲学家要么如柏拉图般写《理想国》，要么如波爱修斯般创作《哲学的慰藉》，除此以外再无其他路可走的时代，我实在提不起兴趣给这场声势浩大的庆典抬那花车的抬杆。若真有闲工夫参加悬崖绝壁上的死亡舞会，我宁可勤勤恳恳去耕耘伊壁鸠鲁的小园子。这并非逃避现实，而是保障生活权利的行动的第一步。

事实上，在这个“新经院时代”，林达夫也确实只能退守在他亲手建造的与国家对峙的堡垒中，通过勤勤恳恳耕耘伊壁鸠鲁的小园子来重新铸造自己的思想，借此避祸保身。他在同一时期这样写道：“虽说有些自卖自夸的味道，我等以脑力劳动为业的人，或许最聪明的消闲办法便是做一些日常的手工活，manipuler（摆弄）物质材料。”（摘自《养鸡》，刊载于《思想》一九四〇年三月号）笔者前面已经提及，林达夫借由“手工作业”将思考身体化，尝试通过在思想与现实之间建立多元的接触点，来促使思考进入新的境界。上述这些言论恰恰揭示了这对当时的林达夫而言，无论在思想上还是生活上都有着何等重要的意义。

在这样一个“新经院时代”，林达夫一边保持着思想家的身份，一边已开始悄悄摸索拒绝被国家所奴役的生活方式。

## 第四章

# 历史的黄昏

## 一

在一九三〇年代的西欧精神史上，一九三九年八月二十三日这一天有着决定性意义。

一九三五年十一月八日，让·季奥诺、安德烈·香松与安德莉·维奥里斯三人参与编辑的《星期五》周刊[①]发行，在其《创刊词》中这样写道：鉴于“对我们构成威胁的东西，比将我们相互分裂的东西更为强大”，所以“从安德烈·纪德到雅克·马里坦”，皆已在共同的敌人面前集结到了一起。以这份宣言为起点，知识分子们在步步逼近的法西斯主义危机面前选择了团结。以此为背景，人民阵线在一九三六年四月至五月的法国大选中赢得胜利，将革命的神话推上了

① Vendredi，法国人民阵线时期发行的左翼周刊。

顶峰。尽管其后局势急转直下，佛朗哥在西班牙发动政变反对民主共和政府，纳粹德国在中欧不断扩张势力范围，直至四国签署《慕尼黑协定》，西班牙民主共和政府被推翻。但有一个国家从一开始便充当着反法西斯阵营的先锋不懈斗争，那就是苏联。因为苏联的存在，革命神话的时代伴着一丝微弱的希望得以延续。然而，偏偏就是苏联，却在一九三九年八月二十三日与纳粹德国握手言和。在西欧的知识分子眼中，此举无异于背信弃义，令人难以容忍。八月二十四日，里宾特洛甫与莫洛托夫在斯大林面带微笑的见证下，签署协议文件的照片登上全球各大报刊头版，毫无疑问宣告了一个时代的终结。西蒙娜·德·波伏娃在回忆录中写道："我们彻底失去了和平。最先攥住我们心口的正是这样一个明白无误的事实。……在这之前，即便周遭越来越黑暗，我们依旧能看见熊熊燃烧的希望之灯火，但此刻它却熄灭了。黑夜笼罩大地，一点一点浸透了我们的骨髓。"（摘自《端方淑女》朝吹登水子、二宫房合译本）

而在我国，此次事件导致平沼内阁发表一份首相谈话后集体辞职，谈话称："欧洲世界出现复杂怪异之新形势，吾等思虑再三，认为应就此终止此前筹备之政策，需另行制定其他政策。"（刊载于《东京朝日新闻》八月二十八日晚报）对于事件引发的包括第二次世界大战爆发在内的一系列后果，日本社会与其说冷静，毋宁说洋溢着欢迎的氛围。小林勇就当时的情形回忆道："九月三日欧洲战争打响。国民们似乎有些兴奋，股价也在暴涨。"（摘自《惜栎庄主人》）连中岛健藏都在日记中写道："要说被置于此等糟糕境地的日本人最初在期盼些什么，那必然是欧洲战争的爆发。无论如何，必须从那样的群体中脱离出来。"（摘自《回想的文学》第四卷）

在那样的情况下，小林秀雄在《东京朝日新闻》(一九三九年十一月五日至八日刊）发表了《论“神风”一词》，唯有他一人清晰地阐述了此次事件所导致的意识形态崩溃，这一点理应被铭记。文中写道：

> 我等对欧洲真正发生的事不明所以，悠闲地议论着什么赤化思想，什么法西斯理念，可意识形态就如同与小提琴相匹配的琴盒，如今它已毫无用武之地，关于这一点当事人斯大林和希特勒显然最为心知肚明。不用说，我等需要的并非意识形态，而是事物的真相，而这真相正以一种叫人难以插手的复杂怪异的形式不断变化，对此最为心知肚明的也同样是他们。……如今在驱动他们的，已不再是意识形态这样的东西。右翼思想也好左翼思想也罢，都不过是打满了应急补丁的破衣烂衫而已。

小林秀雄虽是当时唯一的例外，但即便是其他那些因为只顾着关注眼前这场日中战争而没有太大阻力便接受了《苏德互不侵犯条约》和第二次世界大战爆发的日本的知识分子们，在那之后的十个月里，眼看着欧洲战局叫人应接不暇的战报，恐怕也不可能再高高挂起。那十个月间，德国侵吞波兰，称霸北欧，并于一九四〇年五月十日将兵力转向此前未曾爆发过一场像样战争的西部战线，德军入侵荷兰，继而在十四日越过比利时边境涌向法国北部，六月四日在敦刻尔克歼灭英法联军，十四日攻陷巴黎，十七日贝当元帅刚一就任法国总理便宣布投降。当时日本国内报道的论调令荷风不得不写下这样一段话：“东京各家报纸的报道无一同情战败的法兰西，多是肆无忌惮的嘲讽谩骂。

其文辞之粗俗低劣不忍卒读。”（摘自《断肠亭日乘》六月十九日篇）

关于“法国战败”这一新状况，正宗白鸟在六月二十九日《读卖新闻》晚报的“一日一题”专栏中带着一种愤懑质疑道：“基于我对法国极其浅薄的认识——想起从十八世纪末革命到整个拿破仑时代那段生机勃勃的历史，想起那些凝结着智慧与才情的丰富多彩的文学艺术，我不禁想问，那个孕育了让我们这些异邦人都感佩不已的艺术学问，并采取诸多果决出色的政治与军事行动的国家及其国民，真会如此脆弱不堪吗？”（摘自《文华的无力》）白鸟的这份感悟自有人与之共鸣，青野季吉也写下一篇编辑后记感慨道：“这条新闻刊出时，恐怕任谁都会产生一种无法置身事外的感叹。”（摘自《记者杂记》）并坦言“此刻的心境无以名状，极其复杂，混沌不清”。另外，北原武夫也记述说：“每天都莫名地消沉。说是历史的重压未免有些夸张，但每一天都切切实实有着类似的感受。”《新潮》当年八月号对三十二位文坛人士进行了问卷调查，并基于调查结果汇总了《当下欧洲局势与我等的所思所感》一文，上述感受或许可说是当时文人最普遍的感想。无可否认，这种感受与法国文学对现代日本文学所产生的压倒性影响不无关系。一九二〇年代以来，法国文学的翻译出版日盛，进入一九三〇年代，法国文学家的动向更是与日本文学家的动向相关联，二者关系越发紧密。但即便如此，也无法完全解释一九四〇年代在众多日本知识分子身上所共同显现的那份困惑。即便是龟井胜一郎，都不得不记述道：“在接到那条看似平淡的战败消息时，最先扎入文学家内心的那种感受是什么？那种无法置身事外，牵动自己心魂的感受究竟是什么？我很想知道。”（摘自《法国战败与文学家》，刊载于《都新闻》七月三十日刊）可见那份困惑连困惑者本人都无法简单地说清楚。

在这样的时刻自有一些人对这一问题刨根问底，其中之一正是中村光夫，他为躲避欧洲战火而在半年前刚刚回到日本。中村在《文艺时评　现代文化的心理》（刊载于《中央公论》一九四〇年八月号）一文中，半带推测地描述了“巴黎沦陷和贝当将军投降这两大晴天霹雳”给法国人造成的心理冲击。文中写道：

> 欧洲列国在遥远大陆上如两蛇相吞一般争斗不休，其兴衰何以能如此这般吸引我等的关注？那些大都会与我等日常生活的渊源恐怕还不及支那的乡野小镇，其命运又何以能如此这般引发我等的感慨？这些单纯的问题乍一看似乎不值一问，但若从正面发问便会发现，我等自身现今对欧洲战局的关注其实建立在种种复杂心理之上。若我等愿意稍稍冷静地回顾一下内心出现的众多古怪心理，便可以清楚地知悉现代日本人面对西方时自己内心所处的位置。

中村光夫在此后的文章中就“何为日本人”展开了论述。若将中村上面这段话与前面提及的亀井胜一郎那篇文章中的如下段落放在一起看，相信足以看出法国战败对日本知识分子所造成的冲击之巨大。

> 若将思考的视野放得更广，如果说文化的成熟颓废会带来这般惨痛的结果，这便不只是一国的命运这么简单，对于那些对文化评头论足的个人的命运不也同样是一种暗示？……如果说这就是艺术的命运，则尊重艺术、弘扬艺术、将其视为己身之命运的民族又当如何？不求回报的行为难道必然只有悲剧性的结局吗？

林达夫也同样应邀撰文，在六月二十五日至二十八日的《都新闻》上连载了《法国文化何去何从》。

然而，林达夫在文中对法国战败只字未提。他从论述“了解真实的法国”是何等困难起笔，提醒读者法国“在西方也是毫无争议的博物馆之国”，进而论述了以其之名打造“幻想与名声”的商业策略。其后，林达夫不惜笔墨地论述道，法国巧妙平衡了“唯有坚持自身特色，方能掌握世界文化霸权这样一种”本国中心主义思想，和“把各国文化吸纳进有自身特色的熔炉，将之精炼提纯模铸成形之后，再反向输出给原先提供方”这一固有的文化使命，两相兼顾，但在其背后，法国人口不断减少，知识分子在追求“永恒之物”的过程中也出现了否定生命的倾向。文章最后，林达夫表示自己所能做的不过就是“细究历史”，他以一段略显刻意的话结束了这篇散文：“而且我其实无可救药地迷恋着法国。生活中几乎没有一日能脱离法国……”尽管如此，相较龟井胜一郎、青野季吉和北原武夫的感想，自称“法国派”的林达夫所写的这篇文章，仍不免让人觉得浮光掠影，过于冷漠。

也正是在那段时间，战败国法国乱象丛生，出现了最混乱的局面。六月二十日前后，在德军的猛烈攻势下，保尔·瓦雷里从巴黎逃往迪纳尔，他在《笔记》[①] 中记述道：“比利时和阿图瓦地区的所有人都从公路上走过去。混乱的表象触目惊心，刺痛心口。只要有一丝缝隙，所有货车上、草垛中都塞满了金发的孩子。谁都不知道我们究竟要去往何方。”安德烈·纪德也在《日记》中写道：“我对法国的爱，

① 原文为 Cahiers，瓦雷里留下了卷帙浩瀚的笔记。——王前校注

不允许我对祖国的衰颓荒败置若罔闻。”（摘自六月二十六日篇）弗朗索瓦·莫里亚克则在《费加罗报》（七月十五日刊）上呼吁：“法国必须认识到自己正处于无以复加的屈辱之中。”《苏德互不侵犯条约》签订后，法国大部分知识分子都已幡然醒悟，他们信仰的不过是一场幻梦，一直以来都在被政治所蒙蔽、所利用，他们痛彻地认识到自身的愚蠢，看清了政治践踏人的善意而不以之为耻的本质。面对祖国屈服于纳粹德国的现实，这些知识分子或对政治加以诅咒，或深刻体认到自身的无力，除此以外不知如何是好。就这样，在革命的神话时代幻灭之后，法国思想史上出现了一段罕见的空白期。

林达夫在《法国文化何去何从》一文中坚守沉默，始终不提法国战败，笔者推测这或许是因为他“无可救药地迷恋着法国”，所以早在五月末便已预料到会出现如此局面。就在敦刻尔克战败前一天即六月三日，林达夫在《帝国大学新闻》上发表了题为《历史的黄昏——时代、文学与哲学》的文章，那时便阐述了其在即将到来的乱局中于公于私所预见的思想问题。文中写道：

> 或许有人会说，现在唱绝望之歌为时过早。然而，我早在三、五年前便已不再能看见任何一丝美好前景的曙光。究竟为谁工作？该将希望寄托于何处？我已彻底没有了方向。……我眼中所见的一切，皆令我无法接受，前途越来越黑暗。应该说，我内心洞如观火。只是不愿接受，勉强吞下恐怕会不禁作呕。我的厌世主义并非源自耳聪目明，而全是因为这脾胃虚弱的体质所致。

林达夫就当时的状况如此写道，之后讲述了其自身的孤立，不知是不是因为他已经找到为思想而活的孤高的生活方式，他的记叙充满自负，没有任何疑虑，格外明晰。

> 我注意到自己近期所写的东西突然带上了“私人”的味道，谈论的似乎全是过去百般避忌绝口不提的“私事”或“心境”之流。要问是何缘故，皆因我失去了社会联系。因为那些我原以为自己所隶属的、并以之为依托的集团都已不在。并非现实中不存在了，而应该说是变了。但这于我而言没有任何不同。我没有变。身上这份不愿轻易改变的顽固，我自己也不知拿它如何是好。……所谓被时代甩在身后的人，或许指的就是我这种人吧。不过，我既不觉得寂寞也不感到遗憾。因为对眼前这个“封闭的社会”，我已不再抱有任何执念。

其后，林达夫坦言已做好最坏的打算：“我内心已有觉悟，不惜违逆大势，溺亡在时代的大潮中。我不愿受人蒙蔽。也不愿蒙蔽他人。我尝试韬光养晦，可事到如今连哪些朋友与我同心同道都已分辨不清，我已不作他想。……我全然不曾料到那些人竟都如此不值得依靠。”文章最后，他激烈抨击了那个时代的文学和思想，林达夫写道：

> 不管什么人如何粉饰，当下都是一个大缺位时代。……人们被这看不到出口、几乎叫人窒息的世界压得喘不过气，他们绝望的呼告、幻灭、竭尽所能想要杀出一条血路的惨烈的努力——对这一切目不能见，或者视而不见的思想家及作家，至少于我都是无缘的众生。我无论何时，都希望从哲学与文学中听见那街巷胡

同里暗自吟唱的歌声。那 bêtise humaine[①] 的哀歌！大道上盛大的队列与游行，我提不起半分兴趣。若哲学与文学都沦为了游行的项目，那便不再是哲学，也不再是文学。

这篇《历史的黄昏》附有一段题记："这可不会只是一个传说——兰波《历史性的黄昏》。"毋庸赘言，这是兰波《灵光集》中所收散文诗《历史性的黄昏》[②] 的最后一句，全诗由五小节构成，吟诵的正是不久之后即将到来的世界的终结。为供读者参考，在此特选择林达夫引用的小林秀雄译本，将包含引用诗文在内的最后一小节抄录如下："不！闷热的时辰，升腾的大海，地下的大火，暴怒的行星，还有彻底的毁灭，此类确定性在圣经和挪南传说中被如此少地恶毒地指出，这必将由那严肃的人来唤醒。——这可不会只是一个传说。"

我们确实不应忽视，让林达夫感到终结近在眼前的因素之一，正是日本国内"如今已从思想管制走向出版管制"（布川角左卫门语）这一言论管制逐渐扩大与强化的事实。比如，同年二月津田左右吉论述古代史的著作被禁，津田与发行人岩波茂雄因此遭到起诉，这一事件富于象征意义（附注一）。然而，正如林达夫自己所言，他"生活中几乎没有一日能脱离法国"，所以必须指出，决定性因素仍是法国战败。笔者前面已有论述，对林达夫，尤其是一九三五年之后的林达夫的思想而言，时刻发挥引导作用的正是法国的文学与哲学。而林达夫在此

① 意为：愚昧。

② 商务印书馆 2020 年版何家炜译《灵光集》中将此诗题目译为《历史性夜晚》，东方出版社 2000 年版王以培译《兰波作品全集》中译为《历史性的黄昏》，鉴于日语译名使用的是"黄昏"一词，故题目取后者，而前后摘录译文因前一版本更接近日语，故译文取前者。原文 soir 是黄昏的意思。——王前校注

基础上更进一步，他将国家相对化，通过自身思想逐步建立对自我的身份认同，也正因为他走的是这样一条路，想必这份冲击之深重绝非其他知识分子所能比拟。自从确立身体力行践行思想的独特生活方式之后，林达夫在孤独中构筑起了自己的堡垒，于他而言，明里暗里为孤立的他提供依托的正是阿米尔，是卢梭，是瓦雷里，是柏格森。但随着法国的覆灭，连瓦雷里和柏格森那样的智者或许都将归于灰烬，不难想象，那一刻林达夫必然已认识到自己已经彻底孤立无援。更何况，在变本加厉的言论管制之下，林达夫的言辞不可能不引起审查当局的注意。当时的状况使得林达夫在法国投降之前，先一步谈论起他自己的“历史的黄昏”，这实在不足为奇。但即便如此，在近十个月的时间里，林达夫依然没有停止从其自身的堡垒中，以绝望之姿对日本这“封闭的社会”射出一支支尖锐的批评之箭。而《历史的黄昏》这篇散文则是林达夫向读者做出的一番隐晦的宣告：在法国战败这一直接的契机到来前，他陷入了一种末世情结，于他而言，一个时代的落幕已并不遥远。

## 二

关于一九四〇年这个年份，安田武这样记述道：“夹在昭和十四年九月第二次世界大战爆发后短暂持续的似要令人窒息的紧迫感，与昭和十六年夏季至秋季那段焦躁不安的紧张的回忆之间，昭和十五年这一年（尽管同年八月经受了新剧解散[1]这一使人绝望的打击），整体

---

① 指上演新式现代话剧的“新协剧团”遭政府打压，成员被拘，剧团宣告解散。

而言……感觉较为‘平和’。用‘平和’一词虽然略有不妥，但那时似乎确有一种说不清道不明的‘光明’。”（摘自《战争文学论》）关于这份“光明”，中村光夫举出那年正值纪元二千六百年[①]，将其形容为“洋溢着一种节庆气氛”（摘自中村光夫文学回忆录《旧时忧苦》）。但切莫忘记，在那一派以十一月十日纪元二千六百年纪念典礼为高潮的“节庆气氛”之中，国家大肆宣扬振兴国民精神，讴歌新体制，所有国民均被强制要求加入以报国团或报国会为名的组织，国家对国民的管制正在步步收紧。

在这一年逐渐步入尾声的十一月十三日至十六日，林达夫在《都新闻》上发表了《现代社会的表情》一文。

文章开头，林达夫讲述了自己所感受到的震惊，语气着实“激越”：

> 近来，基督教各宗派的“日本式转向”三番五次出现在我等面前，叫人为之羞愧。若以冷厉的视角观之，此类现象与往昔的吉利支丹[②]叛教不可同日而语，乃是出于低俗精神的一种不知廉耻的行径，极端而论是宗教式自杀行为。当然，宗教团体无节操的投机主义行径并非始于今日。只是过去还存在坚守纯粹信仰的狂热教徒，其顽强不屈的抵抗可谓明里暗里护卫着宗教，防止歪曲或悖离。然而，今时今日宗教团体实则就本质而言，多半已沦为社交团体，或者充其量与修行团体大同小异，所以即便采取的行动带有严重改变信仰内容的意味，干部也能不费吹灰之力取得

① 以神武天皇即位为元年的纪年历法，又称“皇纪二六〇〇年”。

② 基督徒的旧称。

> 信众的认可。此种时候，不愁找不到理由。因为在这世上，无论何等卑劣不堪的行径，但凡有心，皆可在思想上堂而皇之地将其正当化，无一例外。

紧接着，林达夫愤怒地质问道："可曾有过一位教徒向我等吐露其良心的煎熬，内在的苦闷？"笔者不禁想问，究竟发生了什么竟让林达夫如此激昂？

可以看到，旨在将宗教彻底置于国家管制之下的《宗教团体法》，其实早在一八九九年便已有政府人士试图制定颁布，但一直未获通过，直到一九三九年三月在平沼内阁的领导下才由议会表决通过。之后，该法于一九四〇年四月一日开始实施。仿佛要以行动支持该法一般，七月"救世军"干部被指涉嫌从事间谍活动遭宪兵队调查，当局强势勒令本国机构脱离万国本营并废止军队式称谓。此事一出，进入八月后，"日本基督教联盟"的相关人士协同基督教各派代表召开会议，磋商教会停止接受外国经济援助、摆脱外籍传教士实现自立以及建设日本基督教新体制等事宜，并于"皇纪二千六百年奉祝大会"上表明教会共同的决心：日本新教各派决定迈出联合的第一步。在此背景下，十月十七日，来自全国的教徒齐聚一堂，在涩谷青山学院召开了"皇纪二千六百年奉祝全国基督徒大会"。席间，任大会总委员长的"循道宗"牧师阿部义宗起身致辞，将这一天定为"我国基督徒史上的圣灵降临节"，称：就如虔诚的使徒圣约翰领受启示得见新天新地，日本的教徒们今日也领受了"教会联合的启示"。他宣讲道，"上帝之所以对我等日本基督徒降下启示，实则是在命日本基督徒真正成为全体国民的精神力与推动力”，并举出四点“今日正逐步落实的教会之根基”：“第一，忠于基督”，“第二，基督内部之人的联合”，“第三，日本人基督教会”，“第四，大陆传教使命”。最后，他以这样一句话结束“宣教”：“赌上国运肩负起东亚之命运的我大日本民族，为达成使命突破难关的精神推动力正是教会，如今教会的使命越发重要。”会议最后，“日本组合基督教团”牧师额贺鹿之助宣读了大会宣言：“西有欧洲战祸东有支那事变终结未见，我国置身此乱局仍可不缪路线方针稳步显现国运国力之发展，此乃神庇天佑使然。对基于一君万民尊严无上之我国国体至信不疑。如今临此世界变局，国家体制一新，稳步迈进于建设大东亚新秩序之路途。吾等基督教徒亦当即刻应之，弃教会教派之别，联合一心参与推进指导国民精神之大业，翼赞大政，尽忠报国以奉赤诚。”以此给整场会议画上了句点。“JOAK”[①]向全国直播了本次会议。（以上内容摘自日本基督教联盟编《皇纪二千六百年与教会联合》）毋庸赘言，上述事实清楚地昭示基督教已彻底臣服于国家，日本基督教各宗派皆已放弃本应具有普世意义的教义。

林达夫在《现代社会的表情》一文中抒发了难以抑制的愤懑之后，围绕从教会联合的举动中也能窥见的“巫术性原始心理”与日本民众“趋势从众的奉从主义”心性，论述了其与“新体制”之间的关联，并就罔顾民众心理、一意孤行的政治予以抨击，尔后搁笔。

翌年一九四一年四月十三日至十六日，林达夫再次向《都新闻》投稿，又以《关于宗教》为题重新论述了这一问题。

① 社团法人“东京放送局”的略称。

不过，在《关于宗教》一文中，《现代社会的表情》里那份揭露式的“激越”不见踪影，自始至终采用了一种循循善诱的冷静口吻。文中写道：

> 原本应被更为贴切地称为“民间信仰”或古老信仰之“残存物”(survivals)的信仰形态及生活习俗皆被囫囵纳入了“迷信”的名下，认为这些对人类智慧而言都是叫人无地自容的光景，并叫嚣着要将其打破，归根结底不过是明治初期那些启蒙运动领导者的朴素的理性主义的老调重弹而已。

林达夫如此起笔，并就其自身感想表示，数年前那场“宗教对部分马克思主义者”的“斗争”不过是“一出闹剧”，而后断言：“自称战斗无神论者的部分马克思主义者，就其滥用极端粗陋的朴素的理性主义这一点而言，相较明治启蒙主义者有过之而无不及，且其反宗教运动也不过是效颦苏联而无半分进步，恐怕还带有经院色彩。”其后，林达夫强调放眼世界反宗教运动尚无成功的先例，并阐述了其自身的看法：

> 倘若自称战斗无神论者的人中，如果不曾陷入那种绝望的失败主义的情绪，恕我直言，想必他一定不曾与宗教真正地斗争过，甚至不曾在广度、深度、重量及纠葛不清的层面上真正接触过宗教。

紧接着，林达夫认为“粗陋的反宗教理性主义的荒谬，在于将理性主义自身产出的，可谓是其分身的东西，臆想成外部不共戴天的敌人”，并指出“理性主义已成为现代通向宗教的水路之一”。之后，他首次言及“教会联合”，写道：“无可争辩，最近这出‘宗派’联合大戏给我的印象是：无论用多么偏袒、善意的眼光去看，与其说是出悲剧，毋宁说更接近喜剧。”在此，林达夫直抒己见，“我始终持有一种看似自相矛盾的见解：宗教的生命一直以来皆由宗派秉承，自古无一例外”，并条分缕析地论述了无论宗派如何分门别户、故弄玄虚，“实为宗教最正常的本质现象”。其后，他如此质问道：

> 如此想来，教派与宗门的大联合于宗教而言意味着什么恐怕不言自明。回顾过往必须指出，此类行动强硬施行之时，往往正是最为炽热的宗派运动孕育生长的绝佳土壤。然而，反观当下宗教界，至少在纯宗教层面上呈现的状态几乎静稳无风。而这不正是一个不祥的标志，昭示了当今“宗教界”已无宗教这一诡异至极的现实吗？

文章最后，林达夫指出“由宗教回归巫术”的返祖现象在当时的日本随处可见，他忧心这或许是面临危机时的“原始心性”的死灰复燃，就此表示了关切。

笔者之所以对这篇散文的内容略加详述，乃是为了说明此文不同于《现代社会的表情》中那种情感的爆发，尽管其文体初看是在冷静地以理服人，但其实字里行间弥漫着一种林达夫自己也无法做出明确判断的不安，给人欲说还休的感觉。林达夫在这篇散文中虽未直接言明，但他确实在对其自身进行反省，这恐怕与此不无关系。不用说，读过一九三二年那篇《无产阶级反宗教运动》的读者，想必即刻便会意识到所谓“自称战斗无神论者的部分马克思主义者”说的正是过去的林达夫。他不惜借由这种自我批评来表明对宗教现状的忧惧，那么彼时他对宗教究竟采取何种态度？

尽管表面看去截然相反，但其实林达夫与宗教的关系就如同他与马克思主义的关系一样摇摆不定。林达夫独立出版的第一本书是一九二三年翻译布赛特的《耶稣》，一九三二年十月该书被收入“岩波文库”再版时，林达夫在“凡例”中强调他对此书的评价已经与十年前迥然不同，并申明：“译者如今已成为战斗无神论阵营中的一个兵卒，正在撰写反宗教论文。译者之所以同意此《耶稣》译文再度与公众见面，完全是为了履行五年前对书店的承诺。”其后，一九三七年四月五日，林达夫在《东京朝日新闻》的“翻译短评栏”中提及了莫里亚克的《耶稣传》，他就《圣经》评论说：“将此等来历不明疑点重重、满是粗制滥造的编纂痕迹的书籍认作上帝的启示，这难道不是最严重的曲解吗？”并感慨：“西半球为了这位耶稣基督枉费了何等巨大的知性。”此外，林达夫还在一九三六年八月的《思想》杂志上发表了历史论文《吉利支丹运动的物质基础》，且在发表《关于宗教》的三个月前，他还在一篇推介“岩波文库”的短文中提及了帕吉斯[①]的《日本切志丹[②]宗门史》，说：“虽然未能实现，但直至今日我依然将研究基督教文化史视为自己毕生的工作，这一点并未改变……”（摘自《文库展望》，刊载于《图书》一九四一年一月号）如此就林达夫对宗教的反应进行一番梳理后，可以说身为洋学派的一员，对首先立志投身文献学的林达夫而言，他当然不可能对基督教置若罔闻，就

① Léon Pagès（1814—1886 年），法国外交官，黎明期的日本史学家。

② 同吉利支丹，基督徒的旧称。

某种意义上说，这必然是他最重大的研究课题。但同时笔者也感到，林达夫一方面被基督教强烈吸引，另一方面又因为这份吸引而难以自抑地要对其提出猛烈的批驳，其内心似乎埋藏着某些极度私人的因由。

在二战后那篇极罕见地言及私人生活的文章《邪教问答——答一位女性的疑问》（刊载于《妇人公论》一九四七年四月号）中，林达夫就其最喜爱的书籍列举了"《圣经》、中世纪朴素的圣徒传记《黄金传说》以及圣方济各的《小花》"，并记述道："我工作的书桌是修道院桌，放在一旁的长椅是寺院哥特样式，房间里挂的两幅画，一幅是乔托的《圣母子》，一幅是西蒙尼·马蒂尼的《圣女嘉勒》，所以不得不说我时刻都处于最理想的宗教氛围之中。"而关于为何如此这般"在知识生活中给予宗教以重要地位"，林达夫仅表示"然而，人原本就是复杂矛盾的"，并未深谈。若宗教或者说基督教对林达夫个人不曾具有一层特殊的分量，我们恐怕无法充分理解《无产阶级反宗教运动》中的那份"激越"，也难以解释林达夫在《耶稣传》书评中表现出的那种只能称之为感情用事的反应。在此谨提一提笔者的臆想，窃以为这与林达夫幼年时的异国经历密不可分。且不论这臆想正确与否，难道不正是这种矛盾心理促使林达夫对宗教，尤其是对基督教显示出超常的关注，并在"教会联合"这一现实面前最先表现出一股强烈的愤怒吗？正是通过自身的这一系列反应，林达夫无可选择地直面了试图回归"原始心性"这一日本宗教的普遍问题，体认到问题的严重性、广泛性及其根深蒂固，并再次提出问题的症结在于"日本人的心性"，希望以此警醒世人。《关于宗教》一文的目的想必便在于此。

为此，文中出现了诸多在《现代社会的表情》一文中全然不曾看到的说法，林达夫甚至论及民俗学与文化人类学领域的宗教研究，引用莫斯与弗雷泽，并使用诸多篇幅谈论原始人的巫术。看到这些，我不禁想把《关于宗教》一文定位为林达夫战后“民俗”研究的起点（附注二）。

撇开这些，林达夫在文中敲响了警钟，针对的正是当时“由宗教回归巫术”的返祖现象即将笼罩整个日本文化的现实。而极富代表性的典型事例，正是被认为最远离“巫术”的现代宗教——基督教全面臣服于国家。面对由此反照出的“日本人的心性”这一巨大的泥潭，林达夫只能低叹一声：“bêtise humaine！”（愚昧）笔者总感到林达夫陷入了一种无力，深感无可奈何，这难道只是笔者过度揣测吗？在笔者看来，这篇散文中弥漫的不安正来自这种看不到解决之道的危机意识。而且，此文可谓是林达夫在日本战败前最后的笔耕成果。

就某种意义而言，《关于宗教》预告了林达夫将启程步入新的知识天地，此后他进入了长达四年零十个月的沉默期。严格来说，在此期间，继《关于宗教》后不久，林达夫也在《东京朝日新闻》的“曳光弹”专栏发表了《〈园艺杂志〉与新体制》（四月二十三日刊），在《都新闻》“大波小波”专栏发表了《讲求科学之心》（七月十一日刊）（附注三），其后又于一九四二年九月在《图书》上发表了《拉芬陀》。但在这几篇文章中，林达夫半句都不曾言及思想。

## 三

一九三九年十一月，林达夫在《文学界》上发表了一篇题为《笛卡尔的策略》的散文。

一言以蔽之，可以说此文正如其副标题“评《哲学原理》(佐藤信卫译）”所示，林达夫围绕《哲学原理》相关的轶闻，指出被称为“极度慎重的策略家”的笛卡尔有一个特点，那就是“一种或可称之为笛卡尔的策略的东西始终支配着他发表思想理论的形式”。林达夫在文中聚焦《哲学原理》一六四四年版拉丁语序文与一六四七年法语版序文的不同之处。笛卡尔编撰这本学校用教材，为的是能推行自己的哲学改革方案，试图取悦耶稣会，但三年后在失望、失意、迷茫与彷徨之余，他不得不给同样的文本加上了堪称“哲学遗言”的第二篇序文。林达夫在文中记叙了这期间发生的种种，提醒读者《谈谈方法》乃是笛卡尔真正想要写作的“《论世界》的替代品，且就投石问路试探舆论的意义而言，其写法甚为隐晦”。林达夫在文中塑造了这样一个科学家笛卡尔形象：“长久以来真正想写的无法落笔，只能写那些不想写的替代品。”之后他不禁感慨：

> 此处所见的“身怀使命之人”的悲剧规模虽小，但我等思想家惯常与之同命运，每每读到此处，我等都感同身受。

笔者搬出这篇《笛卡尔的策略》，目的正是想探究一下林达夫的策略，或者说林达夫的思想策略。为此，先让我们翻开《林达夫著作集》第六卷卷尾的《简略年谱》梳理一番。

林达夫自京都大学以选修生的身份毕业后，于一九二二年前往东京，两年后即一九二四年四月进入东洋大学任文化学系教授。三木清在一九二七年四月进入法政大学任哲学系教授，羽仁五郎则于一九二九年四月出任日本大学日本史学系教授，三人轨迹同一，林达夫也选择了大学任教作为谋生手段。可惜好景不长，三木和羽仁分别于一九三〇年五月和三四年九月因涉嫌违反《治安维持法》被捕，这导致二人不得不辞去教职，以笔谋生。而林达夫虽无被捕的前科，但他在一九三五年三月末主动辞去了东洋大学的教职。当然，他与另外两人不同，之后仍在法政大学文学系授课，并从一九三九年四月起站上了立教大学的讲台，但其身份均为"非常勤讲师"。所以一九三五年四月之后，林达夫与三木及羽仁一样，也以写稿撰文为主业。前面提到林达夫在一九三五年之后撰文数量有所增加，不用说，这与其当时的处境不无关系。

笔者已经论述了一九三五年后言论管制逐年趋严，尤其是日中开战之后情况日甚，林达夫遂确立了身体力行践行思想，借由谈论园艺和养鸡来针砭时弊，采取了这样的与时代对峙的思想战略。若再略加回顾，可以看到一九四〇年，在"举行各式各样的'庆祝仪式'，街上总也很热闹"（摘自中村光夫《旧时忧苦》）的背后，管制之网正步步收紧，紧紧控制住了每一个国民的生活。当时林达夫已经写下"缄口不语的思想活动或许也是当今世相下可以容许的活动形式之一"（摘自《新经院时代》），开始思前想后谋划让其自身思想得以存续的战术战略。笔者已经论证《历史的黄昏》一文正是林达夫思谋再三的成果，可以认为他通过此文表明了新的决心。

但若要探究林达夫之后的沉默，恐怕还需考量上述思想问题之外的种种状况。

一九三八年三月二十四日，帝国议会通过《国家总动员法》。之后一九三九年一月，政府发布"国民职业能力申告令"，七月八日发布“国民征用令”，相对所谓“红纸”而言的对“白纸”[①]的恐惧在民众间蔓延。此类为继续战争而进行的国民全民总动员进入一九四一年后进一步升级，三月颁布《国民劳务手帖法》，十一月发布“国民勤劳报国协力令”，到太平洋战争爆发前夕，成年男子和未婚女子的奉公报国义务化，就连学生和中小工商业主都成为了动员的对象。若翻看荷风一九四〇年的《断肠亭日乘》，可以看到这样的记述：“过去曾一度亲近但其后久疏联络近况不明的女子，不止一人竟有两人来电，称如今仍住在彼处公寓生计一如从前，但近日因户口调查陷入困顿。二人皆问：若先生不弃，可否登记为先生的妾室，仅提交书面材料便可。”（七月四日篇）这段文字真是道尽了当时的悲喜，如其所示，作为个体的国民已不再能背着国家的耳目独善其身，为逃避征召而入职或转业的人骤增。

另外，在此笔者还想提请大家注意一点，林达夫虽没有被捕的前科，但他也是特高警察[②]定期拜访的重点关照对象。在《风俗与混乱》（刊载于《图书》一九四〇年八月号）一文中，林达夫轻描淡写地透露了当时的状况：“屡屡上门拜访的‘不速之客’、特高的警察，有一次说漏嘴，言及最近那些年轻工人品行不端时……”

回顾了上述与林达夫相关的情况后可知，“缄口不语的思想活动”于他而言，必然直接意味着无论如何都需另谋一份固定职业。其作用有三：第一，在权力的监控下竖一个幌子；第二，逃避当局恣意而严酷的征召；第三，保障一家人的生活。关于彼时林家的生计状况，笔

---

① “红纸”和“白纸”均指当时的征召令，征兵为“红纸”，军工厂等的征召令为“白纸”。
② “特别高等警察”的简称，专职取缔反天皇制政府的思想、言论及行动的特工，始于一九一一年警视厅设立的“特别高等警察”科。

者自然一无所知。但无论其坐拥何等资产，恐怕都没有理由罔顾上述三重效用而不谋一职。《简略年谱》中提到“一九四一年三月，任东方社外聘理事”，这行字背后想必便藏着这一层意义。关于此处记载的“三月”这一时间，鉴于无论哪份资料皆明确记载“东方社”创立于同年四月，所以可推断应为林达夫记忆有误，不过他从东方社创立之初便开始担任理事的事实则确凿无疑。而且，正是在一九四一年四月，林达夫发表了战败前最后两篇文章，即《关于宗教》以及《〈园艺杂志〉与新体制》。

那么，林达夫入职的“东方社”究竟是一家什么样的企业？据其后在林达夫建议下入职同一公司的中岛健藏回忆：“简言之，就是一家军方御用的摄影出版印刷公司，还有一点就是与参谋本部关系很密切。”（摘自《战争与文化与抵抗——参谋本部的后门》，刊载于《文学界》一九五六年八月号）所以，是一家国策企业。

笔者手边有一篇曾为“东方社”职员的多川精一撰写的文章，题为《传说中的摄影杂志FRONT——战时海外宣传》（刊载于《E・D・P》一九七九年四月号）。据其内容来看，“东方社”乃参谋本部创办对外宣传杂志的意图与宣传理论家冈田桑三的研究相结合的产物，用冈田的资产与财经界的捐赠于一九四一年四月创立（附注四）。在人员配置方面，多川写道：“冈田桑三任理事长，冈正雄、林达夫、小幡操等学者及新闻工作者任理事（中岛健藏于昭和十九年加入（附注五）），技术方面则有与名取洋之助合作设立日本工房（第一次）后分道扬镳的、中央工房的木村伊兵卫、原弘、渡边勉等加入。木村和原弘等人也很早就对《Life》（一九三六年创刊）以及《苏联建设》（《USSR in Construction》）中复杂多变的摄影手法产生兴趣，一直在给予关注。”公司业务内容纯粹是制作《FRONT》这一对外宣传杂志，“版型 A3 大小，标准刊物正文三十二页，封面胶印，正文照片凹版印刷，文字后期胶印”，杂志用纸均特别定制，当时是我国前所未有的豪华图片刊物。《FRONT》原定为双月刊，但事实上自一九四二年起的四年间为世人所知的不过九册而已（附注六）。但即便如此，各刊早期总共印制十六个语种版本，创刊号“海军”号发行量六万九千册，据说随着战局恶化，发往国外越发困难（附注七），到最后中文和英文两个语种的版本不得不合印在一起。

在此再补充一下，《FRONT》旨在向国外各民族介绍日本，所以几乎不使用文字，仅对图片进行编辑，各期围绕一个主题制成特辑。该杂志早在三分之一个世纪前便开始采用当今流行的杂志书[①]样式，结合了原弘的突破性独创排版，收录日本最早的彩照，并采用 AirBrush 对照片进行加工，这些特点引起了人们的关注。而且，该杂志几乎都被运往海外，日本国内所剩无几，如今想要入手极其困难，就如多川精一所言，已成为“传说中的摄影杂志”，近年其名声倒是水涨船高。

据山口昌男的说法，林达夫之所以会参与“东方社”的创立工作，是受其弟、陆军大佐林三郎的委托，当时林三郎在参谋本部负责对苏关系（见山口昌男编《林达夫座谈集世界即舞台》）（附注八）。然而，考虑到林达夫曾在一九三一年六月任《苏维埃之友会》出版部长，说服摄影家伊奈信男一同发行了摄影杂志《苏维埃之友》（附注九），

① Mook，日本人创造的英日文组合单词，由杂志（Magazine）与书籍（Book）两词合体而成，指图文并茂的类似杂志的书籍。

且一九三三年八月他还受邀担任摄影师集团“日本工房”的顾问，可见这份工作与林达夫并非全无交点。或许邀请在“日本工房”结识的旧友木村伊兵卫给予协助的，正是林达夫本人。

为了解战时的林达夫，我们必须对“东方社”稍稍再进行一些考察。

中岛健藏还写过一篇追忆当时的散文，题为《参谋本部日记——“文化人”被套上军服的时代》（刊载于《文艺春秋》别册《炉边读本》一九五三年十一月刊）。文中，中岛就其一九四二年末在林达夫建议下入职“东方社”一事列举了三个理由：一是“感觉其地位特殊，笼罩在参谋本部的烟幕之下，可以避开宪兵与警察的干涉”，另一点是其“并非参谋本部的直属机构，简言之，是一家提前接单，制作《FRONT》，再将其卖出的出版社”，所以“若被说成做战争的帮凶、搭顺风车，也确实无可反驳，但似乎也可以说是坚守对外宣传的正途，乃走投无路之时的权宜之计”，最后一点则是他第一次造访“东方社”时感受到的“隐匿在其间的‘艺术’气息”。林达夫生前未就“东方社”留下任何文字，据山口昌男回忆，每每提及“东方社”，林达夫总会转移话题（收录书籍同前），可见他不愿谈论此事，但上述三点恐怕也是林达夫选择从事这项工作的理由。正因为在战局之下极富吸引力，“东方社”名家云集，其中包括多川未列出的另一位理事岩村忍，原左翼人士、“新筑地剧团”导演山川幸世，战后成为“中国研究所”所员的浅川谦次，以及春山行夫、三神勋，编辑岩谷大四和海老原光义。另外，据说铃木文史朗、井上勇、长谷川才次及安达鹤太郎等著名新闻工作者也会不时来访（附注十）。

据《简略年谱》记载，一九四三年三月，林达夫接替冈田桑三就任“东方社”理事长，基本上可以理解为林达夫全权掌握了“东方社”的实权。林达夫的理事长职务一直持续到公司解散，中岛健藏记录了其间发生的两件事，在此姑且一记。

第一件事发生在公司与参谋本部发生龃龉，加之开销巨大，命运岌岌可危之时。虽然公司借关西实业家山本某之力摆脱了困境，但当时山本却与林达夫一起作了一番谋划，其结果导致“东方社”成为参谋本部的“特殊机构”，且迎来一位右翼大将，即因作战英勇而在《敌后横贯三百里》中被讴歌为勇将的前驻苏大使建川美次中将，由他出任公司总裁。中岛健藏就这一措施回忆道：“在艺术家和技术人员中，出现了一定的抵抗。关于山本的所为，我其实也不过是一名旁观者，对事态走向内心也曾觉得难以置信。”（摘自《战争与文化与抵抗》）

另一件事发生在日本战败前不久。由于其后依然波折不断龃龉日深，参谋本部最终要求“东方社”解散，而建川中将认为应保留“东方社”，遂与东部军进行交涉，但东部军以思想上的问题为由，始终不肯同意接收所有员工。在此情况下，突然有一天，“林达夫说要离开东方社。确切地说，他明确表态称可以留在东方社，但不会去东部军”。（摘自《参谋本部日记》）（附注十一）其后不久日本战败，“东方社”最终未与军方有所牵连，就此解散。

## 四

最近，我绞尽脑汁动用八方关系终于得到机会翻阅了五本《FRONT》，分别是：标号“1～2”的“海军”号，“3～4”的“陆军”号两册，“5 ～ 6”的“满洲国建设”号和“8 ～ 9”的“空军”号。“海军”号为德语版，“陆军”号为中英文合体版，“满洲国建设”号为英语版，“空军”号为中文版。版型皆为 A3，此前除一八九八年仅出版了四个月的法国讽刺周刊《哨子》[①] 的合订本以外，笔者从未拜读过如此大开本的杂志，翻阅时需摊在大桌上，仿佛在查看地图。在此，笔者想选择其中一册、中文版“陆军”号详细记述一番，以探究这份“传说中的摄影杂志”的面貌。

杂志为左开本，封面应该是著名的小西六“樱花天然色胶卷”首次应用的实例，整体色彩偏蓝，登有一张正面拍摄的照片，一名飞行员手持军刀走出飞机座舱口。封面之后，扉页左页正中印金色五角星标志，并有一行大字：“亚细亚之砥石——日本陆军”，右页则是从护城河一侧拍摄的皇居二重桥照片。翻过下一页是跨页页面，左上横书一行 Gothic 粗体黑字：“一九四〇年的亚细亚风景。”下方从左至右分三排带状排列十三张小照片，贯穿至右页，内容包括云冈石窟、万里长城、戈壁沙漠、蒙古草原、上海街景等占领区景象。右页上，带状照片戛然而止，插入一张中国地图，旁边是一名身穿防寒服手持刺刀的哨兵的半身像，面朝中国大陆。接着是两幅跨页页面：印有“一八四〇年鸦片战争”和当时的中国地图及四幅图片；顶部印有：“再请问：日本是不是亚细亚的侵略者?”其余部分皆为包含日本在内的远东地图。之后是三个跨页连页，印有“日俄战争”字样的大标题，排列六幅图片，从大山元帅进入奉天城至乃木与斯特赛尔的会见，并收录俄罗斯伸出黑色魔爪围住日本的远东地图，以及小字解

① 法语原文为：Le Sifflet。

释日俄战争原因的单页页面。翻过这些，出现一行“日本陆军的荣光粲然……”的铅字，下方一排持枪列队全副武装的士兵。下一个跨页印有“日本陆军、是有规律的军队、有智能的军队”这样一句宣传语，下方为一张泛着褐色的列队士兵照片。照片上，右侧叠印佩戴勋章骑在马上的陆军大尉，左侧叠印十一个参谋围聚在作战图边。接着若干照片页面介绍士兵生活，之后是靖国神社的跨页，再之后的跨页为四折四版连页，需从中间向两侧翻开。闭合时，页面上印有四排骑马的仪仗兵，人手一面天皇旗，加配一行尤为醒目的大字“日本陆军是天皇的军队”，翻开后是一张正面拍摄的大幅天皇照片，骑白马，着陆军大元帅军服，陪侍有五名武官，或为阅兵式所摄。天皇周身围有一圈照片，右上为东条首相与幕僚并肩而行，下方为一众外国武官骑在马上，左上为指挥官骑马率军接受检阅，下方为坦克车队，驾驶官兵站在坦克旁。之后连续多页刊登各类武器及兵种的照片，另有实战情景，包括椰树林立的南方基地、活跃于马来半岛的自行车部队、现代化装甲部队以及雪橇部队在内，无一遗漏。最后一幅跨页似乎使用了AirBrush（喷枪）调色，整体泛红，展现的是在大草原上进击的坦克车队及上空飞行编队的英姿。其后，封三页上，上部跨页印有“一九四二年的亚细亚风景”，下部排列一串巨大铅字：“共同保卫……而共同建设！”并穿插一幅包括澳大利亚和印度在内，部分地区涂抹绿色和橙色的亚洲地图。最左端是一名抬眼瞪视半空的武装上等兵半身像，身后镶嵌着无数小照片，有吴哥窟、新加坡、中国香港以及大象走在田园间的东南亚风光。顺带说明一下封底，橘红色页面下部印制版权信息的位置以密密麻麻的小字印有详细信息，包含编辑人员名单，特抄录如下以资参考：“主笔兼发行人：冈田桑三，编辑委员会：小幡操（委员长）、田川精一（保留原样），美术人员：原弘（主任）、小川寅次、今泉武治、莲池顺太郎，校对人员：木村伊兵卫（主任）、风野晴男、渡边勉、桂小四郎、滨谷浩、菊池俊吉、大木实、关口满纪、坂口任弘、辻润之助”（附注十二），其后依次为发行方“东方社”，印刷方“凸版印刷”和“光村原色版印刷所”，造纸方“王子制纸”，最后是“copyright，1943，by TOHOSHYA”。

其他各号版式基本与“陆军”号相同，开头四五页文字较多，简要介绍特辑主题，全书约三分之一处配有四折四版连页（仅“海军”号为八版），刊载该特辑的核心图片——比如“海军”号通版均为战舰英姿，“满洲国建设”号为建国十周年纪念典礼以及出席典礼的皇帝溥仪和关东军总司令梅津大将的照片——可以说排版方式大同小异。《周刊POST》曾紧跟潮流聚焦《FRONT》制作了一期题为“战时照片的恐怖陷阱！”的特辑（一九八五年八月二十二日号），不知是不是因为被此类读物灌输了预备知识，笔者不得不承认，自己一页一页翻看上述杂志时，总不由自主对那些乍一看毫无问题的照片投以怀疑的目光：这飞机工厂照片会不会是合成的？这架敌机该不会就是手绘的吧？挪用原节子的脸的地方难道就是这名印度妇女的侧脸？（附注十三）但不论经过何种修改或合成，当“海军”号第一页上那张紧贴水面拍摄的，整个画面白浪翻飞，水花溅上右侧黑亮的船舷，桅杆和远处的舰艇在波涛间若隐若现的黑白照片，或者“空军”号第一幅跨页上，那张整齐编队的零式战机在铺天盖地、翻腾不息的白色云海间穿梭飞行的照片摆在面前时，若要说内心没有一丝感动，那恐怕并不可信。这就好比圣·埃克苏佩里的《夜间飞行》一书中，在无形间紧紧摄住读者的那种四顾无物，在孤独中与海天对峙的绷紧到极致的紧张感，这样类比不知能否传达一二？无可否认，《FRONT》的图片确实能够打动观者的心，带来这种无可辩驳的感动。

在细细翻阅这五册摄影杂志之后，笔者不由再次对《FRONT》这份刊物的意义陷入沉思。此刊物面向海外发行，日本国内几乎没有流通，其发行未必得到军方支持，经过编辑的作品颇为正统，艺术性较高。这些要素与此刊物乃是继续战争的有效手段之一这一沉重的事实之间，究竟有着怎样的联系？正因为《FRONT》完全不顾及这些，制作得极富艺术性，或者说其艺术性越高，反而越是不负所托地完美地履行了其被赋予的使命。如此一来，无论出于何种情由，策划并制作该刊物的人们难道不该对此负有重大责任吗？笔者脑中条件反射地浮现出两个人，一是接到停笔令后进入东京市社会调查局调查科千驮谷分室做临时工，一九四二年包羞忍耻申请加入“日本文学报国会”，直到战败前不久都不得不在世田谷船桥做轧制延展工的中野重治；另一位就是出狱后仅仅因为借了一件外套给登门拜访的旧友高仓辉便被再度投入大牢，战败一个月后因为疥癣和营养失调而死于狱中的三木清。三木清死后，林达夫这样说道：“与我多少有些往来的那几位非合法时代的共产党员，无论是野吕荣太郎，还是岛诚，或者亡妹，以及这位 T，他们虽曾数次被捕，却从来不曾做过拖累我的供述。反过来说，这也是因为我对那些无法确信能足以交托信任的人，无论有着怎样的因缘都不会打开心扉。或许可以说这也正反映了三木宽宏的温情与我狭隘的冷淡——不过，说到底，还是运气。”（摘自《忆三木清》，刊载于《世界》一九四六年十一月号）不用说，身为“东方社”理事长的林达夫，自然也无需像中野重治那般含羞忍耻地填写“文学报国会”的入会申请。

不过话说回来，林达夫在战时所做的并不仅止于供职“东方社”。彼时岩波书店的《思想》杂志正如林达夫自己所言，“外观眼看着越发瘦弱”，“不久这只有一篇论文、一篇随想的纸质粗糙的薄薄的杂志似乎奄奄一息地”（摘自《忆〈思想〉》，刊载于《思想》一九五七年十月号）持续到一九四四年十月。所以，林达夫每周一次前往神田的岩波书店参加编辑会议，据说在那里“编辑会议是一个隔绝外界的喧嚣与怒吼，不理会所谓‘国策’的可以畅所欲言的安静场所，而不编辑正是编辑会议的主要议程”。就这样，即使在太平洋战争爆发后，《思想》依然以西田几多郎、和辻哲郎、田中美知太郎为主要撰稿人，不仅为京都学派，也为石田英一郎、上原专禄、石川淳、饭冢浩二及山本健吾等人提供了发表文章的机会。至少就其刊发的内容来看，完全感受不到一场大战正在上演，这便是这份刊物存在的方式。林达夫以下这番自夸就此意义而言确非言过其实。

> 也许给人郑重其事的感觉，自己也觉得有点难为情，但还是想说在日本战前和战时的所有刊物中，唯有一份刊物守卫着“自由主义”的孤堡，唯有一份刊物不曾在封面上写“死战到底”，也不曾在编辑后记中罗列那些好战的战时修辞学文字，它就是《思想》。虽然我尽可能不使用抵抗或抗争之类夸大的措辞，但如果说在日本报章杂志中曾有一份刊物实践过战时的抵抗，那恐怕只能说是《思想》。只不过，这种抗争既没有英雄主义式的壮举，也没有生死攸关的悲壮。

林达夫所言自然不虚，而他自己或许也作为“身怀使命之人”守住了自己的思想。但笔者总感觉无法释怀，难道只是因为笔者为理解理性主义而在无意中带上了过多“日本人的心性”？思想的策略既然是一种策略，其内部必然隐藏着策略所特有的陷阱。过去德雷福斯冤案平反后，夏尔·佩吉曾连续而猛烈地抨击逐渐迷失、看不清事件谜团的策略，思想的策略总是伴随着堕落成单纯策略的风险。但不管怎么说，林达夫凭借其自身选定的策略，死守着他自己的堡垒，即便披了一层伪装，但他终究不曾使用奴隶的语言，巧妙度过了战局下的至暗时代。

# 第五章
# 隐藏的“战后”

## 一

一九五〇年《人间》四月和五月号上，分两期刊载了由 ABCDE 五人参与的以“现代人物论”为题的匿名座谈会纪要。开篇的编辑部的话中写道，本座谈会旨在“对目前正处于聚光灯正中的、最具代表性的文化人无所顾忌畅所欲言展开一番人物论”，编辑部设想的对象为“作家、评论家等文学领域以外的具有代表性的文化人”，列举了南原繁、野坂参三、汤川秀树、田中耕太郎、安倍能成、小泉信三、辰野隆、大山郁夫、羽仁五郎、清水几太郎、渡边一夫、中野重治这十二人的名字。如今通读这一座谈会纪要让人觉得饶有兴味，因为其间记录的皆是战后五年间拥有一定社会影响力的知识分子们的公众形象，从中可以看见这些具有代表性的知识分子在那个时代的人物肖像，而这是阅读其著作所无法窥知的。

在此，笔者想提一提五月号《续现代人物论》中言及渡边一夫的部分。

该部分提出："知识分子中频频进行政治发言的，可分为羽仁五郎型、清水几太郎型以及渡边一夫型。"在如此划分三个类型后，座谈会围绕渡边一夫的知识分子言论展开了一番争论，其后举出林达夫和竹山道雄与之进行对比。关于三人的政治姿态，B发言称："就这一点来说，在这三人中，林达夫可以说最不关心政治。我总觉得在他那人眼里，所有一切都不过是冷嘲热讽的对象。"A听后间不容发地答道："林达夫那样不是讽刺，而是一种韬光养晦的精神。渡边插进了半只脚。竹山直接进行接触。而林达夫则是保持距离冷眼旁观。我认为这是他们三人的区别。"紧接着A又说道："若要问保持距离有何意义，我感觉就他本人而言，保持距离也是一种政治态度。这里说的政治态度包括行事处事的方法。一直以来他只是在多家出版社担任顾问策划图书，具备那样的学识、那样的教养，却始终一言不发。不想脏了自己的手而只在幕后操控，也因为这样，林达夫不可能成为无条件的人文主义者。"最后，D似乎要给这场争论画一个句号，这样说道："但现在世间的趣味变得越来越粗俗，学问也做得越来越马虎。就这层意义来说，为了把社会趣味维持在高水平，我们还是希望听到林达夫这样的人站出来说说话。"

从这番议论或许可以看出，思想家林达夫在当时因为沉默寡言而招致了各式各样的观察揣测，但同时大家也对其会作何发言抱有极大的期待。事实上，二战后林达夫于一九四六年九月通过筑摩书房，将其在一九三九年夏天到四一年春天、即进入沉默期之前的两年间写就的随笔结集出版，题为《历史的黄昏》，并将发表在《新潮》

（一九四六年九月号）上的《反语的精神》一文作为跋收于卷末。除此以外，他还发表了如下这些文章：一九四六年十一月《忆三木清》（刊载于《世界》），一九四七年四月《邪教问答——答一位女性的疑问》（刊载于《妇人公论》），一九四八年一月《巫术的世界——整理自旧笔记》（刊载于《表现》）及《马克思主义与宗教理论》（刊载于《展望》），二月《关于流行》（刊载于《个性》），一九四九年九月《不流血的革命》（刊载于《文艺春秋》），十一月《站在十字路口上的大学——陷入困境的教授与陷入困境的学生》（刊载于《日本评论》）。由此可知，在二战后的媒体上，林达夫一年也仅亮相一到两次。不过，战败一年后出版的这本《历史的黄昏》获得了一众好评，比如出版后不久，中野好夫便将贯穿全书的气质定性为"可谓是一种态度上的保留，至少是一种对决定做保留的讽刺的怀疑家的态度"，并感慨道："倘若还有别的作者也像此书作者这般论述讽刺精神的害处，那我想说在当今日本这样的读物多多益善。换句话说，哪怕只要有三人能受到林先生的熏陶，反倒是日本之幸了。"（《林达夫〈历史的黄昏〉》，刊载于《展望》一九四六年十二月号）两年半之后，花田清辉也极富幽默感地对此书大加赞赏，他写道："林达夫《历史的黄昏》一书，鲜明地记述了此间的景况——战争期间，头脑聪明的'辛辣的丑角'与'邪恶的丑角'曾是如何打起精神与'愚笨的丑角'[①]做斗争的——尽管战术巧妙，最终却不得不懊悔于自身的轻举妄动。"（摘自《驴的耳朵》，刊载于《个性》一九四九年二月号）就此看来，《历史的黄

① 这三种丑角的定义来自中桥一夫的莎士比亚文学论著《丑角的宿命》，中桥将莎士比亚笔下的丑角分为三类：总是被众人嘲笑的"愚笨的丑角"；表面装傻，实则在内心嘲笑众人的"邪恶的丑角"；嘲笑一切，认为举世皆可笑的"辛辣的丑角"。

昏》已经证明林达夫是战时为数不少的独特的抵抗者之一，这应该足以让我们相信关于他的寡言少语，各式各样的猜想越是盛行，对其战后言论的期待也必然越甚。顺便补充一句，正如某匿名人士所指出的，虽然林达夫在战后五年间对发表自己的文章颇为谨慎，但他与中央公论社、角川书店以及平凡社等多家出版社关系密切，在出版界幕后反倒施展了一番才华。

综上可知，林达夫在战后因为寡言少语反而被寄予厚望，甚至因此显现出被过分美化的倾向，他的这一形象与其战前的形象自然不能割裂开来看。关于战前的林达夫，方才引用的中野好夫的那篇文章中便有记述，目的是与《历史的黄昏》中显现出的形象加以对比以示区别，在此摘录如下："迟钝如我都能感觉到，和我这种出生乡村，性情粗野，不顾一切冲出去搞得遍体鳞伤的粗枝大叶之人不同，林先生是一位都市人（就最本质的乡土意义而言或许并非如此），富于法国情趣（这样说也许会遭到呵斥），始终坚守着精神上的完美平衡，犹如一只平稳旋转的陀螺。"这里所说的"都市人……富于法国情趣……始终坚守着精神上的完美平衡，犹如一只平稳旋转的陀螺"般的形象，与战时抵抗者的形象相结合之后，所形成的正是战后的林达夫形象。甚至可以说，战后五年间曾经存在过人为制造的林达夫神话。

在这一章里，笔者将尝试通过精读林达夫的文本，来对战后的上述林达夫形象进行一番验证。

## 二

林达夫在战后五年间最具代表性的文章当属《反语的精神》和

《忆三木清》，这一点应该不存在异议。

其中，《反语的精神》于一九四六年九月发表于《新潮》，采用的是书信体，林达夫在文中就其没有应编辑之邀为前年十月过世的木下杢太郎撰文阐述了他的理由。诚然，就如将这篇文章奉为战后最高杰作的花田清辉所说，文章“鲜明地记述了日本知识分子在战争中是如何进行抵抗的”（摘自《自由主义者的纯血型 / 过分固守沉默的林达夫》，刊载于《东京新闻》晚报，一九五九年一月十四日刊），这一点确是不争的事实。但同时无可否认，正如海老坂武在读后感中所写：“这篇文章的匪夷所思之处在于，按理说以彻底‘静默’为勋章的林达夫，如今本应可以在语言的世界里喜庆出狱，但他却对书写表现出了一种让人难以理解的慵懒。”（摘自《林达夫的“抵抗”与“踌躇”》，刊载于《杂种文化的身份认同》）这篇文章确实给人以这样的感觉。若要将此文看作是一篇单纯讲述战时抵抗的文章，笔者也不由心存疑惑。为了揭示藏在这篇文章中的“让人难以理解”的东西，我们唯有重新精读此文。

林达夫在文中就K编辑的约稿指出，木下杢太郎撰文创作的动机之一“在于逐渐扩展至地球性、国际性规模的‘乡土及其住民’”，进而郑重地推辞道：“但遗憾的是，如今的我没有对其展开论究并从中提取出某种解释的从容和精力。”之后，林达夫就其当时的状况这样写道：

（前略）其实我自己都不曾料到，我竟会如此没有思考的意愿，也提不起写作的兴趣。毋庸讳言，皆是战争造成的。外在事物对我的影响由身心显露出来总需要一些时间，且一旦冒了头又会延续上很长一阵子。……然而如各位所见，过去五年搁笔停耕的休业状态一直延续至今，总感觉有什么东西拖拖拉拉黏黏糊糊，内心苦闷不已。其实也并非真有什么拖拖拉拉黏黏糊糊，动不了笔的原因由外部转入了内部，但无论如何表面上并无二致。

关于这“由外部转入了内部”的战争创伤，林达夫继续写道：

这种侵蚀我的战争的分解性影响，类似某种生理表征或疾病，阴晦凶恶，分外直接，同时又特别难以把握，也因此对付起来格外棘手。就其性质而言，总觉得并非可公然言说之物，而更像是不宜公开、私下记录的病中日记。若静下心来侧耳聆听，则如同现今随处可见的战争座谈，只会让我产生不甚真切、浮于皮毛的感觉。

这之后，紧跟着这样两句话：“究竟，何为战争？我在此想提出这一朴素的问题，听一听众人的答案。”林达夫似要剖析他自身的创伤，文章其后转入了对战争的追忆。

追忆部分的开头这样写道：“……就我个人的见解而言，在并不久远的过去，对知识分子阶层来说或许最重要的决定性时刻，并非外界普遍认为的十二月八日，反倒是所谓的大政翼赞运动刚刚开始的时候。坦白说，观察那一时期知识分子阶层的决断行动模式，我个人已经预见到万事皆已无望。”在此笔者想提醒诸位，大政翼赞会成立于一九四〇年十月，而林达夫战时最后一篇时评《关于宗教》发表于一九四一年四月。紧接着，林达夫将他当时以《新秩序与哲学的动向》为题发表的演讲内容直接照搬到文中，强调在“新体制”之下“……面对命令式的话语，人本就很难怀疑、反问、试探、探究或批判——遑论反抗”，进而流露出自身的不满：“我国的思想家和知识分子在那段艰难的反动期竟不曾对思想斗争上的战略战术进行过半分严肃的思虑与谋划，我对此实在感到匪夷所思。”至此，这段奇怪的追忆再度重申：“若要说我，必须在此坦白，早在十二月八日之前，我已经几近绝望。”之后，该部分以一个追问画上了句点：“人们又是否能理解我这可称为绝望战术的战术呢?”

在这段追忆之后，文章引用保尔·瓦雷里的话，依样画葫芦一般借第三者之口道出了战时的一种抵抗战术：

> 不得不说，在我认识的彻头彻尾的反战主义者及反军国主义者中，有些人就如同古代支那那些在内心一隅盼着同归于尽的刺客一般，一马当先去到势头最盛的军国主义者的心腹之处，虎视眈眈窥伺其破绽。在这些人看来，被战争逼到墙角、仍然要克服战争的方法，不是简单地对战争说“不”，而是目不转睛地冷峻凝视战争的大脑、即军国主义的神经中枢。

具体来说，就是从“摊在参谋总部会议室桌上的一张大作战地图”与“注视着地图的那些肩负祖国命运的受诅咒之人、同时也是不共戴天的仇敌即军国主义者的眼中，探查‘不确定的据点’，并窥知未来的‘凶险’将由何处萌芽”的行动，而其背后还藏着一个秘密意图：从“既是祖国代表也是祖国敌人的倨傲的领导人”那里“获取能给予其致命一击的线索”。其后林达夫这样写道：“但细细想来，这或许是缺失权力的理性与缺失团结的斗志被逼入绝境的瞬间，下意识爆发的狡黠与谋略的可怜可叹的垂死挣扎……”

在进行了这一番只能称之为“现代寓言”的叙述之后，文中颇为突兀地插入了下面这段话：

> 我无意谈论我自己。我只能说，无论在何种局面下，反语于我而言都曾是思想与行动的准则，同时也可说是我的生态。毋庸置疑，反语是一种自我表达的方式。

随后文章又继续展开，结合“反语家”这一提法阐释了“现代寓言”中提及的行动背后的心理：

> 对热爱自由的精神而言，世上还会有什么比反语更富于魅力的东西吗？要问何为自由，那就是将自己扮作敌对的一方，为了达成某一目标而采取截然对立的行动，再没有比这更自由的事。自由的反语家能屈能伸，且富于抵抗精神坚守本心。既不会因为认真而陷入不懂变通的僵化刻板，也不会坠入胆小怕事的顺从主义所显现出的软弱。

> 讽刺家因其本质而无可避免地会遭人误解。但他能够心平气和默默承受，甚至如魔鬼一般私底下感到快意。反语家所面临的真正的危险，绝非外部流言满天而导致其自身无法立足之类的情况，反倒是内部陷入某种心理陷阱更加常见。反语家有时就如同

> 杰基尔博士与海德先生[1]。他的面具成为了他的第二人格，因其在“他装扮用的外皮”中代入过深，以至于他在第一人格与第二人格之间不断往复时逐渐迷失，分不清哪一方才更真实。若打一个更低俗的比方——或可说反语家与那些谍报人员及钓鱼执法的警察颇有几分相似。他们若过于投入地扮演自身角色，便会分不清自己究竟是在与军国主义为伍，还是在协助革命势力……

这一部分看似在称颂“自由的反语家”，但很显然，其实是就“自由的反语家”可能会犯的错误先行一步进行了一番辩解。读到此处，了解林达夫在一九四一年四月之后的战时生活的人，想必心头都会生出一份疑惑。所谓“摊在参谋总部会议室桌上的一张大作战地图”，很容易让人联想到参谋总部的外围团体“东方社”，而“东方社”理事长这把交椅，想来也确实可以让在其位之人“探查‘不确定的据点’是否存在，并窥知未来[2]的‘凶险’将由何处萌芽”。就前后文来看，尽管林达夫已经申明“我无意谈论我自己”，但这“自由的反语家”显然指的就是林达夫自身。如此一来，这“反语家”的“面具成为了他的第二人格，因其在‘他装扮用的外皮’中穿入过深，以至于他在第一人格与第二人格之间不断往复时逐渐迷失，分不清哪一方才更真实”——笔者总感觉陷入这一心理陷阱的也并非别人，而正是林达夫自己。倒不如说正因为林达夫面临这样的风险，所以他才借第三人称袒露心声，这样的解读难道不是顺理成章的吗？由此看来，

---

① 英国作家罗伯特·史蒂文森创作的中篇小说《化身博士》中的人物，该作品塑造了文学史上第一位双重人格形象，“杰基尔与海德”一词可谓是双重人格的代名词。

② 此处原文为“本来”，或为误印。——王前校注

这一部分讲述的正是贯彻“现代寓言”所叙说的行动的目的，与行动结果所引发的心理反应之间的背离。归结起来，不正是林达夫那一套“可称为绝望战术的战术”，具体来说即在军国主义面前所表演的“反语的精神”的“演技”遭遇了挫折、失败和破产吗？

话虽如此，但这“反语家”的“面具”之所以能“在‘他装扮用的外皮’中穿入过深”以至于令他迷失自我，恐怕也是因为这“装扮用的外皮”无论与他自身是何等对立，在其中必然存在着某种与他暗中契合的东西。在这一点上，既是革命行动组织者又是警方间谍的阿泽夫，恐怕是最典型的例子。但正如林达夫自己所言，“自由的反语家能屈能伸，且富于抵抗精神坚守本心”，按说本应如此。那么究竟是什么让林达夫“分不清自己究竟是在与军国主义为伍，还是在协助革命势力”？当然，鉴于林达夫是在与己无关的前提下讲述这些戏剧性转变的，他不可能就这一问题给出更深入的自白。所以仅阅读这篇《反语的精神》，读者无法获得更多信息。不过，林达夫在那九年后发表的一段回顾战时经历的话语，让笔者忍不住感到其中隐藏着一些揭示答案的线索。

一九五五年十月发行的本多显彰的《指导者》一书一经出版便成为畅销书，而引起笔者注意的话语正是林达夫就这本书接受采访时发表的一番言论。在此且容笔者补充一句，《指导者》一书回顾了战后较为活跃的著名知识分子在战时的言论与行动，记录了不少细节，对他们的变节进行了批判，该书极具偏向性，是一本顺应时势的产物。正因为此书呈现出这样的特点，《周刊朝日》在其出版后不久便聚焦此书，邀请了清水几太郎等六位知识分子就书中所写的内容进行辩白，并将六人的发言汇总成《答本多显彰》一文刊发于一九五五年十一月六日发行的杂志上。文中也收录了一段林达夫就其与“东方社”的关系发表的言论。而笔者希望拿来探讨的，正是其中包含的下面这段话：

> 是为战争提供协助，还是为军阀提供协助，本多先生似乎混淆了这两个概念。毕竟我们这些人都是明治人，我们并不认为自己为那场战争提供协助是错误的。在那种异乎寻常的形势之下，我们考虑的只是尽己所能做好工作。

毋庸多言，上述这段话是林达夫的发言，并非其执笔所写。所以，笔者也明白这些话不具决定性意义。在此前提下，笔者想指出一点：此番言论将军阀即军国主义者与国家区分了开来。如果可以就此假设林达夫内心明确存在这一区分，则可以认为导致林达夫迷失自我的因素恐怕正是国家。

前面论述《作庭记》时，笔者已经梳理论证了对林达夫来说国家不过是相对的，而并非如多数日本人观念中那样是绝对的存在。然而，当战争以空袭的形式威胁本土，面对此番危机，林达夫还能继续以相对的眼光来看待国家吗?

日本投降那天，萨特写下了题为《大战的终结》的散文，发表在《现代》杂志一九四五年十月号上。文中这样写道：

> （前略）法国，是我们身处的具体位置，是给予我们的机会，也是我们抽到的一张签。人格的发展都限定在国家的框架内，今天仍是如此，或者说更甚从前。让人做了一场美梦的国际主义，

不过是托洛茨基派人士执迷不悟的幻梦而已。我们又能怎么做？否定法国共同体，就是在否定我们自己。倘若我们为了活下去，换言之为了我们的友人，也为了我们自身而下赌注，那这赌注也是为法国而下，同时也相当于立下誓约，要在这粗野而强横的世界，在随时面临死亡威胁的人类中，努力为法国争得其本应占据的一席之地。（渡边一夫译）（附注一）

在这段话里，萨特记述了战后西欧社会出现的新现象，即：在经历了以原子弹爆炸为象征的总体战即第二次世界大战之后，无关个人主观意愿，每个人都已不由分说地与国家绑定在了一起。在此笔者想要特别指出，战争带给林达夫的难道不正是萨特所说的这种对国家绝对性的认识吗？

若能假定是战争从根基上动摇了林达夫之前的人生观与世界观，使其认识到眼下的新形势，我们就可以理解是什么促使他在战后依然维持着“搁笔停耕的休业状态”，理解他所写的那句“侵蚀我的这种战争的分解性影响”，理解他在叙述自身现状之后略显唐突地提出的那个带有一种悲怆色彩的疑问：“究竟，何为战争？我在此想提出这一朴素的问题，听一听众人的答案。”不仅如此，林达夫在讲述“现代寓言”的戏剧性转变后，自问：“我究竟想说什么？”继而自答：“我想讲述被视为对战争的反应或者反叛的复杂的心理波澜，以及多方位的精神纠葛。我还想说，为了看清这两者，必须对战争这种吞噬一切的大事件中所包含的精神振幅的幅度与深度，进行更为细致的品评与探讨。”只有理解了战争给林达夫留下的创伤之大、之深，我们才能真正明白他这句话的分量。对林达夫来说，战争所意味的并非当时文坛及舆论界高声议论的追究“战争责任”之类极其表面的问题，而必须从文学及思想可以对其进行何种探讨的角度出发，涵盖将其不由分说地强加给每一个人的国家的问题，在当时那个战后时代必须对其加以全面而彻底的探究。不用说，这必然要求林达夫开展这样一项工作：坦率承认自己的反语精神已然失败的事实，并在此之上构建自己的新思想立场。林达夫一九四六年无法提笔写作的个人处境，正是战争“由外部转入了内部”的结果，且伴随着作用于一切过往的“分解性影响”所带来的叫人束手无策的痛苦。那时的林达夫仍踽踌一隅，与所谓的“以彻底‘静默’为勋章”而“如今本应可以在语言的世界里喜庆出狱”的状态处于两个极端。

《反语的精神》以跋的形式收录于《历史的黄昏》一书末尾，这一事实极具象征意义，正如其所示，这篇韬光养晦的散文在不为人知地诉说着，在林达夫眼中战争问题仍未解决。在“搁笔停耕的休业状态”依旧持续的情况下，林达夫不得不继续与战争问题对决。尽管日本战败已过去一年有余，但对林达夫来说，战后尚未到来。

## 三

《忆三木清》一文比《反语的精神》晚发表两个月，刊载于《世界》十一月号。同年九月正值三木清一周年祭，岩波书店出版的《三木清著作集》第一册付梓。值此之际，《世界》编辑部推出了题为“追忆三木清”的小特辑，林达夫此文与小林勇的《孤独之人——写于三木一周年祭》一同收录其中。想必《世界》编辑部选择林达夫与小林勇撰文的理由，乃是因为二人于公于私都是三木清生前最为亲密的挚友。事实上，小林的文章也确实是从三木来到东京后不久两人相识的那段往事写起，一直写到三木过世，称三木其人“生性笨拙，无论长相还是体形都缺少世间常见的那份讨喜”，“常常招人误解”。他怀着暖意与温情回顾了三木清的一生。文章最后，小林总结道：“倘若三木能稍稍主动一些，向人提出自己的诉求，申诉自身的痛苦，或许他就不会死。我这些念头说到底只是无谓的怨言。不摆出这样的姿态便无法得到理解，长年活在这样的人世间，三木其人何等孤独，何等不幸。”此文堪称名文，有着打动人心的力量。相比之下，林达夫的文章恐怕与编辑部的预期大相径庭，作为悼文颇为不同寻常。

《忆三木清》总共分为六章，除讲述三木之死的最后一章“逃亡者”以外，其余五章所写的皆是林达夫在学期间，二人在京都时相知相交的回忆。关键在于这些回忆很难说是带着悼念亡者的心情写下的。比如，林达夫提到三木常常给他写信，并注释称：“他觉得他这些信件将理所当然地由我珍藏起来，并在日后激起人们的好奇心，成为历史探究的对象，他对此深信不疑。”借此谈及了三木超逾常人的对名誉的渴望。林达夫在文中汇报了他对三木的观察结果：“或许听起来像反话，我在年轻的三木清身上看到的唯一纯真的状态，仅出现在他沉浸在名誉欲和野心之中的瞬间。”他还就三木那“一笔一画一丝不苟，也无任何即兴发挥，同时又好似在炫耀翩翩才华并告诉观者自己计划周密胸有成竹的书法风格”点评道：“我至今都认为，在三木清涉足的所有领域，其最纯粹的独创性唯独在于他那古怪的字体。”林达夫还在文中追忆了三木及同为挚友的谷川彻三与一位女钢琴家之间的三角关系，并站在旁观者立场就失恋的三木的纯情表达了他的怜悯。林达夫言及三木因为与一位遗孀建立恋爱关系而丧失京都大学教授候补资格一事，坦言他自己当时被逼入窘境不得不背叛友人，在文中表达了对造成这一状况的三木的愤怒，并对三木的笨拙感到无可奈何。

平野谦曾将林达夫此文与今日出海的《三木清其人研究》放在一起论述，表明了心中的疑惑，“依据我的常识，林达夫的回忆中有不少令人费解之处”，并就其内容提出质疑道：“这二人之间的友情究竟是何种性质，促使林达夫写出这般回忆文字的强烈的内心冲动究竟由何而来？”最后，平野得出结论说：“即便如此，促使林达夫写下《忆三木清》一文的，其实正是三木清的魔性。”（摘自《所谓人的研究》，刊载于《人间》一九五〇年三月号）诚然，将林达夫此文与《三木清其人研究》放在一起看，任何人都会自然而然地感受到“三木清的魔性”。尽管笔者心中也有着与平野谦相同的感受和疑问，但笔者想在此指出一点，这篇随笔不也正暴露出了写作者林达夫本人的“魔性”吗？

笔者在对比一九二〇年代至一九三〇年代林达夫与三木清的思想历程时，已经论述了此二人在京都相识相交以来的关系，在此不再赘述。不过笔者想特别强调一点，自一九二七年林达夫与三木清一同开始辅佐《思想》编辑高桥让以来，思想上异常接近的这两人中，三木总是领先一步，就表面来看林达夫仿佛在追随三木的步伐，这一状况一直延续到林达夫陷入沉默的一九四一年。可以认为，前面提到的刊载于一九三八年六月号《妇人公论》的《三木清的魅力——答问》一文，正是以二人之间这样的关系为基础诞生的。

让我们再次回到过去，林达夫在此文开头提到了挂在书房的“伦勃朗那幅题为《哲学家》的小品画的复制品”，说“感觉整幅画似乎象征着我所理解的哲学精神，是我特别喜欢的一幅画”，并就其背景中的“暗影”部分盛赞道：“再没有哪幅作品能比这幅画更好地隐喻哲学中幽暗之于光明的意义。”在此之上，林达夫写道：“哲学家三木清吸引我的一点或许就在于他身上巨大的‘暗影’，或可说是其暗中发挥的魔法作用。他是我国仅有的一位伦勃朗式的哲学家，这一类型绝不是在随便哪个国家都司空见惯的。”换个角度看，或许可以认为林达夫是在借画中“暗影”喻指三木清身上魔性的部分，与前面“园艺与筑城术”一章中所引用的“我之所以会被我们这位三木清先生所吸引，原因之一或许也是出于这样一种旁观者所特有的立场：我看着他有条不紊地做着我这样的人所做不了的高贵的事业”这段文字一样，其中或许都包含着截然相反的两层意义。不过，林达夫完全可以回绝约稿，但他还是应约写下了这些赞美之词，至少就字面意义来理解这段文字的话，笔者不由感到就如林达夫自己所写的那样，当时的他到底还是从三木清身上感受到了一种难以抗拒的魅力。我们再回到《忆三木清》一文，彼时三木清已惨死狱中，他身上的这份魅力于林达夫而言难道已不再有意义，就此烟消云散了吗？又或者说——虽然这种可能性微乎其微——林达夫在三木生前所写的文章，是迫于三木无言的压力违心写就的虚妄之言？

笔者前面论述林达夫心目中的“故乡”时，曾指出林达夫的“离歌”总是言辞“激越”。而《忆三木清》一文并未使用“激越”的辞藻。相反，一字一词都选用得颇为精准，字里行间几乎不夹杂任何情感，平静淡然，甚至可说正是林达夫所擅长的随笔。尽管如此，文章内容仅列举了三木的缺点，文中隐藏的东西极其“激越”，平野谦的感想与疑问也说明了这一点。《忆三木清》一文只能说与《三木清的魅力》截然对立，读者究竟应该如何看待和理解这篇文章呢？

笔者更愿意将《忆三木清》一文看作是另一种改变了形态的“离歌”。那么，这曲“离歌”究竟为何而唱？为的正是林达夫与其站在“旁观者所特有的立场”上“看着他有条不紊地做着我这样的人所做不了的高贵的事业”的三木清之间的关系——直到三木死去为止，在对方面前一直暗中自卑并为此备受煎熬，想必曾三番五次幻想摆脱；尽管内心如此幻想但结果却又不得不追随三木的脚步；也因为这许多年怀抱自相矛盾的情感，而无法走出三木清的思想圈彻底实现自立——此二人之间正是这样一种关系。从旁观者的角度看，林达夫二战前的思想总是被笼罩在三木清的影子里。为此必须指出，以三木清的死为契机唱出的这一曲“离歌”，同时也唱给林达夫过去那些与三木清不可分割的思想，尤其是在与社会存在交集的土壤中诞生的一切思想。而且对林达夫来说，三木清的死与日本战败几乎同时到来，这可谓是命运的安排。笔者已经论述了日本战败对林达夫而言有着何等重要的意义。既然如此，林达夫在“搁笔停耕的休业状态”下，不惜罔顾世间的各种猜疑，颠覆常识写下《忆三木清》一文，难道不正是因为他需要借此明确其自身乃是不同于三木清的思想家，同时借由否定三木清来表明他虽带着战争的创伤，但仍将与过去一刀两断、重新上路的决心吗？

进入一九五〇年代后，林达夫不时会发表一些过去不曾创作的回忆式散文，文中言及的三木清并非像《忆三木清》一文中那般乖僻偏执。就比如在《忆〈思想〉》（刊载于《思想》一九五七年十月号）一文，以及《书籍的另一个世界——令人害怕的书》（刊载于《展望》一九六六年十月号）一文中，林达夫书写三木清的笔触带着怀念充满温情。读着这些林达夫晚年书写的三木清形象，笔者越发深切地感到

《忆三木清》一文中表现出的那份“激越”，与其说是针对三木清个人，毋宁说是针对林达夫自己的过去，文中的三木清可以说只是一个象征。但即便如此，我们仍不得不承认，林达夫竟利用一篇悼文来表明其自身的决心，他内心存在的某种东西使其难以彻底地恪守常识、严格自律。当然也可以说，这说明三木清于林达夫而言意义非凡，但无论如何，只有将《忆三木清》一文看作是林达夫宣告自立与重新出发的产物，笔者才能够对文中释放的毒素给予理解。（附注二）

笔者认为《忆三木清》一文与《反语的精神》一样，对战后的林达夫有着极其重要的意义，因为笔者将其视为一曲“离歌”，通过这两篇随笔，我们多多少少可以窥知林达夫在战后初期所处的坐标。

不过，《忆三木清》显示的并不仅仅是林达夫思想上的新坐标。这篇随笔非但没有“追思三木清”，反而从根本上否定了三木清的为人，不用说，这自然导致从战前开始便与三木关系密切、意欲举全社之力向其致以沉痛哀思的岩波书店与林达夫的关系急转直下甚至几乎断绝往来。林达夫直到晚年都在重申“我本是岩波的人”。（摘自《一册书》，收录于《第一书房长谷川巳之吉》）然而，自战败时退出《思想》编辑团队之后，林达夫在战后堪称岩波书店之招牌的刊物《世界》上发表的文章只有《忆三木清》一篇，其名字在战后的《思想》和《文学》两份刊物上也仅出现过一次，除译著以外，岩波书店也没有出版过林达夫的任何著作。就结果而言，这曲唱给三木清的“离歌”最终也变成了告别岩波书店的“离歌”。

换一个角度说，岩波书店与林达夫在战败后日渐疏远，而岩波计划在一周年祭时为三木发行著作集，这或许也加重了林达夫致三木的这首“离歌”的“激越”程度。岩波书店于一九四六年一月创办《世界》刊物，据创刊号上的《编辑后记》记载，战前坚决不愿发行综合刊物的岩波茂雄，终于接受安倍能成、志贺直哉、山本有三、田中耕太郎、和辻哲郎、大内兵卫及梅原龙三郎等“学术界、文坛及美术界等各方权威有识之士组建”的“同心会”的提议，做出了决断。岩波茂雄还将《世界》的编辑工作全权交付给了安倍能成，此公正是与三木清和林达夫等人在一九二九年岩波那场新老更替中被迫退居幕后的老一辈人的代表。就岩波书店而言，以三木死亡为标志，日本战败让老一辈人重新走到了幕前。尽管安倍在一九四六年一月就任文部大臣后，立即将编辑工作交接给了大内兵卫，但从战败前参与《思想》编辑工作整整十六年，于公于私都自诩为“岩波的人”的林达夫的角度来看，岩波书店战后的这种做法难免叫人心生不快。这些因素也极有可能对《忆三木清》一文的诞生产生了不小的推动作用。作为其结果，《忆三木清》不仅在思想层面，也在社会层面上无可避免地变成了一曲名副其实的“离歌”。

## 四

虽然被许多人寄予厚望，但林达夫却几乎始终保持着战时的沉默，但我们不应忽视到了战后，他作为一名教育家和媒体人开展了诸多别具一格的工作。

林达夫在《书籍的另一个世界——令人害怕的书》一文中回顾战后经历时这样写道：“终战第二年夏，在与我同住鹄沼的第一书房前主人长谷川巳之吉的提议下，我们曾在这片地区开办暑期大学。当时我主动承担了策划工作。那次文化讲座规模宏大，邀请居住在藤泽及周边的主要学者、评论家、作家、艺术家近四十人参加。毕竟是那一时期，前来听讲的人也远远超出预期。活动期间含四个周日，安排了电影、美术、话剧等相关活动，比如邀请富永惣一举办为期一天的西洋美术展，以及由芥川比吕志开办新话剧讲座及示范表演等，皆引发了热烈反响。”活动地点就位于鹄沼的湘南学园讲堂。

这段回顾还提及了林达夫参与的另一项教育事业：“（前略）到底是那一时期，在镰仓——正是喧嚷着倡导所谓‘地方文化’的时期——说要创办大学，我也为了这件事四处奔忙。办校的第一阶段便遭遇经管层集体离职，剩下的教授和学生们处境艰难，不得不承担起运营与建校的双重任务。那是一个从无到有的过程，日日艰难困苦、东奔西走，与三枝博音及服部之总等人一道，最先令我们犯愁的便是用什么支付每个月的人工。所幸有高见顺那般豪爽之人，多亏他承接了一个创作指导班，给老师付工资的钱款皆由其‘垫付’。……当时景况之惨淡恐怕‘大学’二字听后也会落泪，但有一点，教授阵容之强大远胜当时接连冒出的地方大学，这对入学的学生而言既是一种魅力，也是一种支撑。”这所“镰仓学院”创办于一九四六年四月，但因未能获得大学办学许可而不得不在一九五〇年春关闭。当时，三枝博音任校长，服部之总任学监，菅井准一任教务科长，林达夫任文学科长，村山知义任话剧科长，重宗和伸任电影科长，早濑利雄任产业科长，片冈良一任图书部长。执教的除上述这些人以外，高濑善夫在《镰仓学院断章》一书中还列举了以下名字：伊豆公夫、饭岛正、宇野重吉、牛原虚彦、远藤慎吾、小场濑卓三、冈邦雄、风卷景次郎、龟井高孝、川俣晃自、邦正美、小林胜、近藤忠义、今野武雄、西乡信纲、神西清、杉山诚、关忠亮、铃木武雄、千田是也、田村秋子、丰田四郎、长田秀雄、中村光夫、八田元夫、久板荣二郎、平野谦、三上次男、村田武雄、矢内原伊作、山本嘉次郎、吉田健一、吉野秀雄、吉村公三郎、吉田谦吉……(附注三)

此类脱离体制自行办学的动向自然包含对日本以往教育体系表达不满的意思，这也是战后五年教育领域所呈现的一个特点。众所周知，战败后出任尾道市立图书馆长的中井正一率先在图书馆办起了文化讲座，并于第二年将之发展成“文化大学夏季讲座”。而在战败那年年末，静冈县诞生了“庶民大学三岛教室”，长野县办起了“上田自由大学”。第二年四月，山室静等人在信州小诸开办“高原学舍”（浅间国民高等学校），就在“镰仓学院”创办后不久的六月，还诞生了“京都人文学园”，新村猛任园长，久野收、青山秀夫、永井道雄、北山茂夫及鹤见俊辅等人担任教授。由此可见，战败后民间自然而然地掀起了一场与英国“街坊文教”运动及法国“民众大学”运动存在诸多共同点的民众启蒙运动(附注四)，林达夫也曾积极参与其中，这一点不应加以贬抑。

林达夫在笔者此后准备论述的一九四八年发表的《关于中央公论社的现状》一文中，列举了其“自年少时起便一直顽固不化坚持至今的事”：“只要是带有封建遗制之余臭的东西，不论何其微小，我都会毫不留情地与之斗争，无论出现何种情况都下定决心要为实现现代自由而摇旗呐喊，多年来我一直在默默为之奋斗。”他还表示，“战后，正是实现人的自由与民主主义的时刻，我有幸得此良机能在启蒙最不可或缺的言论出版领域多多少少为时代献一份力，所以不惜牺牲从事学者、教师及写作工作的大量时间”来投身于出版。林达夫超越体制框架推动民众启蒙运动，我们从中或许也可以看到相同的动机。他战前在《卢梭》一书中明确展露了他对民众教育的关注，到了战后，这种关注终于有机会落实到现实之中。

一九四五年十月，林达夫应中央公论社社长岛中雄作的邀请入职中央公论社，担任文学杂志编辑部主干兼出版部长，并于同年十二月就任该社理事。据《中央公论社八十年》一书记载，这是战后该社为进行重组，基于“战前中央公论社的欠缺之处在于社内干部中缺乏学识丰富之人”这一认识而实施的一系列人事任命中的一环，当时还起用了蜡山政道担任副社长兼《中央公论》编辑主干，谷川彻三任《妇人公论》编辑主干（附注五）。蜡山和谷川于一九四六年十二月离职，而林达夫其后仍留在出版部长的职位上。那段时间，中央公论社马不停蹄，接连推出了太宰治的《冬日的烟火》、石川淳的《黄金传说》《文学大略》《佳人小町》、坂口安吾的《白痴》以及福田恒存的《作家的态度》等，备受瞩目，据说皆是基于林出版部长的决断。

在此顺便记录一下林达夫其后在出版界的活动情况。他虽然于一九四八年六月离开了中央公论社，不过自前一年十月起开始担任角川书店的编辑顾问，并于一九四八、四九年出任角川书店刊物《表现》的总编。一九五一年四月林达夫进入平凡社，截至一九五八年末一直是《世界大百科事典》的著名总编，呕心沥血完成了这套书的出版工作，这件事广为人知。

关于林达夫战后这些跨领域极广的出版传媒活动，留存着各式各样的记录，在此笔者想举出媒体人林达夫自己所写的一篇文章，聚焦他的另一个“战后”。这篇文章印在长六十二厘米、宽二十一厘米的类似横版长幅卷纸的纸张上，八号字体，正反两面密密麻麻。文章开头印有“关于中央公论社的现状　林达夫”的字样，末尾附有日期“一九四八年五月三十日”。正文字数不到四十张稿纸[①]，是一篇檄文，或曾广泛分发给中央公论社的撰稿人等相关人士。

檄文针对一九四七年夏季至秋季中央公论社的内部事务写就，在精读原文之前，有必要根据《中央公论社八十年》一书及当时的报道简要说明一下这一时期发生的事。

一九四七年六月，中央公论社接到通告被初步指定为开除公职[②]单位，岛中社长号召全体员工配合举出反证。七月，“全日本印刷出版劳动工会中央支部中央公论社分部”在工会大会上通过决议，拒绝提供配合。但其后，工会内部有人对决议提出异议，八月再次召开工会大会，撤销了上次会议的决定。此番波折自然在社内引发对立，也带来了混乱，入秋后不仅有数人离职，畑中繁雄也辞去了《中央公论》总编职务，林达夫虽然保留理事职位但辞去了出版部长职务，改由山本英吉就任《中央公论》总编。

在经历了前年六月之后中央公论社内部的这一系列混乱后，林达夫在《关于中央公论社的现状》一文中透露，他于前一年秋起草了一段致全体员工的话，约略吐露了他就出版社现状所抱持的忧虑，但被理事会及部长会用强权制止，故以这样的形式公开全文。文章开头公布了他所写的致员工的话，重申“自由主义与民主主义——这才是本社坚持不动摇的大宪章”，并呼吁众人“秉着良知与宽容，立足于大乘观念”打破眼下的“艰难局面”。其后，文章收录了附在这段话之

① 日本出版业习惯以传统稿纸为单位统计字数，一张稿纸四百字。
② 指二战后依据同盟国驻日盟军总司令部（GHQ）命令，禁止特定人物担任政府及民间企业要职的占领期政策。

后的“意见书”，林达夫在其中举出“社长至上主义的倾向”是当下“不得不承认的背离之一”，并断言：正因为这个原因，中央公论社“处于社长岛中雄作为所欲为的家长式独裁之下，本质上正逐步倒退回封建家族式的经营管理，不过是一个形式上的‘现代’职场”。之后，文章就助长“社长至上主义”及“社长专制主义”的“阿谀奉承之人”谴责道：

如今施行的各项方策皆充斥着以社长个人的恣意妄断为基础的权势欲、好恶感以及流于表面的文化主义。总务部长不通晓现代经营方法与技巧，只会耍些政治把戏且以之为日课；中央公论社总编是个老式的勤皇论者，其掩藏在背后的心性叫人想起旧体制下的特高警察，除了带着变态般的偏执对人颐指气使外，再无其他能力；出版部长甘为社长的爪牙对其逢迎拍马，作为回报，紧抓所有机会将出版策划用作对过去施恩于他之人的“报恩”手段——在这些无能且不称职的幕僚的包围下，那些真正为实现民主主义与自由主义，一心想要推动出版文化正直行事的人却反被构陷为叛徒，或遭到排挤，或蒙受不公待遇。

“意见书”最后奉劝社长辞职：“中央公论社社长本应在新时代承担起重大且高贵的使命，但令人遗憾的是现任社长岛中雄作业已丧失堪当此任的资格。这位背离中央公论社神圣的大宪章，公然与时代背道而驰、意图胡作非为的丧失资格之人，理应立即从所属部门引退。”

“意见书”之后进入“正文”，文中指出前一年那场争议过后，“对多名主谋者的处罚”鲜明贯彻了“社长至上主义”，并坦言“一心忠于中央公论社指导精神的”林达夫自己日日都在遭受排挤。接下去的一段话前面已做引用，林达夫表明了他年少时便已形成的与“封建遗制之余臭”斗争的信念，以及战后投身出版传媒的决心。之后，他列举了“社长至上主义”的具体事例，有《荷风全集》编辑主任小泷穆被迫辞职，委托光吉夏弥编辑的《少年少女》杂志实为“精神‘牢狱’的产物”，以及被誉为“社长善举”的为员工租赁住房存在欺瞒的问题。文章明确抨击道：“岛中雄作对能力出众的人才给予荒谬至极的恶劣待遇，而对那几位无能且不称职的部长却礼遇有加，不得不指出其背后若不是隐藏有‘暴君’式的性格与心性，根本无法解释。”其后，文章将编辑部长山本英吉称为“看似学者实为帮闲”，断言“我在此人身上看不到一星半点的自由主义、民主主义及人文主义精神”，并就“新任出版部长长谷川矿平”揭露说：“在此我仅指出，这里有的不过是一个甘为权势之走狗的学者在卖空肉身与灵魂之后的臭皮囊。”

檄文最后以下面这段话向相识相交的人发出呼告，结束了全文：

各位平素对中央公论社给予支持与帮助的尊敬的朋友们，“诸位的中央公论社”如今每一分每一秒都在沉沦，眼看便要沦为封建遗制肆意横行、倒行逆施的职场。此局面仅凭我微薄的一己之力岂能扭转？我深切感到益发力有不逮。我不得不寄希望于各位的良知与善意，殷切期盼各位提出严肃的批评，插手进行公正妥善的干预，这是我唯一的恳求，还请体谅我的苦衷。两年前又有谁能料到我竟会被逼入此番境地，不得不自曝家丑袒露自身的无力，以此来捍卫自己的工作单位中央公论社。

笔者之所以不厌其烦地介绍该篇檄文，乃是因为在这篇《关于中央公论社的现状》中，林达夫的“激越”猛烈而集中地展露了出来，其独断之处甚至带有人身攻击的色彩，令阅读之人感到难以理解。或许因为此文写给内部人士，所以林达夫少了一层戒备直抒胸臆。但可以断言，在林达夫所写的文章里，此文恐怕是最为“激越”的一篇。毋庸赘述，正如林达夫自己在文中所写，这种“激越”的爆发来自他对“封建遗制之余臭”的本能的反抗。然而，我们不能忽略以下事实：从激起林达夫怒火的那一系列事件发生到他写下此文，其间相隔了整整八个月；虽然林达夫辞去了出版部长职务，但他仍在担任理事，这八个月里，他可以参与出版社决策，绝非无权无势的普通员工。当然，我们也可以这样为其开脱：正因为他在这八个月里内心挣扎苦苦压抑，所以才会全面爆发，甚至不惜进行人身攻击。但这恐怕立刻就会招来反驳：既然如此，他为何不在这八个月里自发行动，避免这样的大规模爆发？身居管理职位的林达夫难道真的做不到吗？

笔者已经指出，林达夫“激越”的言辞也是一曲“离歌”。他“激越”的言辞直接与“离歌”挂钩，换言之，他做出决断要唱“离歌”时便会有“激越”的东西展露出来。笔者不由感到其背后隐藏着一种外部全然无法察觉的，在其转身时才会出现的或可称之为“战术”的东西。我们不妨基于林达夫的檄文想象一下，这种战术就是在全然没有丝毫迹象，周围人皆以为他处于截然相反的状态之中的情况下突然爆发，给所有一切给予致命的一击。不过必须补充一点，这样的爆发不会针对同一事物出现两次，爆发之后林达夫总会转入不同于之前的新阶段，重新以冷静的姿态现身。反言之，正因为他完成了转入新阶段前的准备工作，所以才能无所顾忌、横扫一切地爆发出来，且爆发的威力从不会波及他自身。之前论述《忆三木清》一文时已经出现过这样的情况，让人饶有兴味的是这篇《关于中央公论社的现状》以最为具象化的形式将这一心理机制呈现在了我们面前。

前面已经提到，林达夫的檄文标注的日期是一九四八年五月三十日。据《中央公论社八十年》记载，林达夫在五天后即六月四日从中央公论社正式离职。这意味着，当“各位平素对中央公论社给予支持与帮助的尊敬的朋友们”响应倾诉苦衷、赶来支援自感无力并对外求援的林达夫时，他已不再是中央公论社的员工（附注六）。笔者在论述《忆三木清》一文时曾说，平野谦那句“三木清的魔性”也同样适用于林达夫，而这篇檄文或可以说不经意地暴露出了林达夫不为人知的另一面。

不过，我们也不能忘记这篇《关于中央公论社的现状》明确了林达夫在战后的一种态度。安倍能成就任币原内阁的文部大臣时，林达夫曾在《东京新闻》（一九四六年一月二十日）上发表了一篇题为《风雨飘摇的路边摊上的一颗小钉子——致安倍新文部大臣》的小短文，文中写道：“如今人们正处于孕育未来真理的痛苦之中，竭尽所能想要重塑历史，可叫人头疼的是本应一马当先举旗带队的政府却成了巨大的绊脚石。这样的政府越早推翻越好……”林达夫在《反语的精神》一文的最后，将天皇制视为“浅薄且单纯的民族习惯的体现与智识衰退的征兆”，并质问：“这与那些粗鄙的民间信仰有何差异？”另外，林达夫还于一九四九年九月在《文艺春秋》上发表了《不流血的革命》，文中写道：“人类历史上最宝贵（窃以为还需加上一句：同时也不乏肮脏）的一页，便是革命。……为世界文明做出贡献并处于领先地位的国家中，有哪一个不曾爆发革命？又有哪一个革命后留下的是负面影响？”将这些话放在一起看，可以隐约窥见林达夫当时所设想的战后日本的理想社会。而《关于中央公论社的现状》一文中的“激越”，一部分也确实来自林达夫因理想社会与现实相背离而产生的焦躁。先不论产生这种“激越”的心理机制以及爆发这件事本身，从某种意义上，可以说这份“激越”之所以被诱发，正说明林达夫对“战后”怀抱着莫大的期待。而叫人不可思议的是，他这种对否定“封建遗制之余臭”的“战后”民主主义的肯定态度，与其说通过他手中的那杆笔，不如说通过他“战后”的社会活动清晰地显现了出来，所以在思考林达夫的“战后”时，我们不应忽视这一点。有时其呈现出的面貌是如此激烈而直白，以至于让人不禁怀疑这是否也带有为战时那段日子赎罪的意味。

## 五

日本的“战后”在某种意义上可以说是一个属于期刊的时代。细细回顾“战后”层出不穷的刊物，或许可以让我们相当准确地把握“战后”这一时代的面貌。我们甚至可以断言，如果不曾翻阅“战后”数量庞大的刊物，恐怕也很难对“战后”形成可靠的认识。

基本可以认为，“战后”刊物是从一九四六年一月起正式登上历史舞台的。当然，在此之前已有《新生》《人民评论》《民主评论》等杂志创刊，且《文艺春秋》《新潮》和《文艺》也已复刊。然而，战时迫于军部压力被迫停刊的《中央公论》和《改造》这两份传统综合刊物复刊，以及《世界》《展望》《人间》《近代文学》等“战后”最具代表性的刊物创刊，皆是在一九四六年一月。可以说正是在一九四六年一月，出版界走出了“战后”的混乱，重整旗鼓，开始有能力发行刊物。彼时，战前的价值体系尽数崩溃，人们正在黑暗中摸索能够取而代之的东西，在这一时期新旧刊物相继创刊、复刊，不得不说就如《世界》创刊号的《编辑后记》中所言，“为了让国民脱离这种不幸的状态，重新焕发飒爽的风姿，需要综合刊物充当公开进行精神斗争的阵地，需要权威的综合刊物在这前所未有的转型期指明——或探索——指导思想的主流”，正是这一普遍愿望引发了这一现象（附注七）。

然而，在浏览大部分复刊及创刊的杂志之后，我们却又会惊讶于这些刊物上所印的名字竟与一九三〇年代初那些综合刊物的目录上出现的名字几乎一模一样。在此，笔者想列出《中央公论》《改造》《世界》及《展望》这四份代表性综合刊物一九四六年一月、三月、五月、七月的卷首论文的作者姓名。依照上述顺序，一月号为蜡山政道、森户辰男、安倍能成、务台理作，三月号为风早八十二、有泽广巳、木村健康、田边元，五月号为恒藤恭、山川均、丸山真男、野田又夫，七月号为高木八尺、田边元、羽仁五郎、和辻哲郎。除了在《世界》五月号上发表《超国家主义的逻辑与心理》的新人丸山真男以外，其余皆为战前的论客。同样的情况也出现在小说领域，各刊物无一例外，创作专栏中登场的皆是永井荷风、正宗白鸟、志贺直哉、宇野浩二、广津和郎以及里见弴等明治、大正时期便已登上文坛的文学大家的作品。可以认为，这一现象最为有力地反映了那个时代的这样一种乱局：在思考该去何处寻找“指导思想的主流”并再三纠结之余，各刊物最终都起用了一度活跃于相对较自由的一九三〇年代初、其后迫于外力陷入沉默的那一批人，试图借此勉强填补空白。

这个被称为“战后”的时代有一个特点：正规出版传媒所形成的评论界及文坛几乎从未提出过关于“战后”的本质性问题，反倒是一群处于外围、几乎籍籍无名的年轻文学家创办的文学同人志完成了这一使命。鹤见俊辅将《近代文学》的七名同人称为“战后思想史上的主要奠基人”（摘自《知识分子思考的地方——论〈近代文学〉集团》，收录于《战后日本思想》），可以说“战后”文学及思想上显现出的几乎所有问题，皆由这七人通过当时的《新日本文学》，以批评战前无产阶级文学领袖的形式摆到了众人面前。具体来说，就是“主体性论”：针对强迫所有文学家仓促进行自我否定并将民众视为绝对的过去那些无产阶级文学理论，主张“我信不过那些自称用劳动者和农民的眼睛来观察现实的小市民式的知识分子。在文学的世界里，所谓观察，绝不是透过火车车窗看一路飞逝的风景。正因为我坚信这一点，所以除了我自己的肉眼，换言之，即小市民式知识分子的生活感觉之外，可以断言一切皆是虚妄”（摘自荒正人《何为民众》，刊载于《近代文学》一九四六年四月号）；是“世代论”：“在昭和初年左翼运动时代迎来青春年华，之后经历了以《黑色队列》为先导的反动时代”，“在近十年岁月里，没有一日不是带着对死亡请柬的恐惧，在傍晚，迈过自家门槛”（摘自荒正人《第二青春》，刊载刊物同前一九四六年二月号）的那一代人，基于三十多岁时青春理想幻灭的经历，逼迫那些过去身为无产阶级文学领袖的四十多岁的人进行自我批评；是“政治与文学”问题：指出“战时文学乃是无产阶级文学改头换面后的一种固定观念，不过是从日本共产党改换成了日本帝国主义而已”（摘自平野谦《何为政治优先》，刊载刊物同前一九四六年十月号），标榜文学应当独立于政治；是追究“战争责任”：因为体会到“日本的文学传统终究没能孕育出一位如托尔斯泰、罗曼·罗兰或托马斯·曼这样的人物，身体最深处不由涌起一阵屈辱、羞耻、蔑视、嘲讽、激愤”（摘自荒正人《终结之日》，刊载刊物同前一九四六年六月号），而去追究那些业已成名的文学家的“战争责任”。而且我们不应忘记，这些问题几乎都在一九四六年一年内提出，主要由本多秋五、荒正人和平野谦三人撰文。

仿佛是看到了《近代文学》提出的这些问题，那些综合刊物与文艺杂志大约自一九四六年下半年开始出现巨大变化。变化之一就是无论评论界还是文坛，都认为推行民主主义革命是一个无可回避的课题，而马克思主义是能够响应革命要求的唯一一种理论。比如，就连福田恒存都表示：“正因为我只是一个门外汉，所以才会把共产主义这种视野宏大的世界观视为绝对不容置疑的真理。”（摘自《观念的，过于观念的——致现代青年的一封信》，刊载于《表现》一九四九年一月号）可以说这样的想法成为了所有一切的前提，这使得自由主义者逐渐退出综合刊物，且杂志本身走向左倾。伴随这一趋势，《近代文学》的同人们以及那些不仅与他们属于同一代人且在许多方面持有相同思想立场的新人们，开始在各个领域崭露头角。综合刊物中对发掘新人最为积极的当属《世界》，继刚才提到的丸山真男之后，还有林健太郎、都留重人和大冢久雄等人登场，同时福田恒存、川岛武宜、梅本克巳、高桑纯夫、真下信一、久野收以及辻清明等也都作为新一代论客出现在其他刊物上。若仅看文学领域，一九四六年下半年，宫本百合子与太宰治、坂口安吾、石川淳、织田作之助等被称为“无赖派”的作家们格外活跃，同时野间宏和梅崎春生的作品也引起了关注。进入一九四七年后，椎名麟三、三岛由纪夫、中村真一郎、武田泰淳及船山馨的作品开始发表在各刊物上。一九四七年已经出现以战后派作品为主的《个性》和《综合文化》等刊物，进入一九四八年后，战后派更是迎来了一个巅峰，不仅《展望》《人间》《文艺》的相当一部分版面被战后派的作品所占据，且还可以看到《方舟》《序曲》《未来》等专属于战后派的刊物创刊。就连那些综合刊物也无法再无视战后派以及战后派提出的问题，比如《世界》将“唯物史观与主体性”座谈会纪要（二月号）刊发在了卷首，《改造》策划了由《近代文学》同人出席的“战后文学及其周边”座谈会（十二月号），《中央公论》则刊发了加藤周一的小说《夜曲》（六月号）。

面对“战后”媒体的这股潮流，在《思想》参与了十六年编辑工作的林达夫不可能不曾萌生创办新刊物的念头。事实上，他在《书籍的另一个世界——令人害怕的书》一文中回顾说，中央公论社曾有过一项提议，想将“那些掀起所谓战后‘新风’的核心人物，即某些特定的人聚集到一起，采用准同人组织的形式，以这些人为中心创办一份刊物”。某晚，林达夫邀请了他中意的几位，“当时还是战后不久，除一人以外，其余人的名字几乎都不为公众所知的人物”，即石川淳、坂口安吾、太宰治、平野谦、福田恒存和花田清辉六人。当然，这项林达夫自诩“我身为评论家的独到判断与眼光发挥了作用”的策划方案没能付诸实施，最终林达夫在“战后”参与编辑的刊物仅有两份，一是角川书店发行的《表现》，一是新月社发行的“阿尔比恩[①]俱乐部”的机关刊物《阿尔比恩》。

---

① Albion，大不列颠岛的古称，也是该岛已知最古老的名称。

林达夫在《表现》一九四八年九月号卷末刊载了一段“编辑的话”，指出“‘生硬’的媒体眼下最需要的东西之一正是‘柔’”，从而对传统的日本媒体提出批评，并就其理想的刊物这样写道：

> （前略）被英国人称为“随笔”的文体，在那个国家一向在评论刊物中占据中枢位置，如果确实存在可称为民主主义式的媒体，想必在其中居于统治地位的无疑正是这种英国人口中的随笔。我国过去素以严肃的“卷首论文”打头阵，将各种文体或似是而非的文体按照等级排列，乍一看犹如封建阶级制度，此类传统做法逐渐式微确实令人欣喜，但距离建立以面向广大读者、平易近人的随笔为主流的“共和式”媒体依然长路漫漫。

《表现》可谓是一九四七年十二月停刊的《四季》的后续刊物，创刊于一九四八年二月，是一份季刊杂志。林达夫的名字自第三期起出现在版权页的“编辑人员”名单中，也正是从这一期开始，《表现》改为月刊，所以第三期标注为“一九四八年八月号”。其后该刊物一直发行到一九四九年八月号，不过一九四八年十一月号和四九年五月号临时停刊，为此林达夫参与编辑的《表现》总计共十期。

我们先来看看林达夫加入编辑阵营之前的两期《表现》的刊发内容，冬季号将林达夫的《巫术的世界——整理自陈年笔记》放在卷首，其后为克尔凯郭尔的作品翻译与加藤周一的《关于孔狄亚克的“感觉论”》；春季号题为“法国哲学特辑”，卷首为柏格森的作品翻译，其后刊载了森有正的《帕斯卡笔下的“爱”的构造》、两篇译作以及串田孙一的随笔。林达夫参与编辑后，刊物内容上的一大变化当属在他参与的十期杂志中，与法国有关的文章只有山田菊执笔的法国文学通信两则。而在如此大举抹消法国色彩的同时，与英国相关的随笔的增多引人注目，以一九四八年十二月号刊发的深濑基宽的《背离的感觉》为首，木村健康、西村孝次、吉田健一及木村龟二等人皆有撰文。除此以外，另一大特点则是宗教相关的文章数量较多，以阿部行藏的《存在主义的美国形态》（一九四八年九月号）和赤岩荣的《社会性的东西与教会性的东西》（一九四九年六月号）为代表，田中耕太郎、山本和、山本新以及北森嘉藏等人均围绕基督教与共产主义及存在主义之间的关系撰写了文章。而与宗教相关文章较多成反比的，则是社科方面的论文较少，除上原专禄、津田左右吉和宇野弘藏数次执笔外，只出现过方才提及的木村健康和猪木正道等非左翼文人。不过，《表现》最显著的特色应该还是体现在文学领域，刊物积极采用了无赖派与战后派作家的作品。尤其值得一提的是，虽然未能完结，但创作专栏曾分六次连载了石川淳的《华严》。同时特别引起笔者注意的是，除檀一雄、上林晓和田中英光外，创作专栏中登场的作家皆为战后派，且包含洼田启作、岛尾敏雄、富士正晴、原民喜和安部公房这些当时尚未获得广泛认可的战后派作家中的新人。就评论家来看，福田恒存与佐佐木基一数次登场，另外还起用了花田清辉、原田义人、荒正人以及武田泰淳，而不属于战后派的执笔人员则有堀辰雄、稻垣足穗、神西清、三好达治、片山敏彦、吉川幸次郎和高桥义孝。将这些人列在一起，显然可以看出某种偏好。另外，与这些人不同的是，还有一人地位特殊，折口信夫不仅发表了《暗渠前》（一九四八年九月号）和《近代悲伤集》（一九四九年二月号）等作品，还出席了以“日本诗歌的诸多问题”为题的座谈会（纪要刊载于一九四七年七月号），并发表了两篇文章。若将其与参加同一座谈会的日夏耿之介放在一起看，也可以说暗示了《表现》的某种独特之处①。

诚然，我们或许确实可以从十期《表现》中看出林达夫身为编辑的某些特点。但若将每一期杂志单独拿出来与当时的其他刊物相比较，不得不说很难认为它具有区别于其他的鲜明特色。今天回过头看，无法否认，该刊物确实可以简单地总结为“厚重且真挚的论文与小说较多，在这一点上，与《展望》《思索》颇为相似”（摘自红野敏郎等《展望战后杂志》）。就这层意义而言，若要从战后林达夫编辑的刊物中选出最具他个人特色的一种，笔者会毫不犹豫地举出《阿尔比恩》。

《阿尔比恩》是一九四九年五月创立的亲英人士友好交流团体“阿尔比恩俱乐部”（长谷川如是闲任会长，古垣铁郎任理事长）的机关刊物，于一九四九年六月创刊，由新月社发行，十月推出第二期，翌年一九五〇年一月推出第三期。但其后由于出版方的问题，刊物停刊近一年，直到一九五〇年十二月才再次以双月刊的形式由日本放送出版协会发行。不过，林达夫参与编辑的只有第一期和第二期两册。在原弘担纲设计的透过城门定格下的索尔兹伯里街头（第一期），和正对相机大张着嘴引吭高歌的英国少年们（第二期）这两张占据整个封面的黑白照片正中约略偏上的地方，有一行硕大的红色平假名标题“阿尔比恩”，下面印着“英国文化综合刊物 / 编辑　林达夫 / 吉田健

① 折口信夫（1887—1953），日本著名民俗学家、国文学家、国语学者，是日本现代民俗学创始人柳田国男（1875—1962）的高徒。林达夫曾经称折口信夫是天才，对折口的评价甚至比对柳田的评价都高。——王前校注

一 / 福田恒存”这样一行横写的反白文字。虽然版权页上林达夫的名字作为编辑代表一直保留到第四期，但其实第三期和第四期皆由吉田健一承担编辑工作，林达夫亲自编辑的仅有前两期。

刊物封面采用英国的黑白照片配以原色文字，卷首设五到八页图片页，封底整版刊登英国电影的彩色广告，整本刊物一百四十页。结合一九四九年、即战败后第四年这一年份来看，这份刊物在当时一定非常吸引眼球，洋溢着一派华丽气息。而如果翻开书页浏览目录，一串不怎么常见的文字一定会不由分说地跃入眼帘：“◇封面设计（原弘）◇插图　英国文学系列（第二期为英国生活）(说明文　林达夫）/ ◇卷首插图　英国・新与旧（第二期为英国的教育与劳动）(设计　原弘・解说　林达夫）。”（附注八）

在此，笔者还是想要按顺序对这两期刊物的内容进行一番梳理。创刊号卷首刊登的是深濑基宽的《英国的批评精神》，其后依次为山崎正一的《市民道德的英国样式——理神论与道德哲学》、吉田健一的《英国近代文学》以及福田恒存的《技巧的意志——论戴维・加内特[①]》，接着是福原麟太郎、古垣铁郎、大田黑元雄等人的随笔，以及阿部行藏介绍汤因比的文章和池田洁的回忆文章等，最后以阿部知二的《法斯塔夫的英国》和矢代幸雄的《大英博物馆》收尾。第二期则从长谷川如是闲的《我的英国观》开始，其后是蜡山政道的《政治的学校——英国》和前川信一的《披着校风行走的英国人》，再之后刊登了河盛好藏主持的“畅谈英国生活”座谈会纪要，其间以粗线框补白文章的形式穿插了小泉信三、神西清、林健太郎、松方三郎的短篇

① David Garnett（1892—1981），英国作家，布鲁姆斯伯里文化圈成员。

随笔及介绍文，卷末则刊载了加纳秀夫的《爱默生笔下的英国——传统的象征》、本多显彰的《狄更斯笔下的美国》、竹友藻风的《Merry England》以及中野好夫的《对极地的热情——关于富兰克林·斯科特》。这些内容本身足以让人清楚地感受到这份刊物在学养方面起点极高，但同时又不严肃晦涩，力争打造具有可读性的“柔性”媒体。而让这头两期《阿尔比恩》显得尤为独特的，正是笔者刚刚提请大家注意的卷首插图以及文中插图。

我们姑且来看一看卷首图片页多达八页的第二期刊物。目录中给出的大标题是“英国的教育与劳动”，各图片页上标有“学习的一代——儿童 / 变化的学校生活”“学习的一代——青年”“工作的一代——正当壮年 / 港湾劳动者的新生活”“工作的一代——老年 / 一位老机车工作者的一天”等小标题。小标题旁边附有一段关于标题内容的解说，另配有几张相关的展示具体情境的照片，页面排版大致如此。具体来看，比如在“工作的一代——老年 / 一位老机车工作者的一天”的小标题下，印有这样一段文字：“人生的冬天对劳动者来说尤其严酷。英国人所推崇的老年之优雅过去从来不曾眷顾这一阶层。然而，坚忍不拔的英国社会主义正顶着激进主义者的嘲笑，一步一步地将这一境界送到了劳动者手中。”文字下方配有五张生活照，先是六十五岁的老机车工作者比尔在工作场所打卡，其后是他不经意地抬眼看时刻表、和司炉工在车库间行走、检修蒸汽机车以及往行驶中的蒸汽机车的锅炉里添加煤炭。之后页面上的照片是比尔抵达目的地后用完餐打桌球、在家中与家人共享天伦、与妻子出门观看演出。最后一张隔着蒸汽机车的车窗拍摄，两个孩子抬头凝望比尔，照片配的文字写道：“在这两个孩子眼中，比尔就是英雄。这可谓是对英雄的正确理解。”

这一系列以“英国的教育与劳动”为题的图片页总共包含三十四张照片，单从“工作的一代——老年 / 一位老机车工作者的一天”这一部分来看，不难推想出整个系列想要表达的主旨。杂志分多个主题截取了当时英国市民生活的片段并将它们排列在一起，以此展现英国市民的一生，从而让读者看到英国这样一个福利国家是如何运作的。而林达夫言简意赅的说明文字，可以说在照片与短文交织的八页图片页的范围内，也在原弘透彻理解策划人意图的设计与照片的配合下，巧妙而成功地向读者传达了几乎与一篇论文相当的信息量。

另一边，“英国生活”标题下的插图可分为两类。一类是差不多占去整个插图框的旧版画，每一幅皆配有标题，如“小酒馆（十三世纪）”“读书的修道士（十五世纪）”“谷物脱粒（十一世纪）”，内容皆为中世纪到文艺复兴时期英国平民的日常生活。另一类则被归并于“杜切特村的生活”这一标题之下，皆为反映现代田园生活的照片。每一张照片也都配有小标题，如“杜切特村的生活——村里的大红人”“杜切特村的生活——丰收节”等，后面附有一两行说明文字。

毋庸赘言，这些展示旧时英国平民生活与现代田园生活的插图，和呈现现代都市市民生活的卷首插图前后呼应，形成对比。跟着这些说明文字一张一张翻阅卷首插图和文中插图，便会意识到这些插图与封面上那张英国少年的合唱照同为一体，展现的都是英国平民过去与现在的生活风貌。如果翻开第二期的《编辑后记》，还会看到林达夫不动声色地写道：“本期的编辑作业主要围绕英国的日常生活进行。”梳理至此，我们可以相信作为期刊编辑，林达夫没有像之前司空见惯的那样，仅仅依靠论文、随笔和座谈纪要来向读者呈现英国人的现实生活。先不论过去插图独立发挥着何种作用，林达夫为这些从未有人想象过其在整个主题中所能发挥的功用的卷首插图和文中插图等视觉元素赋予了新的效用，借助它们为刊物营造了有别于文字的整体氛围，从而赋予了刊物全新的价值。这两册《阿尔比恩》从封面到卷首插图再到文中插图，全都一以贯之地贯彻同样的编辑方针，无论文字还是图像，刊物的所有组成部分都在以不同的音色演绎同一曲交响乐，正可谓是林达夫创作的综合作品。回想起来，林达夫曾担任过《苏维埃之友》的编辑，也是摄影杂志《FRONT》的最高负责人。或许可以说，早在战前便已扎根在他内心的对视觉传播的关注，到了战后终于开花结果，催生出了新的作品。

## 六

身为“阿尔比恩俱乐部”理事的林达夫，在《阿尔比恩》第一期的《编辑后记》中起首第一句便写道，“最近，随处皆可听闻到一种英国热的兴起”，并表示“这种‘英国热’多数仍处于潜热式且零散的状态，若能正确地加以组织，便可将其转化为有助于推动我国精神发展的一种新动力”，这才是“阿尔比恩俱乐部”创建的目的。林达夫对现代英国的关注建立在对战后日本的严厉抨击之上，接着他开诚布公地写道：

> 不过，英国这个国家素以尊重传统著称于世，且大体上不偏好以非此即彼的方式处理传统与革命的问题。就这一点而言，比起那些明明已通过革命颠覆了传统、可本质上却又被看不见的逆

流顶回去的国家，以及那些本来就缺失传统故而在处理方法上无任何经验可传授的国家，英国对我们而言远比它们具有更多的参考价值。即便不谈这些，就被我国人弃于一旁的 Progressive retrogression——为了前进的倒退这一对我们而言甚为重要的精神策略而言，英国也是对我们最有教益的国家。一味追求尖端与前卫的闹剧会带来何种后果，难道我们已经遗忘了那场 fiasco[①]？对我们这罹患了贫血症却又在快步赶路的患者来说，虽然很不容易，英国应该是一剂效果绝佳的良药。

同样是第一期，在那篇显然出自林达夫之手的《卷首前言》的末尾，他就英国精神的意义写道：

> 不可思议的是，走上学习英国这条路的人最终都将深深懂得独立与自尊。这条路基本与甘居官方文化之从属地位以及殖民地式的低级模仿无缘，而是一条自我觉醒与自我肯定之路，看似绕道实为捷径。在此种关头，这难道不该说是上天的安排吗？

不用说，在前一段文字中，林达夫举作反例与英国做对比的乃是法国和美国。他究竟从何时起，又是出于何种理由变身成了如此狂热的英国迷？

前面已经指出，林达夫在编辑《表现》这份刊物时大举抹消法国色彩而代之以英国色彩，并主张学习英式随笔的“柔”。他于

① 意为：惨败。

一九四九年九月在《文艺春秋》上发表了《不流血的革命》一文，文中指出“就思想史上的意义而言，二十世纪最重大的事件当属人民解放运动”，并将捷克斯洛伐克的事例作为革命的新形态进行了一番考察。林达夫在文章末尾写道：“（前略）如今在人民大众的觉醒及其有形无形的压力之下，无论哪一个民主主义国家都在逐渐朝着福利国家的方向或从容不迫或不情不愿地行进着，这一事实显而易见。就这一点来说，再没有比走在**没有革命的革命**之路上的英国更值得我们关注的了。”两个月后，他又在《日本评论》上发表了《站在十字路口上的大学——陷入困境的教授与陷入困境的学生》一文，断言“在工作中奉行业余精神这样的”生活方式才是属于他的活法，并紧接着就这种“业余精神”给他带来的东西剖白道：

> （前略）我素来对英国存有几分偏爱，且一直有个不幸的恶习，哪怕拼命节衣缩食也一定要将所有日常用具全都统一成英国制造或英伦风格的东西，否则便浑身不自在。不过此番努力自有其回报，在牢固且不会腻味这一点上，令我吃惊的是英国的东西就经济性而言最终还是划算的。且我办事情总是更愿意以业余的心态去做，这种心态追根究源或许也源自英国。

林达夫的这种对英国的迷恋伴随着颇为唐突的——至少在战前便熟知林达夫的人眼中应该会留下这样的印象——对法国的贬斥，无论是《阿尔比恩》的《编辑后记》，还是《不流血的革命》一文开头和结语中出现的一些话语，都可以看出这一点，比如“若有闲心沉湎于萨特之流，倒不如多少读一读这些人（指马萨里克和贝奈斯——笔者

注）写的东西”，“怎么样？现在明白了吧。若整天埋首于像戴着义眼、眼光略显阴暗的萨特写的小说，你恐怕完全不会觉得这是你所持疑问的最佳答案”。不过，一九五〇年一月十八日林达夫发表在《日本读书新闻》上的书评《读〈休谟与卢梭〉——致年轻作者们的一封信》中，有这样一段话：“读完之后，我对卢梭越发感到厌烦，半点都不觉得他是一个需要给予同情的不幸之人。这家伙真是何等摩登，敏感且复杂……”看到这里笔者不由感到疑惑，这显然已经超出单纯的情感喜好，而涉及某种更为巨大的根源性问题。关于一九三五年前后卢梭对林达夫而言有着什么样的意义，前面已做过详细论述。虽说其间过去了十五年的岁月，但对这样一个曾经对自己有着决定性意义的人，林达夫竟以此等甚至带有轻蔑意味的恶语相向，究竟为何会变成这样？

这个问题的答案恐怕只有一个。正如林达夫自己所言，战前他确实是一名“法国派”（摘自《开店休业的必要》），“迷恋着法国”“生活中几乎没有一日能脱离法国”（摘自《法国文化何去何从》）。然而，在经历战时生活以及战后“搁笔停耕的休业状态”的那段时间，林达夫显然对法国以及法国的一切事物带上了质疑的眼光。概言之，这恐怕意味着他以往那套显然是在法国影响下形成的自身的价值体系开始从本质上发生转变。从《反语的精神》以及《忆三木清》两篇文章中可以感受到林达夫对过往的一切皆抱有疑问，或许可以说这已经预示了他的这种转变。而这里显露出的他从“法国派”转变为英国迷的华丽的转身，不得不说正是暗示了其内在价值体系的大变动。可见在战后沉默了近五年的“搁笔停耕的休业状态”下，林达夫完成了一场不为人知的大转变。

或许我们在思考这场转变时，也有必要将战后日本的那场法国热列为促成转变的因素之一。亀井胜一郎在《战后人间像》(刊载于《文学界》一九四九年九月号）一文中，就战后派知识分子的特点描述道：“最值得注意的是，日本人特别喜欢法国。这是一种全民共有的感觉，连普通人都迷醉于少女歌剧那‘巴黎哟、花之巴黎’的歌声，对法国的某种形式的偏好似乎已成为日本知识人必备的资质。”[附注九] 完全可以想象，对这种遭到亀井胜一郎揶揄的战后流行热潮，林达夫敏锐地做出了反弹。

最后，必须提一提林达夫为何没有选择其他，而是将英国作为自身思想的新家园。林达夫自己不止一次地表示“我素来对英国存有几分偏爱”(摘自《站在十字路口上的大学》)，他的庭院、居所以及家具都吸收了英伦田园风格的元素，由此也足见他对英国的偏爱。在思考他战后的这种对英国的迷恋时，我们不能无视其与英国战后的国家形象之间的关联。英国于一九四五年七月实施大选，工党大获全胜，该党党魁艾德礼接替丘吉尔出任首相职位，他一边大刀阔斧地推行社会福利政策，一边与美国划清界线各施其政。比如一九四九年中国共产党政权掌控除台湾以外的全部国土后，英国于一九五〇年一月早于其他西欧国家率先承认了中国政府。正是英国的这种新姿态促使林达夫从过去对英国的“偏爱”转变成了迷恋。以《不流血的革命》一文为首，从他多篇随笔中言及英国时所用的表述以及《阿尔比恩》的编辑工作中，都确确实实可以感受到这一点。在这个战后以无暴力方式由资本主义转向社会主义、选择“没有革命的革命之路”的福利国家身上，想必林达夫一定寄托了许多梦想。然而，这样的英国也只是昙花一现，在一九五一年十月的大选中保守党赢得胜利，丘吉尔政权复辟。而一九五一年之后，林达夫再也没有提及英国，其自身也实质上退出了“阿尔比恩俱乐部”。或许可以说，这样的事实反而清晰地暗示了英国之于林达夫的意义究竟体现在何种方面。所以我们可以明确无误地断言，林达夫迷恋英国的时期仅仅是战后三四年而已。

## 七

追溯林达夫战后五年的轨迹时，随处都会遇到他的转变或变化，但因为他正处于“搁笔停耕的休业状态”，要从整体上把握促成这些转变或变化的那场表面不可见的大变动，必然会遭逢重重困难。若一定要寻求某种线索，也只能从《人间》一九五〇年四月号上刊载的题为《世界主义者的生活信条》一文中林达夫与山田吉彦的往来书信着手。

山田吉彦曾与林达夫合译法布尔的《昆虫记》，在题为“世界主义者对什么效忠”的写给旧友林达夫的书信中，山田阐述说在他看来“效忠”的对象只能是“朋友”，并着眼于日本的友情与西方友情的区别，指出日本不存在西方意义上的“朋友”。信函最后，山田提到了对祖国产生反应的“热血”，就此搁笔。对此，林达夫在题为“无人地带的世界主义者”的书信开头，结合山田的《狂人部落周游记》讲述了他自己在战后经历的思想变化。林达夫写道：

（前略）长年研究人类生活史之后，必然会注意到存在着一个以司空见惯的历史渔猎法所无法处理的，用那张网根本网不尽的庞大的“普通人”生存繁衍的世界。若将目光投向这个世界，则他们的生活史与其说是激越动荡的所谓历史，倒似乎更显露出一种静止不变的接近广义人类学及民俗的倾向。你的“狂人部落”系列之所以既可以成为现代史的一幕，又是通达太古的民俗，其终极理由可以说正是因为以“普通人”为对象。……最近我对历史的关注逐渐转向了民俗的层面，想必这种“普通人”的存在所带来的反作用有着巨大影响。

所以，我对那些处于时代聚光灯之下的、无时无刻不在剧烈变化的“时局性”问题，其实没有多大兴趣。

林达夫将他当时的生活方式命名为“伊壁鸠鲁主义者”，断言“似乎毫无疑问我正是伊壁鸠鲁式的一种古典‘庭院学徒’兼生活者”，并就其理由解释道：“对待生活的方式、处世的方法、与破坏内心平静的敌人宗教和‘迷信’的斗争，以及虽然完全无意自诩为智者，却以‘智者不参与政治’的形式介入政治……在这些过程中感受到的亲切感让我对伊壁鸠鲁有了新的认识，令我将这位沉稳、德高、同时也是寓居一隅的生活者的唯物论者尊为吾师。”不过紧接着，林达夫又加上了一句：“不过，我这个伊壁鸠鲁主义者同时也是世界主义者。”而后，他将思绪放飞到公元前三世纪的地中海，追溯了世界主义的起源，这样写道：

（前略）希腊化时代及罗马时代的人们，除那些统治者以外，皆是丧失祖国、被人连根拔起的人。……传统环境被彻底颠覆，或者被从传统中割离、如无根浮萍般的人们，前行的终点总是如出一辙。这种时候，人在生活中支撑自己、指导自己的道德力量无法求诸于自身内心以外的地方。其实世界主义与个人主义乃是一身同体的连体婴，其原因正在于此。毋庸多言，这一时代的产物——各种宗教与哲学也都不约而同地指向个人的救赎与解放。

如此陈述后，林达夫提醒说古代世界解体的时期是一个动荡不安的时代，并就伊壁鸠鲁主义者指出“与悲观主义抗争并将其克服，从某种意义上说，正是他们的乐观主义的使命”，从而坦言“我之所以被这遥远时代的 popular philosophy① 所吸引，一方面原因正在于此”。

其后，林达夫指出：“人类眼下面临着两大若不解决便可能万劫不复的严峻问题。”作为伊壁鸠鲁主义者与世界主义者，他坦率地阐述了他对当时那个时代所抱持的危机感：“其一无须多言，正是面临毁灭性战争危机时的 Survival② 问题，其二是面临 The Rape of the Earth③ 与人口激增所导致的全球性饥荒这一凶兆时的 Survival 问题。关于前者，我们拥有众多致力于认真解决问题的值得信赖的人士，但关于对我们恩重如山的‘大地母亲’正在被严重地破坏到何等难以恢复的地步，我从未听闻有多少人对此有切肤的感受并以之为惧，愿意挺身而出解决问题。”

这封题为“无人地带的世界主义者”的书信写于一九五〇年初，在此有必要简单说明一下当时的时代背景。麦克阿瑟元帅于一九四九年七月发表声明，称“日本是防御共产主义的一堵墙”，由夏入秋国营

① 意为：大众哲学、流行哲学。
② 意为：生存。
③ 直译为：强奸地球，意指肆无忌惮地滥用地球资源。

铁路大量裁员以整顿经营状况，随之发生了下山事件①、三鹰事件②及松川事件③等如今已广为人知系美军策谋的事件。加之国际局势也在变化，同年四月创始国签署《北大西洋公约》，五月西德成立，十月中华人民共和国成立、东德成立。正是在这一年，战后日本彻底成为了在全世界愈演愈烈的“冷战”的一分子。一九四八年之前一度被高调议论的“民主主义革命”声浪也已偃旗息鼓，“两大世界”的对立反倒一跃来到幕前，“战后”这一时代本身在本质上开始出现巨大变化。

虽然信中对这些背景只字未提，但因为现实形势如此紧迫，林达夫不得不中断了关于时代危机的言说：“（前略）我身处的地方，就像一种‘无人地带’，呈现出的面貌越来越荒凉，如我这般的渺小凡人，从无人地带发出的言论究竟有何作用？在旁人听来不过是痴言乱语，这便是最终结局吧。”林达夫无法否认当时所感受到的无可奈何的无力感。如今就连伊壁鸠鲁的那种“避人耳目的逃避都已不再可能”，这一声感慨也确确实实来自林达夫。那么，若假设他无视时局将自身立场贯彻到底，等待他的又会是何种命运呢？林达夫在信中描述道：

> （前略）比如，我一直认为自己是一个 pacifist④，今时今日若要坚守 pacifist 的立场，便意味着随着形势的发展，必然会被推举作固守在“无人地带”的 peace-maker⑤，如果容许我这个凡人

---

① 7月5日早晨，国铁总裁下山定则上班途中失踪，第二天凌晨被人发现已被火车轧死。

② 7月15日，国铁中央本线三鹰车站的无人列车突然自行开动，撞破闸门脱轨倾覆。

③ 8月17日，国铁东北本线列车途经福岛县福岛市时脱轨倾覆，现场留有人为破坏的痕迹。

④ 意为：和平主义者。

⑤ 意为：和平使者。

> 不揣卑微自比伟人或要人，那么至少在心境上，便需要拥有小规模地背负起甘地或伯纳多特的命运的觉悟。我说的不是什么“战术上的”和平主义者或者“战争纵火犯”的和平宣传，而是站在狂热的两大战队之间的中间地带，那片阴森可怖的无人地带，以居中调停人的身份脸色苍白且赤手空拳地伸出双手的、绝对的pacifist。……不管怎么说，只要站上了这片无人地带，一旦紧张升温过度，任何一方战队随时皆有可能扣动扳机，脑袋或心脏不知何时便会被射穿。这世上再没有比举着大义名分的狂信之人更难对付的。peace-maker必然会成为刺客的目标。还请大家见证这所谓“智者不参与政治”这个政治性结果的实际案例。

其后，林达夫突然论述起了“民众”，他引用汉密尔顿的那句“The People，your People，Sir，is a great Beast”[①]，指出：“坦白说，只要是赤裸裸的政治实体，无论是多么先进的民主政体或人民政治，无一例外，内心深处都以汉密尔顿式的思路看待并对待民众（或最终沦落到这一地步）。”林达夫以苏联为例写道：

> 俄罗斯的一亿民众在苏维埃联邦组建后，是否就不再是great Beast了呢？很遗憾，在斯大林的肖像、雕像、颂德表及给其的感谢信数以亿计地在那个国家“自发地”泛滥期间，光凭这点就能说他们仍和过去一样，依旧是great Beast（或者仍被当作great Beast）。在那个国家，一切功劳皆属于一个人——斯大林

① 意为：人民，你的人民，先生，是一头伟大的野兽。

同志。……这在精神层面与罗马的奥古斯都崇拜以及日本的天皇崇拜究竟有何区别？可以说其与我等设想的“人民治国”相去甚远，此般光景如何不叫人羞愧？既然连我们视为希望的国家也只不过是这种程度的“民主主义的”心性，其他也就可想而知了。

这篇随笔带着对山田吉彦所开展的工作的共鸣，林达夫在最后写道：“我每天的工作，就好比是至少在学问上供养这些无法解救、也无法获救的 great Beast。”

至此，笔者尽可能忠实地记述了林达夫信中所写的内容，其中的想法与战败前林达夫的想法确实有着微妙的出入。

林达夫“对历史的关注”转向了“民俗性”的东西，其在战时一九四一年所写的那篇《关于宗教》已经预示了这一变化，他的这种关注逐渐转化为对“历史渔猎法所无法处理的，用那张网根本网不尽的庞大的‘普通人’生存繁衍的世界”的关注，结果导致其对“时局性问题”提不起兴趣，这一过程不由让我想起林达夫因战争所受的创伤。他深信自己的“反语的精神”，一步一步实践思想策略，但到头来却反被国家玩弄于股掌之间，经历了思想上的溃败，对这段过往经历的反省自然会唤起对“历史”的警惕，想必也让他醒悟到一己之力终究有限。可以说，此时的林达夫势必已经对自己过去那种自尊心过剩的知识分子形象进行了深刻反省，并尽可能接近“普通人”，衷心希望成为他们中的一员。由此诞生的“伊壁鸠鲁主义者同时也是世界主义者”的生活方式，其定位显然从时代的大幕前向后退了一大步。除去“与破坏内心平静的敌人宗教和‘迷信’的斗争”和“以‘智者不参与政治’的形式介入政治”这两项例外，他希望彻底成为一个

“寓居一隅的生活者”，在认识到自己是“丧失祖国、被人连根拔起的”人的基础上，向自己内心寻求一切力量的源泉。不得不说，林达夫固守在可谓是其自身的堡垒中，“至少在学问上供养这些无法解救、也无法获救的great Beast”，在此过程中，他终于找到了履行与时代的“悲观主义抗争并将其克服”这一使命的着手点。

不过，他的这座堡垒在现代只能建在“呈现出的面貌越来越荒凉”的“无人地带”上。而且，在“避人耳目的逃避都已不再可能”的今天，它正在演化为“两大战队”互相对峙的“中间地带，那片阴森可怖的无人地带”。林达夫虽然身处日本，却比任何人都更深切地经历了一九三五年前后民族主义与国际主义的对立，以及其后的《苏德互不侵犯条约》和法国战败这一系列事件，他根本不可能在“两大战队”中做出选择，因为他已过于清晰地预见到了选择的结果。然而，不做选择也就无异于同时与“两大战队”为敌。林达夫故意将自己定位为“伊壁鸠鲁主义者同时也是世界主义者”，在一九五〇年时选择了“不选择”这一极其艰难的道路，嘴上虽宣称“智者不参与政治”，但其实却不得不停留在自己的堡垒中。

书信最后关于great Beast的部分，可以说只有亲身经历过一九三〇年代到四〇年代那一时期且对其有着深刻洞见的人才能写出，而在一九五〇年代的我们国家几乎引不起任何共鸣，也正因为如此，论述这一点甚至可说是有欠斟酌的言论，因为这段话将政治的本质视为恶，视一切乌托邦为幻想而予以否定。在此必须要注意的是，林达夫不同于那些为批评苏联而批评的所谓反共人士，他对苏联给予了某种理解，在此基础上提出了批评。林达夫将“与悲观主义抗争并将其克服”视为自身的使命，而他在一九五〇年初的处境让人觉得这一使命几乎不可能完成，不得不说是一种看不到希望的绝望境况。

若撇开《反语的精神》，这篇题为“无人地带的世界主义者”的书信可以说几乎是林达夫讲述其自身在战后五年间所处立场的唯一一篇文章。尽管如此，我们依然不能否认此文极度碎片化，也极度含糊不清。可以认为，它如实地呈现了林达夫战后的思想欠缺连贯性，换言之体现了他难以把握的特点。但不管怎么说，关于《反语的精神》中提出的战争问题、在与之相关的部分暗示的国家问题，以及迄今为止屡屡言及的革命与民主主义等当下的问题——这些在考察林达夫的“战后”思想时所不可或缺的诸项问题，林达夫始终坚守了沉默，这确实是不争的事实。或许这件事本身就意味着尽管战败已过去五年，但林达夫仍尚未建立起能取代之前那套体系的一以贯之的价值体系。莫非因为“战后”这一时期如此罕见地早早降临，连林达夫都陷入了迷惘?

不过，如果将这篇题为“无人地带的世界主义者”的书信视作对林达夫战后五年的一份总结，确实就可以理解为何他写于这一时期的为数不少的随笔中，许多都以宗教及巫术为题材，也可以理解他为何写下了众多战前所不曾撰写的，诸如《关于流行》《新闻出版》（刊载于《新文学讲座》第四卷，一九四八年六月）《写给读书人的书籍历史》（刊载于《图书》一九四九年一月、五〇年一月、二月号）《Populariser[①] 快来吧》（刊载刊物同前，一九五〇年六月号）以及《成年人的读书指南》（刊载于《朝日新闻》一九五〇年十月一日刊）等带有启蒙性质的随笔。

---

① 意为：推广者、普及者。

梳理至此，无可否认，始于《反语的精神》和《忆三木清》而终于《无人地带的世界主义者》的林达夫的“战后”形象，与一九五〇年五月《续现代人物论》中所写的相去甚远。林达夫一边隐藏迫使其反思过往的战争创伤，一边在表面上显露出种种变化，在教育和媒体出版领域自行开拓新天地——这便是一名战后仍不得不与战争对决的知识分子在战后社会留下的身影。或许也可以说，林达夫在战后开展的各种富于个人特色的社会实践，正是由他内心的挣扎所促成的。但无论如何，这样的形象实在称不上是战时坚持抵抗的知识分子在战后展现的飒爽风姿。而事实便是战后的林达夫神话根深蒂固，以至于连他真实的面貌都已看不见。

# 第六章
# 一九五〇年前后

## 一

笔者认为一九五〇年这一年份既宣示了“战后”的终结，也宣告了新时代的来临。

首先梳理一下这一年间发生的事。一月六日，共产党和工人党情报局机关刊物《争取持久和平，争取人民民主！》刊发“观察员”文章，批评日本共产党的和平革命路线。六月六日，麦克阿瑟元帅下令开除共产党中央执行委员会二十四人的社会职务。六月二十五日，朝鲜军队越过三十八度分界线向南挺进。七月一日，美国陆军登陆釜山。七月八日，麦克阿瑟下令设立国家警察预备队。七月二十四日，GHQ（驻日盟军总司令部）要求媒体相关单位开除共产党员及赞同其理念的人。十月十三日，政府宣布撤销10050人的开除令。十月二十五日，中国人民志愿军跨越鸭绿江前往朝鲜战线。十一月二十一日，甲级战犯重光葵假释出狱……顺带补充一下，七月开始的赤色清洗[①]波及政府部门及主要民营企业，截至十二月共有12149人被开除。另一方面，撤销开除令的范围也扩大到了职业军人，十一月十日共有3250名复员军人的开除令被撤销。仅仅列出上述这些事件，想必已经能够清楚地感受到一九五〇年是在这样一种危机下度过的："冷战"正逐渐转变为"热战"，甚至可能升级成第三次世界大战。

当年八月，清水几太郎在《朝日评论》上发表了《站在命运的十字路口》一文。清水听闻参议院选举第二天即六月五日，当选的羽仁五郎在朝日新闻社的露台上提醒众人，政府或将重新颁布《治安维持法》，他在文中写道："当从他口中听到'治安维持法'这几个字时，想必我的脸色一定异常苍白。迄今为止我恍恍惚惚闪过念头并感到忧惧的正是这件事。可以说我早已经意识到，但一直在阻止自己去想这几个字。"下一个月，丸山真男在《世界》上撰文表示，迄今为止他一直对当下的政治与社会问题避而不谈，"但从去年秋季前后一直到最近，一路看着日本国内外的形势走向及报刊上的论调，我感到已经忍无可忍，无法再继续就这些问题保持沉默"。（摘自《致一位自由主义者的信》）清水与丸山这两位"战后"意见领袖对一九五〇年这一年份共同抱持的危机意识，可以概括为对回到战前的恐惧。而让这种恐惧得以生根的，正是对"战后"给予积极肯定的姿态。他们当时如此拒斥回到战前而希望将"战后"死守到底，这"战后"究竟意味着什么？不得不说若不能解开这个疑问，恐怕就无法对一九五〇年前后展开考察。

① 又译赤色整肃，指盟军占领日本期间驻日盟军总司令部发动的一场针对日本共产党的清洗运动。

关于何为“战后”这一难题，笔者决定暂且无视可以预见的汹涌如潮的反驳，先写一写自己提出的或许会被视为暴言的假说：“战后”这个问题的标志，或者说主要思想，正是一九五〇年一月六日遭“观察员”批评的野坂理论。借用“观察员”的话说，“美国占领军在日本装腔作势，扮演着发挥先进作用的代表，而野坂那套看似是在推动‘和平革命’引导日本走上社会主义发展道路的见解，其实是在将日本人民推入混乱的深渊，助推外国帝国主义者将日本改造为外国帝国主义殖民地式的附属品，沦为其在东方的新战争根据地”。（刊载于《赤旗报》一月十三日刊）文章如此抨击道，而被认为存在问题的“和平革命”路线正是一九四六年一月十二日时隔十五年从流亡地回到日本的野坂参三提出的。借用倡导人野坂的话说，从第二次世界大战时，欧洲为抗击法西斯主义而诞生的民族战线中筛去大资本家和大地主，结成“比由劳动者和农民组成的人民战线范围更广”，“集结各种民主主义势力的战线”即“民主战线”，日本需要借鉴那样的经验，以“通过这一大范围组织实现国家重建，完成民主革命”为目标，为此，共产党必须成为“大众的党，人民的党，国民的党”，摆脱原有印象变成“广受日本大众与人民爱戴的党”。（摘自《朝日新闻》一九四六年一月十五日刊）无可否认，这样的“和平革命”路线确实消除了日本共产党战前的阴暗形象，在大众，尤其是知识分子中间树立了党的良好形象。一九四八年，出隆、森田草平以及赤岩荣等知识分子接连入党，正是建立在这一新路线的前提之上。就连渡边一夫这样的人都在一九四九年三月《文艺春秋》的“共产党与知识分子”特辑中坦言，在一月的大选中将选票投给了共产党，并就其理由阐述

道："共产党给人的感觉是他们在坦率地贯彻清新的主张，也只有他们可以让我投出一票。"（摘自《似是而非党员的剖白》）

野坂理论在知识分子中的人气即使在共产党和工人党情报局刊文批评后，也一直在持续，一九五〇年三月《展望》推出"共产党和工人党情报局与日本共产党"特辑，就如何看待情报局刊文批评一事询问了十七名知识分子的意见，其中大部分称不上左翼的带有自由主义倾向的人，均对"和平革命"路线表示了支持，这一点值得玩味。比如，河盛好藏表示："依照野坂的理论，即便处于被占领的情况下也可以通过议会实现和平革命，我实在不认为这里面存在谬误。反倒是今后可能被采用的其他斗争手段令我深感忧惧，担心是否会阻碍好不容易才有些头绪的健全民主革命的进程。"（摘自《不安日深》）青野季吉也表示："请允许我先表明态度，我认为即使是处于被占领的情况下，也一样可以和平地实现民主革命，而且我们必须在每一次行动中提升实现的可能性。"（摘自《断想》）

当然，在共产党和工人党情报局刊文批评之前，也曾有人对坂野理论提出批评。比如平林泰子就在《日本共产党批评》（刊载于《新潮》一九四九年十二月号）一文中表态说："每每看到被称为野坂派的人的理论还有那一张张脸，就觉得是在给共产党和富有共产党特色的东西注水，试图将它们变成并非日本共产党的不伦不类的东西。拖泥带水不是我的风格。"她甚至提出："如果日本共产党的主要任务就是这样而已的话，那我们另外需要一个能咬紧牙关、忍辱负重地锤炼出一份解放计划的政党。"让笔者觉得饶有兴味的是，在共产党和工人党情报局刊文批评后，以最为严厉的方式对野坂理论发起全面进攻的，却是那些在情报局刊文批评前默默顺从该理论的党内反对派，即所谓的国际派。

笔者手头有一份发行日期为一九五〇年八月的宣传小册子，是“日本共产党新日本文学会中央小组”发布的《声明书》。该声明针对遵循野坂理论的主流派文化政策的谬误，指出战后党内轻视理论学习，因为困难而回避理论学习，“任由低俗的‘实践主义’取而代之，正因为此，党内的官僚主义统治显然变得容易得多”，从而导致了“马克思主义思想的粗俗化”。声明总结道：“总而言之，面对考虑到大众文化水平低而采取的以普及需求为名来满足大众各种文化欲求的行动，以及提升这些文化欲求的道路，试图以一味模仿和指令式政策来阻止这些行动的趋势越发明显。”声明就其导致的结果指出，“如此一来，会促使人们轻视为进行艺术创作而付出的卓绝努力以及艺术所具有的崇高意义”，也会导致“在统一战线的名义下对党内外的艺术家与知识分子用之即弃的实用主义，恃强凌弱，独断专行”，最终使党的文化政策在党内党外信誉扫地。“最为严重的是，这一倾向将大正末期以来的无产阶级文学运动轻率地定性为‘小资文学’，使得那些无视日本无产阶级文学的献身精神，无视党对其的指导，也无视其吸收苏联文学理论并取得宝贵成果这一对党本身也具有重大意义的历史事实的第三方理论广为流传。”

笔者之所以在这里详细记述党内反对派的见解，是因为该《声明书》提出的批评，尤其是对当时那些情况的指摘，与一九四六年至四七年底那场“政治与文学”论战中，以中野重治和宫本显治为首的“新日本文学会”成员对《近代文学》同人，尤其是平野谦和荒正人提出的批评几乎毫无二致。笔者在本章开头先行提出了所谓“战后”的标志即野坂理论的假说，不用说，这一假说的意思是“战后”的各种思想皆以坂野理论为轴心，或赞同或反对，由此交汇而成。而笔者正是在看到这份“日本共产党新日本文学会中央小组”发布的《声明书》之后，构建起这一假说的。因为在读完这份《声明书》之后，笔者突然意识到“战后”《近代文学》与《新日本文学》，乃至“民主主义科学家协会哲学分会”之间的对立，其实与野坂理论和党内反对派之间的对立如出一辙。只有在如此假设之后，我们才有可能注意到那场被归结为“政治与文学”论战的以《近代文学》和《新日本文学》为双方代表的新旧论战，正是从一九四八年二月日本共产党第九届中央执行委员会会议修正以往“民主战线”路线，倡导“民族民主战线”的时候开始，对来自旧派的攻击削弱了反击力度——这场论战包含主体性论及知识分子问题在内，自一九四六年持续至四七年，且其后参加者大幅增加，论战范围也越发广泛。同时，我们也才能理解为何其后尽管在理论上仍留有诸多问题悬而未决，但一九四八年九月《世界评论》刊出野坂参三、新村猛、宫本显治、荒正人、菅道、真下信一及武谷三男这六人的“反法西斯战线与知识阶层”座谈会纪要后，一切就像行过拍手礼[①]一般画上了休止符。

为了给笔者的这一假说提供更多证据，在此想提一提野间宏的《现代主义批评之后》（刊载于《前卫》一九五七年三月号）一文。野间宏在文中就“战后”这场“政治与文学”论战的内幕这样写道：

> 要说现代主义批评是以何种形式进行的，首先在文学领域，表现为新日本文学会——尤其以该会中央小组为主——对《近代

① 日本民间习俗，在达成协议或和解时，双方一同拍手以示圆满落幕，也常见于相扑等比赛及仪式。

文学》及《综合文化》等刊物所领导的战后文学运动提出的严厉但错误的批评，他们称其为小资运动，指责那是一场带有艺术主义性质的、脱离民众且毫无内容的个人主义思想所掀起的文学运动。表面上看似乎是中野重治在批评荒正人与平野谦，并由此引发了一场论战。但在党内，实则表现为新日本文学会中央小组内部领导层与野间宏本人之间的论战。

其后，野间记述了一系列值得玩味的事实，如：他一九四六年底入党以来，曾三番五次以类似审问的形式遭到批评，“这种时候德田球一跟我说这种批评方式是错误的，希望鼓励我振作起来”，最后野间在一九五〇年七月拒绝在“中央小组”的《声明书》上签字，而转投《人民文学》阵营，《新日本文学》与《人民文学》之争实为“宫本显治与西泽隆二之争”等等。毋庸置疑，这揭示了战后文学不为人知的一面。

不过，关于野坂理论，不仅仅是上文引用的平林泰子，就连竹内好都在《展望》的“共产党和工人党情报局与日本共产党”特辑中表态说：“我总感觉野坂理论带有一种欺骗的味道。表面上看似有理有据，但其实将革命性偷换成了日常性，更像一种诡辩。”并对情报局的批评加以了肯定：“共产党和工人党情报局的批评让我们深切地感受到日本没有共产主义。”（摘自《欺骗与蠢话》）就像这样，包括平林和竹内在内，情报局刊文批评后，不少左翼知识分子都将野坂理论认定为日本共产党所特有的错误路线而摈弃。那么是否真如他们所说，野坂理论是不是情况特殊的日本所特有的产物？

一九四四年九月九日，在盟军解放的巴黎诞生了戴高乐领导的临时政府。支撑这一政府的，正是一九四〇年以来在流亡地伦敦坚持不懈号召抵抗的“救国英雄”戴高乐将军的声望，和自称“有七千五百名被枪杀者”、自诩为抵抗政党和爱国者政党的法国共产党。这一体制一直延续到一九四五年五月八日德国无条件投降之后，其执政基础则是各类抵抗运动的统筹机构CNR（全国抵抗委员会）于一九四四年三月十五日制定的一份纲领。纲领称，为了建立“扫清维希政府创设的应以之为耻的反动体制，铲除法国投降前便已存在的腐败与背叛，建立属于人民的、具有民主主义制度的新共和国”，即实现“将民选代表所行使的有效统治与持续的政治行动相结合的民主主义”，倡导大范围确立民主主义，实施寡头企业的国有化，鼓励劳动者参与企业经营，并彻底落实社会保障等。德国投降后不久，法国共产党中央委员会于五月十八日向全体党员发出呼吁，“为了在民主主义与进步的大旗下实现祖国重建，必须集结法国力量”，并将消灭法西斯主义、践行《CNR纲领》和实现民众意志作为当务之急。毋庸多言，这份《CNR纲领》虽说带有极其浓厚的社会主义色彩，但丝毫没有超出民主主义的范畴，采纳这份纲领显然意味着暂时放弃社会主义革命，我们不应忽视这一事实。自一九四五年十月二十一日宪法议会选举之后，一直到一九四七年为止，法国共产党几乎一直占据着第一大党的宝座，支撑着战后的“新共和国”，在截至一九四七年五月期间，为四届内阁输送了一任又一任部长。

巴黎解放后不久，阿尔贝·加缪便在文中写道：“谁都不曾想到，在这场动乱中获得的自由竟带着某些人梦寐以求的安逸、驯服的一面。这可怕的分娩正是革命的分娩。”（摘自《自由的血》，刊载于《战斗》报一九四四年八月二十四日刊）加缪期待着实现“无须提出进步这种无聊问题，确信人类的命运时刻掌握在人类手中的社会主义”（摘自《战斗》报十一月四日刊）。同时，萨特也梦想着维持抵抗力量的团结，恳切期盼着“把沉默与夜晚的共和国的冷厉美德保持到白昼的共和国”（摘自《沉默的共和国》，刊载于《法国文学》十一月九日刊）。而弗朗索瓦·莫里亚克则记叙道：“我们现在终于懂得，无论过去我们曾被何种东西所割裂，我们都是共享同一精神的孩子，是在同样的‘自由’中孕育成长的兄弟。”（摘自《写于解放第二天》，一九四四年八月，收录于《政治论集》）这三位政治立场各异的人虽然措辞截然不同，但他们所描述的正是《CNR 纲领》所展现的“新共和国”的姿态。关于当时这种超越政治立场、所有人都梦想着同一个乌托邦的时代氛围，西蒙娜·德·波伏娃在回忆录中这样写道：“（前略）在我看来，年轻的美国士兵无忧无虑的样子所体现的正是自由本身。我们的自由，以及——我们曾如此确信——他们将给全世界的每一个角落送去的自由。希特勒和墨索里尼被打倒，佛朗哥与萨拉查被赶下台，欧洲想必会彻底终结法西斯主义。法国将基于 CNR 纲领走上社会主义道路。……《战斗》报的那句‘从抵抗走向革命’的口号，极其准确地表达了我们的希望。”（摘自《物质的力量》朝吹登水子、二宫芙萨译）在一九四七年之前的大约三年时间里，法国曾存在着这样一种从抵抗中诞生的、或可说是前所未有的全民规模的精神共同体。

而正是“冷战”一举击溃了战后这个神话般的时代。一九四六年后，希腊持续爆发内乱，苏联为达达尼尔海峡的通行问题向土耳其施压，东欧国家在苏联军队管控下接连建立社会主义政权。在这一系列事件的推动下，杜鲁门总统于一九四七年三月十一日在国会众参两院联席会议上宣布推行“杜鲁门主义”，主张“自由人民正在抵抗少数武装分子及外来势力将他们征服为奴的企图，美国必须支持他们”，从而明确了美方立场，以此掀开了“冷战”的大幕。当时法国国内通货膨胀，情势每况愈下，同时劳动力和煤炭短缺导致国内产业不断减产，到一九四七年时，法国国家财政捉襟见肘，濒临破产。若没有美国强有力的经济援助，法国根本不可能走出困境。一九四七年五月四日，五名来自共产党的部长以内阁在雷诺工厂罢工一事上意见不一为由，退出了拉马迪埃社会党内阁，在具体表现上，法国“战后”体制的崩溃最早正是以这种形式显露出来的。法国共产党亲手破坏了“战后”的合作体制，然而，直到九月末日丹诺夫在波兰举行的欧洲共产党代表会议上发表演讲，他们才第一次意识到形势的严重性。

九月二十二日，欧洲共产党代表会议通过决议，决定组建共产党和工人党情报局，该机构实为东欧地区的攻守同盟机构。会上，日丹诺夫猛烈抨击了“美帝国主义称霸世界”的阴谋，揭露了“马歇尔计划”意图将欧洲国家收为卫星国的侵略企图，进而广泛呼吁欧洲各国捍卫民族自由与独立。这无疑对多列士和杜克洛等法国共产党干部造成了巨大冲击，在此之前他们一直将“马歇尔计划”视为单纯的经济援助，准备采取容忍态度。十月二十九日，《人道报》整版刊发多列士在中央委员会上的建言，文章采用了三段式大标题：“捍卫共和国，捍卫国民独立，集结法国的所有力量，反对美帝国主义者及其爪牙 RPF（法国人民联盟（即戴高乐派））与法国社会党！”“粉碎社会党领导人的奴役与分裂政策，向着人民更进一步！”开头便是一段多列士的自我批评：“我们没能以我们理应秉持的严厉态度强调，我们之所以被政府排除在外乃是基于美国明确无误的反动命令。”报纸上整版都是多列士在中央委员会上的建言。那一刻，“爱国者政党”法国共产党也开始追随苏联在国际政治外交路线上的方针转换，全力阻止“法国成为隶属国”，破除“美国最危险的爪牙”的蛊惑。就这样，法国共产党在一九四七年十月 180 度转换了政策方向，由此引发了十一月以马赛骚乱为开端的可称之为暴动的全国性大罢工，使得法国全境瘫痪了一个月，并在十二月导致可谓是世界民主运动先锋的 CGT（法国总工会）内部分裂。

法国的“战后”——虽说自巴黎解放之后仅持续了短短三年——夹在第二次世界大战终结与“冷战”开幕之间，经历了从抵抗中诞生的各种政治立场的同床异梦，不过是“幻想的共和国”的神话时代。而就连这一“幻想的共和国”都因斯大林的路线转换而重新变回了脆弱的纸上谈兵。

书写至此，恐怕也无须特意将日本的“战后”与法国的“战后”大加比较。虽说两国一个是战胜国一个是战败国，但法国的“战后”与战败国的“战后”几乎没有不同，一样在困窘中度过，就从废墟中创造新事物的希望始终存在于民众之中这一点来说，法国与日本所拥有的共同点超出普通人的想象。不过在此也必须补充一点，在法国，一九四七年意味着“战后”的终结，而在日本，这一时间节点直到一九五〇年才真正到来，两者存在时间差。基本可以认为，其中既有地理上的原因，毕竟日本远离“冷战”的主战场欧洲，同时也有政治上的因素，同盟国对日本的占领政策或多或少地受到了苏联也参与的对日理事会及远东委员会的牵制。而且无论法国还是日本，“战后”的大幕显然都是由共产党和工人党情报局以对在各自国家走民族主义路线的两国共产党提出严厉批评的方式拉起的。

## 二

或许是因为当时留下的印象过于强烈，一想到一九五〇年这个年份，笔者脑海中最先浮现的必然是刊发在那一年新年号刊物上的两部作品。一部是大冈升平的《武藏野夫人》，在《群像》上从新年号一直连载到九月号，另一部是福田恒存的《凯蒂台风》，最先发表在《人间》一月号上，之后三月于三越剧场被“文学座”搬上了舞台。

《武藏野夫人》直接引用拉迪盖的那句“德·奥热尔伯爵夫人那般的内心波动真的已经过时了吗?”作为卷首引言，讲述了一位贤德的妇人一步步走向死亡的故事，一般被视为恋爱小说。然而，若刨根究底地追问究竟是什么逼死了女主人公道子，笔者不禁感到在那拉迪盖式的心理小说的面具之下，似乎有某种隐藏的东西正逐渐显露出来。对道子来说，“大富大贵的士族宫地老人一手创建的礼数完备、安平宁静的家庭氛围便是她的全部”，在她眼中究竟什么是贤德？答案便是：“道子一个人反省时，尚有几分从容，觉得自己不过是扮演着一个贞淑的妻子并为此感到不幸，可一见到小勉，她便不得不死死守住这个角色。”道子的贤德正是这种“自制”，说得更直白一些，是一个“继承了家产的女儿身为雌蜂的本能”，是对小她五岁的堂弟小勉的一种母性本能。而将她逼上死路的并不是外表虽不可察，但内心始终对战场的无序抱有一种怀念的复员学徒兵小勉对贤德的反叛。真正的凶手，是道子的丈夫、在私立大学担任法语教师的秋山，他醉心于研究对象司汤达而对禁忌之恋跃跃欲试，且在战后翻译热潮的影响下，过去觉得无地自容如今却变得随心所欲，加之废除了通奸罪，开放性的时代氛围也推波助澜，无法满足于妻子肉体的他终于出轨已为人妻的富子，正因为他自诩为一家之主所以才萌生了与道子离婚再与富子结合的念头，并谋算着将寄存在他手中的宫地家祖宅的产权书拿给房地产商，他“本以为一切就如同将人偶重新排放一下那般简单”，是“囚困于授课题目中的文学……始终处于人伦之外”；是道子的表兄、实业家大野，他借着战后短暂兴起的黑市经济过上了暴发户的生活，可随着时局趋于平稳而逐渐没落，遂将道子名下的土地抵押借款最终不了了之；是大野的妻子富子，她水性杨花喜爱奢靡，忍受不了普通的生活，尽管对秋山并非真心却还是跟着他一起沉沦。在一九四八年六月至一九四九年秋的一年零数个月里，正是这样一群人环绕在“散水”①的道子身边，我们必须意识到这些正是“战后”最典型的几类人。换言之，这篇小说初看像是拉迪盖式的心理小说，但其深处隐藏着一种冲突：背负着正统历史的贤德与必须破坏这一切的被称为“战后”的东西之间的对立。化身为道子的贤德，在“战后”解放的各种欲望联手发起的总攻下，最终筋疲力尽一点点崩溃，可以说这才是这篇小说的主题。而通过讲述贤德在“战后”的命运，《武藏野夫人》所刻画的恐怕正是在贤德面前过于轻薄且丑恶、不过是一场幻梦的“战后”的虚妄。小说临近尾声，道子盛装服毒后，在弥留之际神思恍惚的状态下，“理性和意志都已不在的”她道出了关于爱恋与嫉妒的内心独白，这段话背离了道子贤德的形象，让其他登场人物从迷梦中醒来，将悲剧转化为喜剧，同时也将《武藏野夫人》这部小说升华成了一部辛辣讽刺“战后”幻想的喜剧。

---

① 书中地名，日语原文为“はけ”，位于 JR 中央线国分寺站与小金井站之间，有说法认为日语名取“排水地”的意思，故做此译。

另一边,《凯蒂台风》正如作者自己所写，是一出名副其实的“四幕喜剧”。故事比《武藏野夫人》晚了一年，设定在一九四九年夏秋之际，地点位于战时担任华北交通负责人、战败后回到日本的大村浩平建在湘南的一处别墅里，讲述了包括精神病医生、中学教师、青年实业家以及信奉共产主义的大学教师在内，一群各式各样的“失败知识分子的寄生虫”聚集在别墅举办沙龙舞会的故事，他们以战后流行过的各种思想为衣裳，正可谓是废寝忘食地沉溺在空泛而又观念性的、为了争论而争论的争论之中。不仅如此，这场持续了一整个夏天的假面舞会被小说中人揶揄为“因为暴风雨，和本土之间的交通瘫痪了，那边连暴风雨肆虐的消息都不曾听闻”，而支撑这样一场舞会的正是那些在叫嚣着财阀解体的大环境下“不知道他们以什么为生，却可以像这样大肆铺张”的，被“失败知识分子的寄生虫”们所敌视的日本老资产阶级的实力。最终，大村家这场深不可测同时又充满活力的沙龙舞会——这个矛盾的世界——因为大村夫妇在凯蒂台风过境当晚死于一场事故而彻底崩塌。换一个角度看，二人之死或许一方面可以看作是战后性解放的一种终结，另一方面也喻示着催生出一批又一批战后暴发户的黑市经济必然的结局。

即便如此，在第三幕戏中，舞台上的插科打诨和双关语此起彼伏多得叫人眼花缭乱，各种异想天开的行为接二连三，而这一切都因为大村夫妇突如其来的死画上了休止符。最后一幕是一个秋日的上午，阳光明媚得“近乎残酷”，此时凯蒂台风已过去一月有余，在一一了解了大村家沙龙的那些常客的近况后，便会发现大村家辉煌华美的世界已经和夏天一起如一场幻梦般逝去，没有留下任何残影，观众们仿佛如梦方醒，被故事拖入深深的空虚之中。与此同时，在观众的内心，很容易便会由大村家联想到“战后”的文坛与评论界，一九四九年九月赤色清洗开始导致民主主义革命崩溃，经由同期发生的凯蒂台风这一媒介，大村家世界的空虚也直接指向了“战后”世界的空虚。

必须指出，一九五〇年初发表的这两部作品向我们所展示的，正是一个认定“战后”这样的时代在现实中不可能存在的时代，一个让人将幻想误认作现实的时代。而与大冈升平和福田恒存一样，还有一位知识分子也早在一九五〇年便明确地断言“战后”乃是一场虚妄，他就是林达夫。

林达夫于一九五〇年八月在《群像》上发表了《新时代的开幕》一文。

他在文中先就一九五〇年的现状这样描述道：

> 战后五年我国政治惑人的画皮似乎终于开始剥落，一如往常，那些在其显露真容之后终于感到幻灭并开始反扑上去狠咬一口的人，着实让人觉得滑稽。看着那群无知好骗的知识分子在五年前大声自白“被骗了”之后，这一次又在公众面前高调宣示自己“绝不再上当”的觉悟，可话音未落恐怕又将重蹈覆辙，他们那毫无戒备的轻率举动只叫人觉得怕是又“被骗了”，这一切看得我目瞪口呆实在无意多言。总体而言，越是那些不熟悉政治，对政治不加深思熟虑的人，便越容易轻率地投身于政治，沦为政治的牺牲品，这已是我国知识阶层的常态。这世上再没有任何东西比政治更会肆意玩弄人的善意，恶用人实践的勇气。

毋庸多言，这段话显然是对日本知识分子在一月共产党和工人党情报局刊文批评后所呈现的混乱与迷茫有感而发。林达夫充满自信地说他早已预料到会出现这样的局面，并就促成这出喜剧的“战后”坦率地发表了自身的见解：

> 战后，人人都在高喊民主主义政治并为之欢天喜地，而我却丝毫无法附和。依我看，究其本质，那东西不过是一种拙劣的模仿，一场作秀性质的政治游戏。就如同耍猴人指挥的一场猴戏，我自然不可能与之为伍，那景象仅仅是旁观都叫人意气消沉。最要紧的动作设计半点都不可能由自己完成，这便是猴子剧团的宿命。而这份凄凉正是战败的那一瞬间必然会加诸于我们的铁律，同时恐怕也是今后数个世纪多多少少会让我们为之苦恼的遗产。

在此之前，林达夫从未进行过如此猛烈的“战后”批评，关于《反语的精神》一文中仅被形容为“由外部转入了内部”的“战争的分解性影响”所带来的“战争创伤”，林达夫这样写道：

> 我这个人对那场战争的理解和一般人略有不同，但我绝不是在认可那场战争，只不过世界史上那一个个先例早就让我看到了战败的阴森与可怕。所以当那场怎么看都毫无胜算的战争，被人们若无其事、简简单单地归结为吃了败仗时，让我觉得难以接受也不可理喻。当我听到八月十五日全面投降的消息，毫不夸张地说，我泪水滂沱止也止不住。眼泪源源不断地落下，连我自己都很疑惑我这身体里究竟是哪个部位储藏了那么多的泪水，恐怕前

半生流过的眼泪加在一起也不过如此。那是一种既复杂却也单纯的无处排解的悔恨。我心中的那只眼睛在那一刻将日本的整个过去与整个未来都尽收眼底。“别了，日本。”这便是我的喟叹，心底的那根心灵支柱在那时无声地断成了两截。

这段不得不说叫人倍感意外的自白，紧接着转向了对“战后”自身处世方式的说明：

古老的日本虽然让我充满厌恶，可一想到即将永别，却也难抑恻隐之心。身为世界主义者，这一点确实出乎意料，但到底是人之常情。心中总想做些什么予以宽慰，就这样送走了一个个日夜。在这样的心境下，眼看那些冷酷而刺耳的罔顾现实的言论开始横行，该是何等无奈而悲愤。

继而林达夫表示，那个时候“自然而然流入我心田给予我安慰的文章”是川端康成的一篇短小的感想文，文中写道：“我是个已死之人，除了可悲的日本的美，此后我再不打算书写任何一行文字……”林达夫在文中回忆，八月十五日晚阅读都德的《最后一课》时不禁哽咽，表示“战前和战时，我曾在某大学教授美利坚合众国的历史，那时我一心只想公平公正毫无歪曲地阐述美国的样子，但那天以后我便彻底停下了，再没有说过关于美国的话”。他就“战后”的那段“沉默”解释道：

（前略）所谓新的日本，想必是一个被美国同化的日本——对于这样一个未来的日本，我无法提起兴趣也没办法抱有期待。

且不论好坏，我是一个老派的明治人。我们这些“洋学派”的志向，乃是要追赶并超越西方。而若要沦为“穿洋服乞洋食”，恕我的自尊不能容许。“沉默”也可算是写作之人的一种言说方式。只要与美国相关，我决意顽强地坚守沉默战术。谁让我这人素来与从众无缘呢。

其后文章指出，战后“这五年最令人惊讶的事情之一，就是压倒性地风靡社会的有关政治与文化的言论与行动都避开了最明确也最关键的一点：日本的问题正是 Occupied Japan① 的问题”，并断言“那群看不清战争真相的人，自然也不可能看清战后的真相”。文章将此抨击为“知识阶层的政治失格”，并在末尾写道：“（前略）虽是老生常谈，但重大历史事件往往会发生两次。第一次是悲剧，第二次是闹剧。看这情形，这场闹剧终于拉开了大幕。这之前的五年不过是一段 Interlude②，不，应该说是开幕前的准备而已。”

在前一章里，从《反语的精神》到《无人地带的世界主义者》，通过阅读林达夫在战后留下的文本，我们得以窥知他的内心因为战败而发生了巨大变化。但遗憾的是，我们虽然能从各种独立的现象中推测出变化的所在，可这变化在整体上究竟达到何种规模又有着何种意义，我们很难弄清楚。一方面林达夫自己缄口不语，另一方面由于他战后处于“搁笔停耕的休业状态”，要揣测他晦涩文章背后隐藏的东西，实在欠缺足够的佐证。

然而，这篇《新时代的开幕》与之前截然不同，详细述说了这

① 意为：被占领的日本。

② 意为：插曲。

段过往，且林达夫的文章未免明快得有些令人难以置信。在前一章里，笔者以林达夫在《反语的精神》中阐释的话语为线索，就其战时的行为提出了一个假说，而这篇文章明确证实了笔者的假说。作为对国家带有绝望意味的一种终极抵抗，林达夫投入了它的怀抱，可最终别说抵抗，他反而逐渐被国家所笼络、利用。尽管如此，正如前面所述，因为幼年时的经历，林达夫是日本人中极少见的能将国家相对化的人。一直以来，他的祖国都由他自己基于思想上的身份认同进行选择。林达夫自身早已认识到这一点，所以对于他自己在战争末期到战败那段时间的变化，他不得不坦言“身为世界主义者，这一点确实出乎意料，但到底是人之常情”。依照他的自白，日本面临存亡危机之际，林达夫内心诞生的，或者说觉醒的，正是对“让我充满厌恶”的“古老的日本”的哀怜，是身为“一个老派的明治人”的自我认知，换言之也是对他自己是一个无可置疑的日本人的身份自觉。

在《无人地带的世界主义者》所回复的山田吉彦的那封题为“世界主义者对什么效忠”的信函中，山田虽然表示在他看来“效忠”的对象只能是“朋友”，但他也提及了他所意识到的自己尚难以解释的一些东西，信中写道：

> （前略）我虽然因为巴黎那些日本人的虚假宣传受其蛊惑而回到了日本，可当船在傍晚驶近门司的时候，看着那一排排咖啡馆的廉价霓虹灯，一阵感慨涌上心头。就和当年我看到巴黎，远远望见帕特农神庙，还有看见广阔的撒哈拉大沙漠时眼前一片迷蒙一样，我感到眼睛也同样一片迷蒙。我不知道我究竟是怎么了。但泪眼模糊的事实真真切切不容置疑。在此我只想将其简单

地归结为我们的血液中或许确实存在着某种未知的东西。由此可知，对国家效忠可以不经个人思维而作为一种集体表象被轻易点燃，这应该也是事实。

一九四〇年前后，林达夫曾在《现代社会的表情》和《关于宗教》两篇文章中论述了难以通过理论加以定义的“日本自古以来的心性”，并预感到有一种阴暗的东西在支撑着“让我充满厌恶”的“古老的日本”。然而，无论是如此论述的林达夫，还是同样厌恶日本与日本人的山田吉彦，在那一刻都不得不承认这种阴暗的东西也存在于他们自己的血液当中。

或许可以认为，林达夫“战后”的五年其实正是围绕这种阴暗的东西，在进行着一场是克服还是承认的看不见的斗争。在笔者看来，当林达夫接受并承认这种阴暗的东西是自己无可改变的一部分时，他才终于可以用《新时代的开幕》中那般明快的语言讲述这段过往。这也就意味着他明确地确认到自己身上存在非世界主义的身为日本人的部分。当他终于能够承认自己被川端康成的文章感动得“泪水滂沱止也止不住”时，“战后”在他眼中便彻底成了一场虚妄。为了迎接这一时刻，林达夫在迷乱与挣扎中度过了战败后的五年时光，这段时间于他或许是必不可少的。所以，他在《新时代的开幕》中严词评断“战后”的罪过，与之前不那么自信地对“战后”的肯定及其模棱两可的态度并不矛盾。在走到承认“日本自古以来的心性”也是自己的一部分这一步之前，林达夫依循其自身战前以来的思想脉络，一直在努力成为一名“伊壁鸠鲁主义者同时也是世界主义者”，这种努力本身并没有错。只不过在一九五〇年夏，林达夫觉醒了，如今他的世界已彻底改变，呈现出一种前所未有的新面貌。而当“战后”在他眼中变得虚妄之后，由这“战后”的特点自然可以预想到，随之而来的必然是一场“闹剧”的“开幕”。对将“战后”视为虚妄的林达夫来说，日本的未来这一出“闹剧”不过就是“战后”这出“猴戏”的翻版，不可能有任何值得期待之处。如此明确的认知，正说明林达夫无论对当下还是未来都已绝望透顶。我们必须认识到，这篇文辞过于明快的《新时代的开幕》不仅宣告了闹剧的“开幕”，同时也在先一步宣布林达夫与即将到来的新时代不会产生任何瓜葛。

同样是讲述“战后”的虚妄，大冈升平和福田恒存与林达夫之间本质性的差异或许就在于此。若要将“战后”定性为虚妄，必然存在一个不虚妄的理想中的日本形象。然而，在一九四一年进入沉默期之前，可以说林达夫都是以否定“古老的日本”为目标。就这一点而言，即便“战后”只是占领期开出的一朵不会结果的徒然之花，从林达夫以往的思想脉络来说，他显然应该予以肯定。然而，他却否定了这一切，这也就意味着他全盘否定了一九四一年之前自己所走过的历程。所以，《新时代的开幕》其实也是林达夫自身的一纸败北宣言。大冈升平与福田恒存通过创作《武藏野夫人》和《凯蒂台风》开辟了一片新天地，与此二人不同，林达夫所期待的却是在全盘否定过往的基础上从零开始，迈出第一步。与《新时代的开幕》明快的行文恰好相反，暗藏其中的却是一个困难而复杂的问题。而且我们也可以认为，其结果导致林达夫再次陷入了沉默。

当时，宣告“新时代开幕”的人不在少数。事实上，在代表“战后”的刊物上，已经可以看到与过去四年不同的新变化。

《文艺春秋》早在一九四九年六月号上便已刊发了辰野隆、德川梦生与佐藤八郎的题为“天皇陛下开怀大笑”的座谈会纪要，销量暴增。且在刊发这一座谈会纪要的五、六月号刊物上，《文艺春秋》还刊登了新井勋的《震撼日本的四天——二·二六事件青年将官回想》，内容选编以皇室报道和纪实为主，走可读主义路线，以此在综合刊物中胜出一筹，确立了霸主地位。之后其他刊物紧追其步伐，后一年《改造》新年号180度大转向，在卷首刊发《天皇御歌七首》，并配以式场隆三郎和伊东忠太等人执笔的特辑“天皇会见记”，以及吉田茂、永井荷风与德田球一等人的《青春回顾》。这股新风潮与一九四九年以来全社会向右转的动向相呼应，在评论界左翼退潮，自由主义者乃至高坂正显和西谷启治等京都学派复出，《中央公论》开始大幅采用芦田均、冈崎胜男和金森德次郎等当代政治家的文章。《世界》《展望》《人间》虽然没有呈现出此类变化，但《文艺》自七月号起主编由杉森久英换成岩谷大四，迄今为止可以说独霸版面的战后派几乎销声匿迹，“文艺风物志”和“图文并茂”式的休闲读物取代了评论，占据主要地位。想来也可以理解，一九五〇年评论界最关注的当属全面和谈还是单边和谈，保持中立还是允许设立基地的问题。无须笔者特意指出，在这些问题上舆论方向与一九四九年已大不相同。顺带提一句，一九四八年五月GHQ批准翻译出版海外书籍，当年各大书店同时摆出了一大批国外新书的译作。书目的选择多少反映了GHQ的意向，如克拉夫琴科的《我选择了自由》、奥威尔的《动物庄园》和《1984》、库斯勒的《中午的黑暗》、普里斯尼尔[①]的《假护照》、格奥尔

① Charles Plisnier（1896—1952），比利时作家。

基[①]的《二十五时》，以及格罗斯曼编著的《上帝绊了一跤》。

在这“新时代的开幕”的时代里，有一个组织旗帜鲜明地反潮流而行，一度成为关注的焦点，在此有必要略加记述。

该组织就是由55名知识分子组建的“和平问题谈话会”，他们于一九四九年三月在《世界》上发表了一份《关于战争与和平的科学家声明》，主张科学家也应负起责任，基于对战败的反省，遵守放弃战争的宪法，守护和平。尽管谈话会成员略有变动，但“和平问题谈话会”始终坚持就时事发声。一九五〇年三月，谈话会在《世界》上发表《关于和谈问题的和平问题谈话会声明》，主张进行全面和谈。同年十二月，又在《世界》上发表了《三谈和平》一文，在朝鲜战争爆发、世界直面大战危机的情况下，汇报了谈话会内部围绕如何守护和平的问题进行讨论的过程，进而明确给出了日本所应行进的方向：全面和谈与拒绝重新武装。在此笔者不便就该谈话会展开深入论述，姑且提一提其成员，包括安倍能成、和辻哲郎、大内兵卫等大正教养派人士以及清水几太郎、中野好夫、有泽广巳等战前便已十分活跃的人物，另有丸山真男、都留重人、鹤见和子等战后登场的新人加盟，可谓是纵跨多代知识分子，且其中大部分皆属于非左翼的自由主义人士——笔者在此想特意强调一点，正如丸山真男之后所说，这些成员都拥有战时“抵抗军部和右翼”的“一种共同体验”（摘自座谈会纪要《关于和平问题谈话会》，刊载于《世界》一九八五年七月临时增刊号）[（附注一）]。而且我们不应忽视，谈话会在本质上与那些以某一政治立场为前提、仅为联名发表一份声明而联合起来的临时性组织不同，

① Constantin Virgil Gheorghiu（1916—1992），罗马尼亚作家。

乃是为持续开展联合研究而集结起来的。为此，就如《三谈和平》所显示的那样，汇总成员讨论成果的报告，皆由成员们针对每个问题点竭尽所能收集资料，加以整理后再经过透彻细致的讨论制定而成，即便放在今天其内容也无可指摘，有着极强的说服力。战后五年间涌现出了各式各样的知识分子组织，仅屈指数出笔者脑中跳出的名字，便有“知识人之会”“未来之会”“夜之会”“火之会”。而作为其中的一员，“和平问题谈话会”最大的特点便在于，它是一个超越代际并持续开展联合研究的组织，也正因为如此，谈话会在战后思想史上有着独一无二的地位。顺便再补充一点，如今众所周知，“和平问题谈话会”幕后的策划人乃是综合杂志《世界》的主编吉野源三郎，这一点和《世界》在一九五〇年“新时代开幕”的时代里，孤军奋战坚持贯彻“战后”立场恐怕不无关系。

另外，关于“和平问题谈话会”还有一点也不得不提。当时，联合国教科文组织基于哈佛大学教授奥尔博尔特等八名来自不同国家的社会科学家的讨论成果，发表了《关于战争原因与和平条件的声明》，“和平问题谈话会”正是为回应这一声明而组建的。或许因为这一背景，谈话会的成员几乎不包含通常所说的文学家，多半皆为大学教授。笔者前面已经提到战后思想中的几大主要问题皆由文学家最早提出，但这些人却无一加入谈话会。回想起来，自一九二〇年代以来，每当日本的思想领域与政治出现交集，最为积极地直面并思考这些问题的总是文学家。而这一次这些文学家无一参加谈话会，并不代表他们当时对和平与和谈问题不曾给予任何关注。笔者先前已经提出了假说，认为思想领域提出“战后”问题的乃是野坂理论，而提出这些“战后”问题的人无论在正面还是负面意义上，都对野坂理论，更进一步说对革命问题涉入得过于深入。正因为此，一九五〇年共产国际的批判才会让他们陷入严重的混乱之中。或许可以说这背后存在着一种奇妙的反作用力：此前越是深入参与政治的人，在一九五〇年的现实面前，便越是不得不从当下的问题中抽离出去。在他们看来，所谓一九五〇年问题不过是日本共产党党内的问题而已。不过，这并不仅仅是一九五〇年所特有的现象。日本共产党的影响力大幅减退之后，文学家的身影从社会实践的第一线消失，取而代之的正如“和平问题谈话会”所象征的那样，乃是大学教授，他们踊跃地出现在了幕前。可以说以一九五〇年为界，属于大学教授的新时代降临了，尤其是在社会实践方面。这一新时代经历了一九六〇年的安保运动，大致持续到一九六〇年代后半期，而在这一时代充当尖兵的正是“和平问题谈话会”。

## 三

之前已经论述过法国的“战后”在一九四七年画上了句号。而正是那一年，“冷战”在各个领域全面爆发，仅就东欧国家来看，二月匈牙利非共产党员的领导人贝拉·科瓦奇被捕，六月保加利亚在任副总理尼古拉·彼得罗夫也遭到抓捕，罪名均为涉嫌叛国罪，彼得罗夫于九月被处刑。之后，十二月罗马尼亚废除君主制，第二年即一九四八年二月捷克斯洛伐克爆发政变，共产党夺取政权，三月非共产党员的外交部长马萨里克自杀身亡。因为同属欧洲大陆，不能否认这一系列事件对法国“幻想的共和国”的崩溃产生了巨大影响。同年十二月一日，莫里亚克在《费加罗报》上发表了《记忆中的那些人》一文，写道：“共产党扔掉了既是民主主义者也是激进派的普吕多姆的假鼻子和假胡须，终于在给自己投票的善良的大众面前露出了赤裸裸的真面目，可大众却似乎不敢相信自己的眼睛。……只要听到自由二字眼中便会泛起泪花，妒心深重地监视民主，时而劝劳动者贤明勤勉，时而又扮作诗人效仿查理一世讴歌‘美丽的法国’。在我们背后泼冷水的正是这样的斯大林主义者。不过，看到那些人顶着一张罪人面孔旁若无人地行事，冷酷地执行死刑，我们反倒可以安心了。”

另一边，一九四八年三月七日，法国和英国与比利时、荷兰、卢森堡三国缔结《布鲁塞尔条约》，建立起实质上的军事同盟。三月三十一日苏联封锁柏林，四月三日“马歇尔计划”正式敲定。第二年即四九年四月四日，西方十二国缔结《北大西洋公约》。关于一九四七年至四八年这段时间，波伏娃在回忆录中列举了一系列真实事件：“十月，多数维希派加入了 RPF①，那些曾协助德国的人迅速蹿升。弗朗丹在《震旦报》上发文，蒙泰朗的《圣地亚哥骑士团团长》和萨沙·吉特里本质上为协助德国进行辩白的作品《跛脚的恶魔》上演，……那段时间接二连三出版了一大批为贝当政策辩解、将之正当化的书籍。……在社会的某些地方，人们甚至将抵抗视为一种谋略、一种流行，以讽刺的口吻谈论着‘抵抗主义者’。”波伏娃继而写道：“我们背后那个名为战争的庞大尸体，就这样一点点腐烂，周遭的空气里满是腐臭的味道。”（摘自《物质的力量》朝吹登水子、二宫房合译本）

法国就这样迎来了“新时代的开幕”，让它以更具象的方式展现在众人面前的正是一九四九年的克拉夫琴科事件。一九四七年，库

---

① RPF：“法国人民集合”（Rassemblement du peuple français），戴高乐于 1947 年 4 月创建的右翼政党。——王前校注

斯勒的《中午的黑暗》被译成法文，销量二十万册，一举成为畅销书籍。一九四八年五月，克拉夫琴科的《我选择了自由》也推出法语版，销售势头直逼《中午的黑暗》。克拉夫琴科原为苏联高官，在苏联驻华盛顿商贸代表团担任要职，一九四四年四月他叛投美国，并于一九四六年在美国出版自传《我选择了自由》，直白而不加虚饰地描述了苏联的劳教所和强制进行劳教的真实情况，以及民众贫困而悲惨的生活，该书出版仅一年便销出两百万册。在那之前，确实也出版过不少讲述苏联国内情况的书籍。《我选择了自由》一书满足了战后同盟国同时显现出的对苏联日益高涨的关注，且作者又曾是苏联高官，故而打消了人们对此前那些同类书籍所抱持的怀疑。不用说，法语版一定也会引发与美国同样的巨大反响。正因为此，共产党系和亲苏派人士对此做出强烈反弹，抵抗运动期间诞生的文学周刊《法国文学》先后数次刊发报道予以攻击，称该书纯属反共主义者的信口雌黄，作者克拉夫琴科系国际反苏运动的爪牙。报道刊发后，克拉夫琴科起诉刊物主编克劳德·摩根[①]和编辑安德烈·魏尔缪塞尔诋毁其名誉。一九四九年一月二十四日至四月四日，巴黎大区的塞纳省轻罪法院开庭审理此案，克拉夫琴科作为原告参加了庭审。

不用说，这场审判自然吸引了全世界的目光。一个生活着两亿五千万居民的国家其制度遭到质疑，人们都期待通过这场审判，能看到一个真实的苏联在西欧的官方场合第一次暴露于日光之下。也因为如此，各国记者和摄影师将法庭塞得水泄不通，现场的景象可谓是一场名副其实的“世纪审判”。其中最吸引众人注意的莫过于被告方与

① Claude Morgan（1898—1980），法国小说家、媒体人、政治活动家。

原告方接连传召的让人目不暇接的证人。被告方传召了约里奥·居里、让·卡苏、韦科尔、库尔塔德[1]、加洛蒂、阿斯蒂埃·德·拉·维格里等知识分子，以及前航空部长皮埃尔·考特、英国坎特伯雷大主教、克拉夫琴科直属上级鲁登科中将，乃至克拉夫琴科的前妻科娃洛夫夫人。原告方传召的证人则以德国共产党干部的遗孀、成功逃离劳教所的诺伊曼夫人为代表，他们在同盟军的协助下将当时流亡到西欧的大批苏联思想犯及难民运至巴黎，组织其出庭作证。于是，这场审判成为了幕后的美苏两个大国所代表的共产党及其支持者加上亲苏派与反共主义者和反苏派之间的一场对决，审判期间“冷战”屡屡升级为“热战”，火花四溅。加布里埃尔·马洛里在《克拉夫琴科事件》(附注二)一书中记述道，尽管苏联的思想犯和难民接连出庭，亲口讲述他们所遭受的罄竹难书的虐待，但被问及为何会遭受那样的迫害时，没有人能给出一个准确的理由，所以他们的证词最终仅停留在罗列碎片式的事实的层面。尽管如此，法院最终支持原告方的申诉，勒令两名被告各缴纳五千法郎罚金，并共同赔偿原告五万法郎，且必须在《法国文学》上刊登本案判决书。虽然判罚出人意料地轻，但据当时的报纸报道，审判期间《我选择了自由》一书日销九百册，克拉夫琴科休息时常有大批书迷前来索要签名搅得他不得安宁，出书所得的版税远远超过了法院裁定的赔偿金。

毋庸多言，笔者之所以认为这一事件宣告了法国的“新时代的开幕”，一方面确实是因为它让“冷战”以现实事件的形式展现在巴黎市民面前，让他们或多或少有机会接触到此前一直被迷雾包裹的苏

① Pierre Courtade（1915—1963），小说家，记者。

俄的真实面貌，但笔者更为关注的乃是法国知识分子对这一事件的反应。比如让·卡苏站在证人席上，首先陈述道："对我们来说，《法国文学》是非合法时代下，无关政党、信仰或思想倾向之别，法国所有爱国作家集结的据点。"其后他讲述了摩根和魏尔缪塞尔尽心竭力为这份刊物付出的辛劳和努力，并就自己内心的感受坦述道："看到过去曾那样付出的两位人士，今天只因把采取了有利于敌方行动的人称为叛徒而被卷入这样一场轰动一时的审判，我实在心痛至极。"他继而为二人辩护说："他们在《法国文学》上弹劾的，乃是试图对战时拧成一股绳的国家所有力量进行分裂的企图，至少在我们的精神层面必须时刻维系这种团结。"（摘自淡德三郎编译《克拉夫琴科事件庭审记录》，刊载于《中央公论》一九四九年十月号别册附录）至少在当时，在过去共同抵抗的同志中间，也可以说在大部分知识分子中间，确实仍然存在着这种超越是非善恶的身处同一战线的意识。不过，同样是卡苏，就在事件过去几个月后，他造访了曾于前一年六月被共产党和工人党情报局以修正主义为由除名的铁托领导的南斯拉夫，并于十二月在《精神》上发表了《革命与真实》（附注三）一文。他在文中证实，被斥责为"法西斯"的南斯拉夫的真实情况与共产党以及苏联所说的完全不同，并谴责了除自身信奉的思想外排斥其他一切思想的苏联的狭隘，强调"这个世界并不只有力量"，最后写道："如果你们还愿意尝试理解我的想法，我想向共产党的朋友们提出一个问题：民主主义难道非要用反民主主义的方式才能实现吗？"第二年即一九五〇年二月，卡苏辞去了他曾亲笔起草创立宣言的"世界和平大会"执行委员的职务，毕加索也曾为该大会绘制和平鸽。不仅仅是卡苏，同样的情况也出现在另一位在克拉夫琴科事件中被传召出庭的证人身上，他就是韦科尔。在刊发卡苏的《革命与真实》一文的同一期《精神》杂志上，韦科尔发表《回答》(附注四)一文，对匈牙利外长拉依克因坦陈了自己的罪状而被处死一事列举了一些疑点，继而“对谎言，对那些人像对待没有能力负责的孩子一般对我们隐瞒真相的这种蔑视他人的做法”提出了猛烈的抗议。由此可见，克拉夫琴科事件是经历过抵抗的一众知识分子最后一次团结在一起，知识分子们在证人席上展现出的团结在事件后迅速瓦解。所以，我们必须将克拉夫琴科事件视为“战后”法国思想史上的一个重大分歧点。

尽管是碎片式的，克拉夫琴科事件毕竟揭示了一个真实的苏联，我们不能忘记曾有一群人虽然早在事件之前便已看到真相，却依然在追求“战后”的理想。他们就是一九四八年初，由非共产党员乔治·阿尔特曼、让·卢、杰拉尔·罗森塔尔、大卫·卢斯以及让-保罗·萨特组建的 RDR（革命民主联盟）。在同年二月二十七日发布的《革命民主联盟委员会诉求》(附注五)中，写入了这样一段宣言：“在资本主义民主主义陷入腐败，部分社会民主主义呈现脆弱，而斯大林主义式共产主义又暴露出其问题之际，我等相信如果自由之人为实现革命民主主义而集结到一起，通过将人们团结到社会革命斗争中来，可以为自由及人类尊严的诸项原则赋予新的生命。”萨特自己就 RDR 的政治立场解释道：“我们不会选择反美亲苏的立场。我们绝不与多次证明了自由之伟大意义的民主主义的民众为敌。”（摘自《重建世界需要和平》，刊载于《游击手》一九四八年十二月七日刊）(附注六)同时，《劳教所的宇宙》一书的作者大卫·卢斯指出战后出现的新的革命问题正是国家本身，表示“即便不是资本主义体制——苏俄并非资本主义国家，也和资本主义生产形式及私有制无缘——但其无关社会主义，压榨人类即劳动者的事实，时至今日已昭然若揭"，（摘自萨特、卢斯、罗森塔尔《关于政治的讨论》）（附注七）从而强调 RDR 正是一个在这种新现实下应运而生的组织。RDR 希望走和斯大林统治下的苏联不同的道路，实现以人类自由为基础的社会主义革命。但就在一九四九年四月，卢斯和阿尔特曼赞同法国进入美国军事保护伞之下，该组织内部出现分裂，组织本身也在十月宣告解散。

另一方面，英国记者理查德·格罗斯曼编著的《上帝绊了一跤》于一九五〇年初出版。书中，六位"将俄罗斯共产主义革命视为上帝在人间建立的王国的幻影"而"踏上共产主义旅程"，"即使遭遇职业革命家排斥，即使被反对者恶语相向，但在他们看见自己那位上帝的幻影与共产主义国家及现实之间的裂隙之前"，将所有一切皆赌在幻影之上，"最终良心上的挣扎到达爆发点"，"又重新回到起跑线"（摘自格罗斯曼《序》村上芳雄译）的知识分子——前党员库斯勒、西洛内、理查德·赖特以及同路人纪德、路易·费歇尔和斯蒂芬·斯彭德——各自讲述了自身的经历。可以说这本《上帝绊了一跤》所展现的正是知识分子们尽管经历了一九三〇年代的幻灭，却依然无法与西欧民主主义保持同一步调的立场。那之后，如同继承了这些知识分子的立场一般，一九五〇年六月，"文化自由大会"创立暨第一次会议在西柏林举行，全球 180 名著名知识分子与会（附注八）。

大会会议于六月二十五日至三十日期间在西柏林施特格利茨区泰坦尼亚宫举行，推举贝内德托·克罗齐、约翰·杜威、卡尔·雅斯贝尔斯和雅克·马利坦为名誉主席，并由朱尔·罗曼、伊格纳齐奥·西洛内及阿瑟·库斯勒宣读了开幕宣言。翻看议事录，可以看到发言名单中列有赫伯特·里德、弗朗茨·柏克瑙、罗森塔尔、大卫·卢斯、丹尼·德·鲁格蒙特以及查尔斯·普里斯尼尔等名字。另外，纪德、杜阿梅尔、马尔罗、多斯·帕索斯、路易·费歇尔、乔治·格罗兹、雷茵霍尔德·尼布尔、厄普顿·辛克莱、朱利安·赫胥黎以及雷蒙·阿隆等人向大会发来贺电表达了赞赏之意。从库斯勒题为“虚伪的困境”的演说中，姑且可以窥见一些可称为大会主旨的东西。库斯勒在演说中先揭示了这样一个事实：“是左是右，是社会主义还是资本主义，这种非黑即白的选择如今已失去意义。”进而揭露了苏联的现状：“社会主义理念的本质原则之一，是致力于推动国际和睦。社会主义反对排外主义、民族主义及帝国主义并时刻与之斗争，为倡导国际主义和世界主义，为拆毁各国民间的政治与意识形态的藩篱而战。然而，反观今天的苏联社会主义共和国，世界主义一词变成了侮辱性词汇，民族主义被奉若神明，在其名下，苏联拒斥任何一种行之有效的国际军备监管。”库斯勒断言，眼下世界面临的问题正是“相对的自由与全面的暴政之间的对立”。虽然库斯勒的演说姑且可被视为大会的主旋律，但发言的人各有各的立场，很难加以概括。比如，美国好战的反共主义者詹姆斯·伯纳姆将苏联定性为侵略势力，主张当今世界“只能实现一种和平”，那便是“自由的和平”(摘自《和平修辞学》)，而法国社会党成员安德烈·菲利普则呼吁无论如何都应避免爆发战争。但不管怎么说，包括谴责佛朗哥的极权主义这一大会决议在内，可以肯定大会反对一切形式的极权主义国家，倡导无论如何都必须拥护自由。反观十五年前，在巴黎召开的旨在向国内外宣示反法西斯和守护文化之决心的第一届“守护文化国际作家会议”实质上自始至终都在拥护苏联，而在这次柏林大会上，谴责极权主义国家苏联成为了与会者共同认可的前提。思及前一会议的不少与会者都对后一大会表达赞赏，不由让人感慨万千。（包括译文在内，参见“文化自由会议日本联络事务局”编《世界知识分子柏林文化自由会议报告》，刊载于《中央公论》一九五一年五月号）

阿尔贝·加缪也是很早便对苏联抱持质疑态度的知识分子之一。一九四八年，他在《何处有蒙骗——答阿斯蒂埃·德·拉·维格里》（刊载于《卡利班》六月号）一文中，就苏联指出：“事实上你如何主张并无关系，问题已无关正义。问题在于人的神化，在于仅凭人类理性的力量支配宇宙及其单一化这一让人惊诧的神话。问题在于整体性的称霸，苏俄相信其自身正是这一无神的救世主信仰的工具。”加缪还在《不做牺牲者，也不当行刑人》（刊载于《战斗》报十一月十九日至三十日刊）一文中就现代革命表示：“就概念而言，革命是为了让更多自由与正义统辖世界而推行的诸项政治与经济制度的革新。就事实而言，革命是伴随这一幸福的革新而发生的、常常表现为不幸的种种历史事件的总和。”（以上皆摘自矢内原伊作的译本）加缪这些经由“战后”产生的一脉相承的思考所结出的果实，正是一九五一年出版的《反抗者》。书中，他重新追问这场在迄今为止的“五十年间，让七千万人或流亡，或沦为奴隶，或被杀戮”，且这“杀戮”“在打着自由旗号的俘虏收容所、在博爱以及超人崇拜的名义下被正当化”的革命，究竟是什么。加缪对反抗与革命进行了明确的区分，他写道：“反抗不过是从个人经验上升至思想的一种动向，而革命是将思想嵌入历史经验之中。反抗行动的历史即便带有集体性质，也总是针对事实的、解决不了问题的参与的历史，是不涉及体系与理论的漠然抗议的历史。相较之下，革命是以思想规定行为，将世界嵌入理论框架的一种尝试。所以反抗只杀死人，而革命同时摧毁人与理论。”加缪注意到“现代革命都使国家变强了”，他就“历史上第一次以武装帝国为依据的一种教义和一种运动，以决定性的革命及最终统一世界为目的”这一摆在眼前的现实给出了自己的结论：“在对反抗与虚无主义进行如此漫长的考察之后，我们可以认识到在历史有效性之外没有边界的革命意味着无限度的臣服。为避免这一宿命，若想延续革命的精神，则应重新沉浸到反抗的源泉之中，从唯一忠于起源的思想、即边界的思想中获取灵感。”（以上摘自佐藤朔、白井浩司合译本）

对于加缪的结论，弗朗西斯·詹森在《现代》一九五二年五月号上就“反抗会相当彻底地拒斥历史”表示了担忧（参见《阿尔贝·加缪或反抗的灵魂》）。对此，加缪反驳称詹森根本没有“与专制社会主义所唤起的恐惧和……劳教所的现实进行对决”（参见《致〈现代〉主编的一封信》，刊载于《现代》八月号）。与此同时，萨特也在八月的《现代》上发文就加缪的转向诘问道：“加缪啊，莫尔索去了哪里？西西弗斯又在何处？此前一直主张永久革命的那位情感上的托洛茨基主义者，如今已踪影全无。”萨特批评说：“我承认，加缪啊，我也与你一样，认为那些收容所罪无可恕。然而，《所谓资产阶级报》每天都在利用这一点大做文章，这种做法也同样不可饶恕。我并不是说马达加斯加人应优先于土库曼斯坦人。我想说的是，我们不应利用马达加斯加人所承受的痛苦。”他继而向加缪发布了绝交宣言：“我和你的友谊虽说不上风平浪静，但想必我会怀念它。既然今天你决意将之切断，那么它的命运恐怕本当如此。”（摘自《答阿尔贝·加缪》，以上均

摘自佐藤朔译本）

关于这场萨特与加缪之间的争论，雷蒙·阿隆略带讽刺地解说道："乍一看只是语感上的差异，为何竟会激发那般炽热的情绪？萨特也好加缪也好，二人都不是共产党员，也不是'北大西洋公约支持派'。且二人都承认两大阵营皆有过错。只不过，加缪同时指出了两方的过错，而萨特虽然不曾否定另一方的现实，但仅指出了西欧一方的过错。这确实只是语感上的差异，却也是事关整个哲学的问题。"（摘自《知识分子的鸦片》）[附注九] 事实上，萨特的戏剧《肮脏的手》于一九四八年上演，他通过描写反抗者雨果的命运严厉批判了共产党丧失人性的一面。然而，他对加缪的诀别宣言发布后尚未满一年，萨特便在一九五二年七月发表了《共产主义者与和平》（刊载于《现代》）一文，断言道："一九四四年后，德国的瓦解唤醒了反苏十字军的强迫观念。苏联运用各种手段，采取各种政策，努力自保。自一九四七年起，欧洲的共产党被指挥部除名——苏维埃开始了新的僵化。这三十年来，我即便想从俄国人身上寻找侵略意图也是徒劳，到最后也没能找到。"（摘自白井健三郎译本）萨特将苏联定性为国际和平势力，认定法国共产党是法国唯一代表劳动阶级的政党。

这些将各自的梦想寄托在"幻想的共和国"中并由此产生了团结意识的法国知识分子，在因克拉夫琴科事件而揭开大幕的新时代里，看见了苏联作为一个国家所呈现出的新现实，并对此做出了不同的反应，走上了不同的道路。在此我们不应忽视，消解了"幻想的共和国"的团结意识，并成为一九四七年之后新时代共同的核心主题的，正是苏联这个国家。这一点无论如何强调都不为过。

# 四

一九五一年四月，林达夫在《文艺春秋》发表了《共产主义者》一文。

在此简要梳理一下此文发表前后的背景情况。同年四月号的《中央公论》以附录形式发表了前面引用过的“文化自由会议日本联络事务局”编的《柏林文化自由会议报告》，五月号又在卷首论文的位置刊发了高山岩男的《靠近共产主义的人与脱离的人》。顺带说一下，“文化自由会议日本联络事务局”成立于一九五〇年末，核心成员有荒畑寒村、小堀甚二、平林泰子、直井武夫（附注十）。其后，同年八月和九月，素以理想主义的编辑方针而闻名的《人间》和《展望》相继废刊和停刊。

另一方面，共产党和工人党情报局刊文批评后，日本共产党分裂为主流派与国际派，两派为争夺政党主导权而一直在暗中争斗。一九五〇年十月主流派倡议开展武装斗争，其后不久，同月二十四日，主流派青年党员在横滨市鹤见区与武装警察部队上演了一场游击战。在此背景下，一九五〇年七月《新日本文学》刊发了井上光晴的《未写出的一章》。该文描写了一位共产党员的生活：主人公鹤田和夫因为两年前的赤色清洗而被迫离开报社，开始担任F县党常委，他一边要照顾肺浸润的妻子，一边东奔西走投身于政党活动，可工资却迟迟不发。鹤田在会议上询问此事，却被一句“资产阶级作风”驳回，他左思右想：“总有一种东西让人对党的活动感到提不起精神，也不想提起精神好好干，这究竟是什么？这种东西，我身体里也有。”

像这样日本共产党内部对政党活动方式的质疑开始爆发，与此同时那些并非所谓反共人士的知识分子也对共产主义乃至共产党提出了质疑，这可以说是一九五〇年下半年所特有的情况。现场目睹了一九五〇年九月东大驹场抵制考试事件的竹山道雄写下了《学生事件见闻与感想》（刊载于《中央公论》十二月号），他在文章开头写道："关于九月二十九日开始的学生事件，我亲历了东大教养学部的情况，那根本是一场小规模的政变。"竹山就其自身的感想记述说："全体学生是何等简单地被人牵着鼻子走，令人哀叹也使人错愕。"他表示："我情不自禁地感到，向青年鼓吹意识形态，进而煽动、组织、游行、齐呼口号，以此来改变世界，这种现代政治的行事方式终于也要在日本全面铺开了吗？"竹山发出警告说："如果今后仍像迄今为止那样对'苏联式自由与和平'给予不带批判的信任，学生的思想问题将无法解决。"与竹山亲历同一事件的木村健康也写下了《日本的〈二十五时〉》（刊载于《中央公论》一九五一年二月号）一文，指出："极权主义抹杀个人独立性与个人价值，意图随心所欲地统治个体，在其底层隐藏着一种极端的理性主义，将人类主体性视为迷妄，坚信人类生活中不存在任何内在的无法客体化的部分。"为了保护日本社会不受极权主义侵害，木村在文章结尾写道："民众生活中比起理性主义的缺失，更重要的是主体自觉的缺失，是对人格价值的切身感受与信念的缺失。"另外，在林达夫发表《共产主义者》的同一个月即一九五一年四月的《展望》上，竹内好也发表了《写给日本共产党》（后更名为《日本共产党批判》）一文。文章的起始部分写道："如果深究我对日本共产党的不满，我感到最根本的问题或许在于，日本共产党没有将日本的革命作为其活动的主旨。"竹内指出："日共在共产党和工人党情报局面前跪地认错：是我错了，以后绝不再犯，请求宽恕。他们虽然一度试图反抗，可一转念改了主意，说着这些话认了错。这分明就是奴隶才有的态度。”他认为之所以会出现这样的状况，“是因为思想并不以生活为媒介，因为他们遗忘了摧毁日本文化的奴隶性构造这一革命的主题”，以此对日本共产党提出了严厉批判。

最后来看看林达夫自己在一九五一年四月之前是如何论及苏联的。林达夫在战后第一次言及苏联正是前面提到的《无人地带的世界主义者》，他指出即便是苏联都将民众视为“great Beast”。其后，在一九五〇年七月发表的《〈旅顺口的陷落〉——我的读书回忆》一文中，林达夫提到：“战后不久我得到一些外国杂志，从中读到了斯大林决定对日参战后向苏军将士训话的全文，给我造成了巨大冲击，这件小事，不，对我而言是件大事。”他将斯大林祝福红军将士说“进驻满洲的红军将士一扫其父老兄弟在这里蒙受的国民屈辱，报仇雪恨”一事，与列宁在《旅顺口的陷落》中对赢得日俄战争的日本的作用给予评价的做法相对比，从两者的本质差异中揭示了今日苏联的变质。相较之下，《共产主义者》并不仅仅关注苏联的某一侧面，而是从整体上对苏联提出了质疑，在此必须指出这一点有着划时代的意义。

林达夫在《共产主义者》的起始部分指出，“真正的民主”在于“向大众展示事态的真相，使其独立自主地基于冷静而理性的判断决定其态度并采取行动”。林达夫申明这篇随笔正是一种“真相调查”，并就其写作方针明确表示，“我将先尽可能以苏联公布的资料为依据，分析苏联的共产主义正在采用的是何种方式，或者说没有采用何种方式”。基于这一方针，林达夫最先论述的是初等教育中显现的“俄国至上”倾向，他指出：近年“明显越发兴盛的是……‘苏联至上’转变为‘俄国至上’，即：比起当今苏联反倒愈加回溯到过去的沙俄帝国，且越发膨胀这一事实”，他将该现象解释为“最近急速兴起的苏联民族主义与爱国心亢奋的一种表现”。其次，林达夫论述了与“俄国至上主义”相对照，“在所谓的苏联卫星国……普遍开展一种抹杀该国民族主义与爱国心的尝试这一事实”。林达夫举出了具体事例：苏联试图将捷克建国之父马萨里克拉入共产主义专政阵营，但以失败告终后，不仅抹杀其过去的历史功绩，还拆毁了位于被民众奉为圣地的拉尼的马萨里克祖宅。林达夫指出：“总之，同样身处共产主义世界，苏俄那一边的‘怀旧’政策与捷克斯洛伐克的‘遗忘’政策互为对照，再没有比这更奇特的光景。”第三点论述的是“与第二点中的‘侵略式民族主义’互为表里，或可称之为‘退却的孤立主义’”的登场。从李森科主义到“与资产阶级世界主义抬头作斗争”的剧评家，乃至清洗社会科学学士院及东洋研究所人士，林达夫细细列举了一九四五年克里姆林宫意图终止与西欧的合作关系后的五年间涌现的具体事例。他批评伯特兰·罗素与哈罗德·拉斯基把针对学问及艺术的肃清“过度归因于独裁者的肆意及政治局的意向”，强调在某一方面该举措属于“当局采取的类似防传染病行动的防疫措施”。而后文章这样写道：“大众在政治上大凡皆是随波逐流之人，尤其是对那些以解放、救济或提升其地位之类为主要目标，能够稍稍实现那么一点承诺的政权，大众必会喜极而泣，热心支持。成百上千万的苏联市民由衷地讴歌他们实现了伟大的社会主义，感谢他们的领袖，即便向他们指出‘你们的社会没有自由、宽容和民主’，他们恐怕也觉得不痛不痒。……只有在养成了一定的民主主义式生活习惯之后，才会感到难以忍受，觉得不自由，感觉要窒息。就现状而言，这些东西扎根在了在一定程度上成熟的资产阶级社会，再就是唯有受此‘熏陶’的人才能对此感同身受。所以，在清教徒式的共产主义者眼中，苏联体制内的那些品尝到过自由、宽容及‘资产阶级’民主等等滋味的家伙，无异于叮在狮子身上的可怕虫子。”

其后，林达夫将阿拉贡的《共产主义者》比作现代《黄金传说》①，将书中所说的“共产主义者”，即“将人类置于自身之上，事关自己一无所求，事关人类则无所不求的人，愿意牺牲自身的一切，为万人谋求幸福与安泰的人”比作基督教中的圣人，将其定义为“纯粹型”，继而暗示相较之下，很多共产主义者乃是与之不同的“政治头目型”，指出：“推动政治运作的并非人们所期盼的纯血型人，而是那些不理想的政治型人，若非如此，社会将无以为继，即刻便会崩溃。这一人类长久以来始终无法克服的遗憾，也一样连绵不绝延续在二十世纪的共产主义政治中。”

关于这一“不理想的政治头目所君临的克里姆林宫”，林达夫举出其当下面临的一项重要国际问题乃是“社会主义阵营内部其实仍潜伏着微妙的意识形态斗争”这一事实，并阐释道：“民族主义是真正的民众自由所不可或缺同时也富于创造性的伴侣，所以国民民主主义革命常常是一种社会革命，即没有特权的大众在各国民内部针对少数特权阶级的压榨而发起的斗争。”而且，当国家经济因为这种斗争而进行重组时，“民族主义往往会转变为孤立主义”。然而，这种民族主义自然与苏联意欲“将苏俄同盟国统合为由莫斯科控制的更大规模的

---

①《黄金传说》：The Golden Legend（Aurea Legenda），基督教圣人传记。是林达夫爱读的宗教著作之一。——王前校注

经济政治单位”的政策相冲突，所以一九四八年六月被共产党和工人党情报局除名的南斯拉夫，正可以“定性为打着国际主义旗号逼近的苏联共产主义者的‘侵略性民族主义’所遭遇的第一次‘民族主义’的公然反击”。进行此番论述后，林达夫回顾了十月革命后苏联对少数民族实施的一视同仁、公平礼遇的政策，并就此表明了其自身的态度：“遗憾的是，今天若撇开那些官方声明和自吹自擂式的宣传，只要是对苏联政策的深层性质及实际状况略加观察之人，恐怕都不可能对苏联早已远远背离了那些无可指摘的伟大的正义、平等、友爱的原则这一现实视而不见。”作为“侵略性民族主义”的佐证，林达夫列举了强迫高加索的车臣人及克里米亚的鞑靼人移居、“在波罗的海三国强制驱赶大批居民”及此肃清行动后被披露的“针对保加利亚共产党领导人科斯托夫的最初的具体罪状”，以及“苏联对统领东欧各国军队的异乎寻常的执念”。

不过，在《共产主义者》中，让读者最感兴趣的自然还是林达夫关于之前被反复论述的秘密警察与肃清的见解。林达夫先指出了将西方的“犯罪”概念原封不动套用在苏联身上的谬误，并解释说：共产主义者“一旦夺取政权”，便会将一切反对、诋毁“其自身的行为”认定为“不可容忍的犯罪”，而起用秘密警察正是为了对这种“犯罪”防患于未然而采取的一项预防措施。当然，若将这一举措看作是奖牌的背面，则其“闪闪发光炫目耀眼的正面”无疑就是“对共产主义者所言所行绝无谬误的‘无谬性’的信念”。在林达夫看来，只要认可共产主义者的思考方式，则起用秘密警察执行任务并进行肃清也就是不可避免的了。接着，林达夫写下了如下这段或可视作为苏联进行辩护的文字：

（前略）那些意识形态的真正信奉者以建设新社会为理想且斗志昂扬，共产主义迅速取得胜利自然是由他们及大量追随者们英雄式的行为促成的，但也无可否认，动用严酷的警察力量仓促处分众多不予支持或做出反抗的人，这一做法也助了一臂之力。当斯大林那些人与“岂止是期待无论他们说了什么都报以无休无止的掌声与喝彩，而且将针对他们决策的一切批判全部等同于反革命情感”（摘自拉斯基）这种共产主义心理相结合时，简直难以想象这些类似中世纪异端审判的秘密警察将会成为何等危险的政治工具。这种机制使用时必须慎之又慎，若走错一步稍有误用，恐怕会重蹈中世纪异端审判所的覆辙，导致机构非但不能再防止犯罪，反而堕落为制造“罪犯”的温床。“反共宣传”也许会说，这难道不是在周期性地制造“人民的敌人”及“反革命者”，以便为那些任谁都会退却、无人愿意前往的偏远荒地输送劳动力吗？为了不给那些愚蠢且恶意揣度、性质恶劣的“反共宣传”制造这样的口实，确实应该重新研究一下这种苏联式犯罪概念及秘密警察的使命感。

其后，林达夫以结论的形式对苏联革命事业的困难程度表达了深深的共鸣，并呼吁应立刻回到革命的起点，即列宁的理想主义理论。他写道：

苏联共产主义过往三十年的历史给我的教训之一，就是为了抽象地爱人民而奉献牺牲并不难，而要真正尊重每一个活生生的普通人的独一无二与重要性，深刻理解真实的人性，抱着无尽的忍耐与关爱，以长远的目光引导他们克服哪怕一小点迟疑、逡巡、气馁等一切缺点，以现实可行的方式增进他们的幸福与安泰，这对人而言却是何等艰难。……与深深根植于数百万人民中的老旧顽劣的习惯及思想作斗争，远比完成革命难上数倍，要想克服这些习惯及思想需要无尽的忍耐与努力，最清晰透彻地认识到这一点，且从一开始便极力强调这一点的不是别人，正是列宁。……没记错的话，列宁曾在某个场合雄心勃勃地表示希望建立一个没有犯罪、没有警察、也没有监狱的国家。若背后没有这种列宁式的人道主义奠定基础，这难能可贵的伟大的“人民共和国”恐怕也极有可能会沦为一种警察国家。

林达夫这篇随笔长得异乎寻常，文章最后他以这样一句话结尾：“苏联市民最为害怕的是秘密警察，这数十万魔鬼般的爪牙同样也是热切赤诚的共产主义者的一种类型，我们不得不对这一严峻的事实报以深切的关注。”

在此，笔者想提醒一句，这篇《共产主义者》写于斯大林逝世两年前，比赫鲁晓夫发表批判斯大林的讲话早了五年。而且必须特别强调的是，此文以当时能够搜集到的各种具体资料为依据，没有将单个现象单纯视为偶发事件，而是追根溯源揭示其根源性的思想，并客观、公正地进行了考察。所以，这篇随笔与竹山道雄和木村健康那两篇大多建立在直觉与感触之上的文章不在同一层次，也完全看不到像竹内好那般将苏联绝对化的倾向。一九五〇年前后，西欧终于开始对苏联展开系统性研究，一九四九年多伊彻的《斯大林》出版，一九五〇年 E. H. 卡尔的《布尔什维克革命》发行。尽管林达夫的文章仅仅是一篇随笔，但他对苏联的认识与理解毫不逊色，通过笔者这或许略嫌冗长的介绍，想必诸位已充分察知到了这一点。不过，林达夫对苏联的爱之切实在叫人惊诧。与那些教条主义者不同，林达夫主动承认了苏联的缺点。但他承认时总是从革命的组织方式说起，点明其背后无可奈何的隐情，有理有据地揭示原因，几乎不容读者提出异议。尤其是为肃清辩护的部分，行文甚至令人感动，就连我们这些熟知之后种种大白于天下的令人发指的事实的人都忍不住耐下心来听其讲述，并痛切感到有必要重新审视斯大林个人与斯大林体制之间的微妙关系。若一定要定性的话，林达夫在苏联问题上显露出的姿态显然在极大程度上更接近萨特，而非加缪。

这篇《共产主义者》与《反语的精神》等十篇战后随笔一起，于一九五一年五月由月曜书房结集出版，书名取的正是此文的题目《共产主义者》。五月十四日，竹内好在《图书新闻》上提及了这本书，评论说：“（前略）他总是对预言者摆出一副眉头紧锁的表情，尽管如此，并不冷血的他，偶尔又会显露出按捺不住几乎要自己登上舞台的冲动。因为若演技太过拙劣，他便会‘看不下去’。他虽不是演员，但身为观众却对成就一出戏剧秉持着比演员更大的热情。”（摘自《林达夫著〈共产主义者〉》）一九五二年三月，花田清辉也在《新日本文学》上发表了《与“共产主义者”何塞的对话》（后更名为《何塞的自白》），他在文中写道：“没错，看着那些战后若无其事地从右翼转向左翼的家伙，还有那些战时从左翼转向右翼、战后又转回左翼的家伙，顶着一张何其标准的英雄面具重新现身，多少总有些怒从中来。

而且那些家伙还搬出苏联和中国，成天一副虚张声势的模样，会想到直接干掉老虎乃是吓破狐狸肝胆的捷径，倒也在意料之中。然而，狐狸终究不是老虎。即便引用些来历不明的数据，大模大样摆出一副消息灵通人士的嘴脸列举老虎的缺点，也改变不了任何事情。”花田借共产主义者何塞的嘴批判了《共产主义者》。

可以说，竹内好与花田清辉的这两篇批评文章在林达夫写作此文的动机方面双双一语中的，其中所显露的正是林达夫在战后面对苏联及共产党时特色鲜明的双重姿态。倘若林达夫是一位专业研究苏联问题的专家，自然另当别论，但正如前面指出的，当时即便在西欧，对苏联的批判都仍停留在极其抽象与观念的层面，而林达夫却极其公正且具体地论述了苏联的全貌，他这篇饱含心血的随笔的意义如何强调都不为过。林达夫在与久野收的对谈录（《增补　思想剧评》）中略带戏谑地回顾说，这篇《共产主义者》发表当时几乎毫无回应，迎接它的是一片沉默，可在赫鲁晓夫批判斯大林之后，忽然就大受追捧（附注十一），所以《共产主义者》一文写得为时过早了，以至于人们无法正确理解此文。林达夫比那个时代至少领先了五年。

## 五

一九五二年二月，林达夫在《文学界》上发表了随笔《妄人妄语》。根据文章开头的记述，写作此文乃是因为“答应别人读了‘现代日本的知性命运’后，若有什么特别想说的便要说出来”。“现代日本的知性命运”是《文学界》一九五二年新年号的卷首特辑，长达近八十页。编辑部在编辑主旨中写道："虽然和约成立，名义上恢复独立了……战争的危机仍未过去，日本此刻仍站在一个至关重要的十字路口上。……文学家们对此有何见解，抱有何种信念？不仅仅是眼下，自明治开国以来日本人历经了种种艰难困苦以及知性混乱，举办本系列座谈会旨在细细探究所谓的'现代日本'的真相，并互相探讨面向未来的展望与决心。"特辑整体由以下三场座谈会组成："两个世界　第一部分'政治与社会'""新的道德　第二部分'宗教与道德'""艺术的可能性　第三部分'文学与艺术'"。三场座谈会分别由浦松佐美太郎、龟井胜一郎及中村光夫担任主持，座谈会纪要后面附有三位主持人的"结语"。出席座谈会的人员情况各不相同，有的只参加了一场，有的三场都有与会，其中文学家十一人，另有画家、电影导演、经济学家、艺术史家及记者等七名从事不同职业的人，总计十八人。顺带一提，《文学界》在战后于一九四七年六月复刊，在战前的二十六名同人中，横光利一、岛木健作与三木清亡故，小林秀雄、阿部知二等六人退出，另有丹羽文雄和坂口安吾等八人加入，复刊时共集结了二十五名同人。但在一九四八年底，同人解散，自一九四九年三月起，《文学界》改由《文艺春秋》编辑，重新开始发行。不过，这三场座谈会的出席人员包括丹羽、河上彻太郎、龟井和中村四名原先的同人，文学家方面则邀请了大冈升平、伊藤整、河盛好藏、中野好夫、平林泰子、福田恒存以及浦松佐美太郎，就这些人员构成来看，显然隐藏着与过去那场"近代的超克"研讨会同性质的目的。但事实上，座谈会并未讨论和约谈判、战争与和平以及两个世界的对立等贴近现实且迫在眉睫的问题，在文学方面也完全不曾言及理应成为议题的战后文学，讨论内容自始至终流于抽象，缺乏现实性，让人觉得编辑部的意图未能得到充分反映。

然而，林达夫对这场“现代日本的知性命运”研讨会却予以了肯定，称“尤其在‘天皇制’问题上，众人各抒己见给出的见解坦诚而富于微妙的差异，于我而言如获百万援军那般珍贵”，并表示“按捺不住冲动想将其与《世界》策划的和平斗士游行作一番比较”。林达夫此处所说的《世界》的“游行”想必是指《世界》于一九五一年十月推出的“和谈问题特辑”，乃是配合同年九月八日《对日和平条约》在旧金山签署而编辑发行的。顺便补充一句，毋庸多言，这期特辑以“和平问题谈话会”的成员为中心，卷首刊发了都留重人和山川均的论文，第一部分“全面和谈论者如何看待与应对单边和谈缔结”由二十二人执笔，第二部分“关于和谈的意见、批评与期望”的问卷调查则有八十名知识分子参与。

对《世界》的这一期特辑，林达夫的态度截然不同于“现代日本的知性命运”，他提出的批评言辞辛辣：

> （前略）想必谁都不会怀疑这场活动的善意与真挚。问题是活动的主角即“启蒙家”们——此乃福田恒存的提法，事实上此称呼也完全可以用在我身上——的演技实在有太多叫人蹙眉之处。若要谈论现代日本的知性命运，则谈论这些问题的知识人的知性状况与心境即便不言不语也会自然流露，恕我失礼，在我这种寓居一隅目光低浅的生活者看来，那反倒更有意思。然而在这一点上，一流启蒙家们却显得莫名怯弱，让人甚感遗憾。我也恳切希望这不过是我一人的偏见，但我目睹的却是煽动蛊惑之人试图对着本就不存在的、臆想中的山顶座上的知性观众亮出不伦不

类的架子，是讲坛上的Crooner[①]哼着“流行乐”调子的歌曲想要骗取知性跟风族们的眼泪等，诸如此类叫人不忍卒睹的东西。

其后林达夫的批评进一步升级，从谴责把《新政治家与国家》及《曼彻斯特卫报》的报道“肆意单方面、系统性断章取义地排列组合”，到“做梦都没想到竟会从我寄托希望之人那里听到港湾香颂般的和平挽歌”，并发出警告说：“在这些被和平挽歌感动、听得如痴如醉的人当中，有一些人也会在其他时刻为雄壮的军队进行曲而热血沸腾且不会产生任何内心冲突。值此之际，我们恐怕都应牢牢铭记这一点。”紧接着，林达夫甚至抨击了全面和谈与拥护宪法的主张，他写道：

我时刻留意着希望自己做一个彻底的和平主义者，所谓和平运动之一环的全面和谈论的推进，无论在原则论层面还是政策论层面都半途而废，我对此感到不解。比如，其以《波茨坦公告》为最后的根据，但又可曾有人追问《波茨坦协定》究竟是何种协定。那东西莫非是神圣不可侵犯的万古不易的金科玉律？只要约略通晓国际关系史的ABC，无论如何都不会产生这样的想法。那些人如今在全面和谈的名义下明里暗里对某个特定国家的国家自我主义发难，却又将这种显露着战时大国的国家自我主义且多少带有暗箱交易色彩的约定视为神圣不可侵犯，对之区别对待，我实在感到无可理喻。当然，日本国民接受并遵守《波茨坦公

① 意为：低吟歌手，多指男歌手。

> 告》上的约定另当别论。同样的话也适用于翻译版宪法。无须等到马克·盖恩在《日本日记》中那段关于“惠特尼立宪会议”的精彩论述，我们当时多少已知道一些事实真相，这件事在造成我的宿疾“政治厌恶症”病情加重方面发挥了莫大的作用。我蔑视那些将这部名不副实的宪法看得如同自己孩子、自家事务一般，对之夸夸其谈的人。

在此，笔者不得不再一次谈谈林达夫的“激越”。林达夫从“《世界》策划的和平斗士游行”中，看到“煽动蛊惑之人试图对着本就不存在的、臆想中的山顶座上的知性观众亮出不伦不类的架子”，看到“讲坛上的 Crooner 哼着‘流行乐’调子的歌曲想要骗取知性跟风族们的眼泪”，笔者对此实在无法认同。关于此文讽刺的对象“和平问题谈话会”，笔者无意再重复自身见解，但仍需一提的是，就比如在《世界》刊载于卷首的那篇遭到质疑的《对日和谈与世界和平》一文中，作者都留重人坦率地披露了自身的立场：“时至今日仍有各式各样的日本人组织及个人主张全面和谈，我认为和谈问题之所以重要并非因为问题本身，而是因为关系到更基本的**和平**问题。”其后，都留从“基于日本的立场看和谈”“从世界和平的角度看对日和谈”以及“共产主义的威胁与对日和谈”三个侧面聚焦和谈问题，并给出了以下论点：“有一点甚为明确，所谓单边和谈必然伴随着某种军事协定，且显然会以苏联乃至中共为假想敌”，“要想与共产主义作斗争，就必须与共产主义的**形成条件**作斗争”，以及“若是让（美苏）调整难上加难的约定，如果是强加给我们倒也无可奈何，但在眼下的国际形势之下，我们绝不可以主动缔结”。这些论点放在今天仍有足够的说服力。笔者以为林达夫在《妄人妄语》中的反应极其感性，故而想再次使用“激越”一词加以形容。

可是，林达夫这种或可视之为反应过度的“激越”的爆发又该如何解释？首先无可否认，最先流露出的乃是一种迷惘。若参考《忆三木清》这一先例不惮以极度的恶意进行揣度，或许可以说“和平问题谈话会”条理明晰的报告反而让林达夫变得焦虑。前面已经指出，林达夫对战后在岩波书店高调复出的安倍能成不可能不抱有一些复杂的想法，而这些想法影响了他对以安倍为代表的“和平问题谈话会”的判断，这也并非绝无可能。不过，我们先将这些捕风捉影的猜测搁置一旁，如果说林达夫的焦虑中千真万确隐藏着某种东西，那难道不正是我们在《新时代的开幕》中所读到的，对日本的“战后”，即逐渐美国化沦为“穿洋服乞洋食”的日本的那种超越了善恶的厌恶吗？那个“老派的明治人”始终存在于林达夫的潜意识中，战后终于显现出来，他首先无法容忍这样一个日本。在他看来，那些建立在随战败而来的既成现实之上、直接对之加以肯定的论点，充其量只能是一曲没有根基、轻率浅薄的“和平挽歌”。林达夫战时一直在批判被“自古以来的心性”所控制的日本，虽遭遇挫折但他选择了投入让他“充满厌恶”的日本的怀抱，想要寻找重建新日本的契机。至少对这样的林达夫来说，日本战后的样子超出了他的想象，绝不是他摸索半生在内心梦想希冀的祖国，所以他断难接受。正是带着这样一种对“战后”日本的绝望，林达夫站在了“新时代开幕”后刚刚启动的新时代最受关注的全面和谈论的面前，由于其论点皆建立在拥护“战后”的立场之上，所以他爆发了出来，对之全面予以否定，这也情有可原。不过即便如此，作为《共产主义者》的作者，很难想象林达夫会积极支持单边和谈。就像笔者围绕《新时代的开幕》所论述的那样，在林达夫看来，“战后”延长线上的一切皆不过是一场闹剧中操纵在他人手中的人偶，也正因为如此，他才会宣告与新时代不会产生任何瓜葛。可只要这闹剧的舞台稍有一点进入他的视野，他内心的愤懑终究会难以抑制地爆发出来。

《共产主义者》一文带有一个副标题：“二十世纪政治的民俗”，比这早半年发表的那篇《无抵抗主义者》（刊载于《新潮》一九五〇年十月号）也带有同样的副题。关于“二十世纪政治的民俗”这一说法，林达夫在《共产主义者》一书的“后记”中解释说，之所以这么说，是因为“比起思考出来的东西，我更看重思考发源地的地形、风景形态及气象条件”。这一解释即便适用于《共产主义者》，恐怕也很难套用在《无抵抗主义者》一文上。关于《无抵抗主义者》，反倒是一九五八年发表的《患病的现代人》（收录于《讲座·现代伦理》第七卷）一文中，同样就上述两篇散文的副题“二十世纪政治的民俗”给出的解释更确切。文中写道：“所谓民俗带有这样一层意思：不是从领导人的立场出发给出的见解，而是从被政治统治的一方、即普通民众的被动立场出发给出的见解。”在这篇随笔中，林达夫从格奥尔基的《二十五时》的读后感写起，指出当时的日本也正处于“二十五时”的状况之中：“无论喜欢与否，我们都在被华盛顿与莫斯科以及两方相克而掀起的风波——凌驾于本国政治与体制之上——弄得摇摆不定。所以，就算我说彼处政治领导人的意志对今日的我们而言就是‘天意’，他们发出的行动命令就是‘命运’，也不为过。”他还劝说读者必须学会达观：“无论愿意与否，若不能做一个无抵抗主义者便无法生存下去，现代正是这样一个世纪。”几乎在“新时代开幕”的同时，作为一个“无抵抗主义者”，林达夫已经下定决心如《二十五时》中的汉斯·莫里茨一般，站在“普通民众的被动立场”上生活下去。反而言之，或许可以说正是当他意识到他也是普通民众中的一员时，那些妄图进行无谓的抵抗，甚至试图建立理论体系的“战后”的知识分子们，在他眼中才变成了闹剧中的傀儡人偶。而《妄人妄语》中那份“激越”的背后，深究到底，支撑其的正是这种站在“普通民众的被动立场”上的视角，如此解读应该不会有太大偏差。

我们恐怕必须要理解，《妄人妄语》中流露出的那份“激越”正是林达夫这些关于“战后”的种种思绪交织纠缠后触发的。而且有一点明白无误，与此前“激越”爆发时的情形如出一辙，以一九五二年初这一次“激越”的爆发为界，林达夫再也没有就任何政治问题发表见解。这份沉默中既包含着对时代的绝望，也包含着说了也是徒劳的无力感，更隐藏着对“战后”的知识分子的不信任。总之不管怎么说，这都意味着之后不论国内还是国外，林达夫对政治彻底不闻不问，就这层意义来说，《妄人妄语》乃是林达夫最后一篇政治随笔。

从《新时代的开幕》到《无抵抗主义者》再到《妄人妄语》，如果说从林达夫走过的这段历程中可以读出他对时代愈加深重的厌恶与绝望，那我们便不得不回到《共产主义者》的问题上。因为就写作时间来看，《共产主义者》介于《无抵抗主义者》与《妄人妄语》之间，而且与上述三篇散文不同，林达夫几乎不掺杂个人情感，用极度理性的笔触进行了极其专业的政治论述，可以说这是一篇与上述三篇随笔形成鲜明对照的异常出色的随笔。

笔者刚才提到在《妄人妄语》之后，林达夫再没有撰文论述过政治问题。这一说法虽然并无不妥，但如果说得更严密一些，林达夫在一九五四年八月发表的《批评的衰退——非职业批评家的感想》(刊载于《文学界》)一文中，曾严厉批评日本左翼批评家不能理解“最近苏联同盟明显转换文化政策”，一如既往地“陷入教条主义僵化思维”。其后一九五六年四月，他又在《大百科全书的时代错误》(刊载于《图书》)一文中论及战后苏联的大百科全书，一开始便讲述了批评“进步阵营”的人的活动时屡屡遭遇到他们的不满。这些言论虽然不是针对政治本身，但从中能读到林达夫一贯以来对苏联和左翼的关注。然而，就连这种关注都以一九五六年发表《大百科全书的时代错误》为句点，再也不曾公开显露出来。必须补充一句，正是在一九五六年，赫鲁晓夫发表了那次批判斯大林的讲话。

若重新回顾林达夫自一九二〇年代以来的思想发展历程，或许可以认为从一九三〇年他匿名为《东京朝日新闻》撰写《方尖碑》系列报道，并在《无产阶级科学》(十月号)上发表《新形态的列宁〈帝国主义论〉》一文之后，包括担任“苏维埃之友会”出版部长在内，他对苏联的这种关注自始至终贯穿于战前的活动之中，而且在经历了不得不将其掩藏起来的战时之后，直到战后都不曾改变(附注十二)。若没有持续了如此多年的关注或者说偏爱，便不可能拥有为《共产主义者》一文奠定基础的对苏联那般深切的理解以及如此广博的学识。多年来，林达夫一直在从不同的国家那里寻求思想上的身份认同，但求而不得。内心焦灼的他长年默默凝视的乌托邦不是美国，不是法国，也不是英国，而是苏联。他多年来从未中断的关注，以及在“战后”“搁笔停耕的休业状态”下写就的为数不多的随笔中，言及苏联和马克思主义的文章占绝对多数这一事实，都足以让我们推知这一点。为此，对“战后”绝望也好，罹患“政治厌恶症”也罢，想必只有这份对苏联的偏爱不同于其他，在“新时代开幕”之后仍在持续。对这样的林达夫来说，赫鲁晓夫揭露的真相虽然乍一看似乎证明了他的先见之明，可若联想到他此前的偏爱，那恐怕终究是一场冲击。不管怎么说，这彻底颠覆了林达夫二十余年来形成的苏联观。在寄托于苏联的一切梦想全部破灭之际，已经宣告不再与现实产生任何瓜葛的林达夫，终于也不再谈论苏联，对一切政治以及政治性事物彻底不予问津。

一九五一年，《对日和平条约》缔结。根据这份条约，日本终于结束被盟军占领的“战后”，好歹作为一个独立国家迎来了新的时代。而一九五〇年前后正是战后思想碰撞重塑的时期，这与当时的时代背景不无关系。

笔者之前已有论述，这一时期“和平问题谈话会”取代“战后”以野坂理论为支柱的左翼阵营，将时代的主导权紧握在手，开启了“大学教授的时代”。一九五一年十月，在《世界》“和平问题特辑”号上，清水几太郎面对单边和谈成立的事实这样宣告说：“今后，我们必须专注于在国内建立守护这份和平的政治权力，此事若放任不管必定会被轻视。如果国内能诞生这样的权力并成长起来，则那份不合乎理想、更不切实际的和谈用不了多久其分量也会变得不同。若不能相信这一点，我也好，日本也好，都不会再有明天。”（摘自“寄语和谈会议”）另外，中野好夫也表明了新的决心：“这一次无论现实如何变动，我自身都会忠于良知，不会改变信念。……无论如何，眼下这再度到来的幽暗低谷恐怕将持续一段时间。而我们渴望秉着光明的希望，穿越这幽暗的低谷。”（摘自《不保障和平的安全保障》）一九五二年夏的反《破防法》运动和十月大选时，清水与中野都走上街头开展了政治运动，明确走上了参政道路。另一边，也有不少在这“新时代开幕”的时代对“战后”进行批判的人，像竹山道雄和福田恒存那样，虽然时间上有先后之别，但都以写作《昭和精神史》或《日本和日本人》那样的形式，重新开始追问何为日本、何为日本人，由此摸索日本的理想形态。

在这样的时代脉络中，林达夫走出战后的迷茫写下《新时代的开幕》，又接连发表《无抵抗主义者》和《妄人妄语》，想必出现在他思想延长线上的必然会是何为日本、何为日本人这样的追问。因为只有彻底弄清他最终承认存在于自身内部的“明治人”究竟是什么，他才有可能成为一个普遍意义上的“伊壁鸠鲁主义者同时也是世界主义者”。然而，林达夫在距离这一追问一步之遥的地方背过身去不再理会现实，退出了评论界的舞台。《妄人妄语》的开头部分写着这样一段话：

> （前略）时至今日我依然以学者自居，虽然只是一个不入流的学者。正因为不以写作为业，所以在涉及时事问题时，若心中不曾涌起想要言说一二的冲动，也就不愿勉强提笔。偶尔写点什么便会被迅速贴上“评论家”的标签，实在叫人无语，在这方面我只是个门外汉，绝非专业人士。我是一个埋头做学问的人。虽然尚未取得像样的成绩，但我想申明这并非因为我什么都没做，而恰恰是因为我在做，或许还做过了头。或可以说在堆积如山的棘手而难以解决的问题面前，我进退维谷。

当然，可以肯定林达夫并不曾回避与日本人问题正面对决。只不过，他再没有公开谈论这一点。比起公开谈论自身，他选择了钻入“堆积如山的”学问的问题之中。他基于自身意愿，从直面时代的舞台上中途离场。所以，没有人知道日本人问题在林达夫内心其后又经历了怎样的变化。关于自身的中途离场，林达夫或许会学着伊壁鸠鲁主义者的样子，谎称是在“以‘智者不参与政治’的形式介入政治”。但事实上，他的中途离场与其在“战后”所呈现出的多种面貌交织在一起，从而造就了战后至今关于林达夫的种种神话。换言之，围绕林达夫身上仍留有谜团的各种问题，众人给出了不同的诠释，由此诞生出了数不清的林达夫形象。而且不得不说，如今我们已经彻底失去了从中找出一个真实而完整的林达夫所能依凭的所有线索。

福田恒存有一篇关于林达夫的随笔，文中写道：“人们常常将他视为洋学派的代表人物，而我却能看见一种隐藏在深处的高雅的东洋智者般的底色，这难道只是我的错觉？”（摘自《沉默与微笑》，收录于《林达夫著作集附录　研究笔记 4》）或许在一九五一年之后的林达夫身上，我们确实应该承认存在着不问世事、归隐竹林的东洋智者的身影。而且这位智者还默默站在一旁，看着世间众人围绕他留下的话语编造各种神话，暗自以之为乐。笔者总忍不住想象这样的画面。总之，在一九五〇年之后，我们再也不能看到在自身的堡垒里不断抨击现实的那个林达夫了。

# 第七章
# 三种文艺复兴

## 一

一九五六年，第二次世界大战后建立的世界体制发生巨变。二月，赫鲁晓夫在莫斯科召开的第二十届苏联共产党大会上做报告批判斯大林体制。十月，匈牙利建立纳吉政府，苏联军队攻入布达佩斯，另一边英法联军也因为反对埃及将苏伊士运河国有化而出兵苏伊士。这一系列事件不可能不对西欧国家的知识分子造成巨大影响。比如因为朝鲜战争而加入法国共产党的作家罗歇·瓦扬，同年五月从莫斯科返回巴黎后，取下了挂在书房墙上的斯大林肖像，并在《日记》中写道："我简直就是死了一次。今后决然不在家中挂任何人的肖像。"匈牙利事件发生后，萨特也在《现代》(一九五七年一月号）上发表了《斯大林的亡灵》一文，写道："(前略）法国有一个政党。……领导这个政党的政治局因为苏联的出发点好而祝贺了苏联人。最近，这个政治局的一员发表声明称，从布达佩斯那场杀鸡儆猴的杀戮中获得了莫大的鼓舞。眼下这个政党才是我们应该予以关注的对象。”就如同一九三九年保罗·尼赞等离党一样，以罗歇·瓦扬为首，克劳德·罗瓦[①]和亨利·列斐伏尔等知识分子也先后退出共产党，萨特则发表声明宣告“今天我们重新做回反对派”（引用同前，以上均摘自白井浩司译本）。

一九五七年一月，就在萨特在《现代》上发表《斯大林的亡灵》的同一个月，林达夫在《文艺春秋》上撰文，写下这样一段话：

> 冬夜的乐趣之一，就是在暖炉前一边翻看种苗商们接二连三寄送来的园艺导购，一边思来想去地构思即将到来的春天的园艺计划。一九五六年春，心血来潮，我又开始了疏远已久的植物的收集与栽培。如此一来，我的书桌上不知不觉间堆起了二三十种宣传册，不仅有全国知名的种苗商，还有肥料公司、园艺用土销售商、塑料温室店以及刀具店。从以前开始，我便有收集商品目录的癖好，是发烧友。这些制作粗陋的薄薄的小册子竟能孕育出对未来生活的设计，让人心中膨胀起大大的期待，着实奇妙。我看小说有时都会觉得无趣，可对商品目录从未感到无聊。
>
> （摘自《园艺案内》）

基本可以认为，林达夫的这种生活态度比任何文字都更清晰地表达了他对战后政治的绝望。若重新将这篇《园艺案内》放到一九五六年至五七年的历史背景中看，则文中的这些表述也可以解读为是在痛

① Claude Roy（1915—1997），法国作家。

斥现实。但鉴于林达夫在一九五六年春之后便停止就政治或政治性事务发表言论，所以我们也不能一味聚焦他对现实的痛斥。或许笔者确实应该拉紧缰绳不再放飞想象，而重新专注于谈论“园艺”。

《园艺案内》发表不到一年半，林达夫又发表了《芸香草》(刊载于《文艺春秋》一九五八年八月号）一文，他在文中就他自家的庭园记述道：“战争一早便让这小小的尝试遭遇了悲惨的挫折。我这座一度以品类齐全而暗自引以为傲的药草园，接连失去了一个又一个品种，如今其昔日的面貌几乎荡然无存。”不难推测，想必战时他的庭园在国家权力的作用下被半强制地变成了一座家庭菜园。然而，根据林达夫的记述，这座庭园在一九五六年春重新成为容纳其知识体系的空间。当然，毋庸多言，此时的庭园已经失去了日中战争刚刚爆发后所呈现出的、与国家对决的个人堡垒的色彩。毕竟一九五六年时，那个对外开战的绝对国家日本已经不复存在。而且，正如林达夫其后为数不少的随笔所展露的那样，一九五六年的他已经背过身去不再理会战后日本乃至整个世界的现实，一心一意专注于重建庭园的“手工作业”。笔者不想否认这一行为本身所带有的这样一种意义：那不仅是在明确表达拒斥一切现实的态度，而且还显露出一种构建与时代截然对立的反时代性内在世界的决心。

笔者前面已经提到，林达夫自一九五〇年开始将自己定位为学者，并辩解称他那些带有评论家性质的言论只是一个门外汉的心血来潮。在一九五四年发表的《批评的衰退——非职业批评家的感想》一文中，林达夫写道：“鄙人在过着学究生活的同时，时不时也会有感而发，情不自禁地做出一些容易被误认为评论家的举动。虽然我不想事不关己地用空洞的言辞搪塞，但毕竟我的主要工作是做学问，我最充沛的时间与精力皆倾注于此。至于评论领域，除了心血来潮发表一些极其微不足道的业余言论之外，我不抱有任何野心，也不存在任何宏图大志。”之前在讨论《作庭记》时，笔者已经论述过林达夫的“主要工作”即“做学问”与他的“园艺”密切相关。他的“做学问的世界”不仅仅是纸上谈兵，他一直在赋予其具体性，而实现的途径正是他在“庭园”里的那些“手工作业”。既然如此，在林达夫从那些“不仅有全国知名的种苗商，还有肥料公司、园艺用土销售商、塑料温室店以及刀具店”的“商品目录”里搜寻并下单购买的材料背后，究竟隐藏着他在这一时期钻研的什么样的“学问”？要想了解一九五六年之后的林达夫，就必须从回答这个问题入手。

林达夫出版的第一本专著是一九三三年由小山书店发行的评论集《文艺复兴》。想必任谁都会承认，这本评论集的核心文章正是一九二八年二月至十一月期间，林达夫在其与三木清、羽仁五郎一同参与编辑的《岩波讲座第一辑　世界思潮》上分四次发表的同名论文《文艺复兴》。

战后一九四七年，角川书店重版了这本《文艺复兴》，林达夫在“后记”中就雅各布·布克哈特对他产生的影响这样写道：“时隔许久重读这些文章，不禁对雅各布·布克哈特在我的修行时代所给予我的影响之深备感意外。他那两部不朽的名作《意大利文艺复兴时期的文化》与《艺术指南》Cicerone，让学生时代的我把目光投向了历史这门学问，可谓是我的启示之书，也一直是我喜爱的书籍。”事实上，林达夫的《文艺复兴》一文几乎可说是以布克哈特的著作为底本写成的。翻看《意大利文艺复兴时期的文化》，可以看到如下论述：“如我们所已经看到的，这个时期首先给了个性以最高度的发展，其次是引导个人以一切形式和在一切条件下对自己做最热诚的和最彻底的研究。的确，人格的发展主要在于对一个人自己的和别人的人格的承认上。”“因为大多数的意大利城市国家在内部结构上是一种策略的产物，是深思熟虑精心设计的结果，所以它们彼此之间的和对外国的关系也是一种策略的产物。”以及“在最有才能的集团里面发展起来的世界主义，它本身就是个人主义的较高阶段”。[①] 这些话语让笔者痛切感受到了对写下《关于歌舞伎剧的一点考察》一文的林达夫而言的布克哈特的意义。但丁说“我的故乡几乎就是整个世界”，布克哈特引用过但丁书信中的这样一段话：“难道我无论去到哪里，都无法再仰望太阳，眺望星光了吗？难道我无论去到哪里，都无法再冥想最高贵的真理了吗？为了这些，非但不需要主动舍弃名誉忍辱负重，在故乡的街市与民众面前现身，更决计不会缺衣少食。”（以上摘自紫田治三郎译本）想必少年时代的林达夫一定从中找到了引领他走出内心“故乡”迷阵的某种路标。

就这层意义来看，研究文艺复兴于林达夫而言甚至可说带有宿命色彩。事实上，若回过头重新翻阅他的第一部评论集《文艺复兴》，便会发现《三枚戒指的故事》这篇随笔从布克哈特在《意大利文艺复兴时期的文化》中指出的问题出发展开论述，《发明与发现的时代》则如林达夫自己在注释中所暗示的，是《文艺复兴》的续篇，而《古希腊悲剧的起源》介绍了在文艺复兴时期重新受到关注的古代悲剧的概貌。就在《文艺复兴》一书出版前不久，林达夫发表了《社会史性质的思想史　中世纪》和《文艺的社会基础》两篇文章，细究起来也可看作

① 引文摘自《意大利文艺复兴时期的文化》(瑞士）雅各布·布克哈特著，何新译，上商务印书馆，1997 年版。

是对文艺复兴运动兴起的前提——中世纪的研究成果。一九三五年开始直至战败，林达夫撰文时再不曾提及文艺复兴。但在处于“搁笔停耕的休业状态”的“战后”，他为平凡社发行的《世界美术全集》撰写了《文艺复兴的母胎》（一九五〇年八月发表）和《文艺复兴的伟大与颓废》（一九五一年一月发表）两篇文章，内容比《文艺复兴》一文更为翔实且富于独创性，可谓是对意大利的文艺复兴进行了历史概述。

在此也有必要提请读者注意，在林达夫的“学术”性工作中，还有一项与文艺复兴研究分量相当的成谱系的研究。该研究以一九三二年那篇《无产阶级反宗教运动》为起点，经过《无产阶级艺术运动》《阿米尔与革命》及《卢梭》的阶段，发展至战后的《古代思想史的课题》（刊载于《思想的科学》一九四六年十二月号）、《马克思主义与宗教理论》（刊载于《展望》一九四八年一月号）及《唯物论的历史》（刊载于《哲学讲座》一九五〇年二月刊），进而以《〈旅顺口的陷落〉》和《共产主义者》收尾。该项研究与前一章论述的林达夫对苏联的关注相重合，或可总结为是以唯物论或马克思主义为轴心的研究，不过相关论述与林达夫对苏联的关注一样，在一九五六年后彻底销声匿迹。

鉴于此，一九五六年复苏的“学问”，换言之充实林达夫内在世界的东西，正是写下《关于歌舞伎剧的一点考察》一文的他选作自身西洋学起点的文艺复兴研究。可以说一九五六年春，林达夫又回到了最初的起点——文艺复兴。

## 二

两次世界大战之间，法国掀起文艺复兴关注热潮的契机可追溯至一九二八年，这一看法不会有太大偏差。因为这一年，NRF 出版社在让·普雷沃的监制下推出了“文艺复兴丛书”，第一卷为阿格里帕·多比涅的《写给孩子们的自传》，第二卷为安布鲁瓦兹·帕雷的《游记与辩白》。以此为契机，文艺复兴再次被推到幕前，关注度急速升温。关于这一点，渡边一夫这样写道：

> 一九三三年一月，阿道夫·希特勒就任德国总理，三月手揽独裁大权。依我看，从这一时期开始一直到第二次世界大战开始，在仓皇迷乱、日益被乌云笼罩的法国，曾出现过各种形式的针对狂热信仰的理性反抗。……关于人文主义的讨论愈发热烈，可以说试图通过重新检视人文主义乃至扩充其意义，来为这濒临毁灭的世界寻求救赎之道的人层出不穷。换言之，一九三〇年代的人们一直在追问和探索诺拉克及其同时代的人们为人文主义赋予的内容，那些除了以“古典语及古典文学研究”为中心的人性陶冶之外的东西，或者说隐藏在这些观点之下的更为本质的东西。
>
> （摘自《法国人文主义的成立》）

渡边举出保尔·瓦雷里的《对现代世界的考察》（一九三一年）、朱尔·罗曼的《今日之问题》（一九三一年）、让·吉昂鲁的《回归人性》（一九三一年）、夏尔莫的《人文主义与人性》（一九三四年）、雅克·马里坦的《充分的人文主义》（一九三六年）以及乔治·杜阿梅尔的《文学的拥护》（一九三七年）等作品作为具体事例，并将国际联盟下属“国际知识合作委员会”自一九三六年六月八日起在布达佩斯举办的为期十一天的“走向新人文主义”研讨会视为一次集大成的尝试，对其给予了关注。该研讨会由瓦雷里主持，延续了一九三五年四月在尼斯举办的“现代人的塑造”研讨会的精神，借用渡边的话，研讨会“涉及狂热与理性的对立、科学发展与人类危机、社会制度对人的异化等诸多问题，试图在自古传承的人文主义传统中寻求人类的救赎”。

西欧思想界出现此番动向时，同时代的日本也并非完全与之绝缘。

前面已经提到，一九三五年十月三木清曾在《中央公论》上发表《人的再生与文化的课题》一文，言及安德烈·纪德同年在“拥护文化国际作家会议”上呼吁“拥护文化”一事，认为从纪德身上可以看到新人文主义者的姿态。三木在文中写道：“（前略）现代人文主义的根本问题是，它必须关乎与现代这一特定历史时期相对应的、人的再生的问题。我们把从中世纪向近代过渡的历史时期称为文艺复兴，与此相同，我们也可以认为现代同样具有文艺复兴的特点，而认识到现代也是一场文艺复兴或许反倒更契合今日人文主义的本质。”在此必须注意，三木所说的“人的再生”一词既指知识分子阶层的主体性回复，同时也包含反对法西斯暴力，强调对人的尊重。笔者还想指出，就在第二年即一九三六年，与《行动文学》杂志关系密切的小松清、舟桥圣一、青野季吉和中岛健藏等人曾使用“行动人文主义”一词，来形容以“转化为行动的智识”为核心、主张文学家要团结的立场。另一边，一九三六年十月《思想》推出了“人文主义特辑号”，邀请田边元、和辻哲郎、古在由重、生岛辽一、芳贺檀和清水几太郎等人围绕现代人文主义各抒己见。同年十二月——这一点前面也已提及——羽仁五郎的《马基雅维利君主论——论其历史背景》一书出版，一九三九年三月《米开朗基罗》一书付梓。与同时代的西欧不同，当时日本的言论管制已相当严格，或许可以说这些人在使用“人道主义”“人文主义”和“文艺复兴”这一类词汇时，心境比西欧人更为复杂。

总之，再次借用渡边的话，一九三〇年代的人文主义乃是“对周围出现的狂热与愚昧行径”质问“这与我身而为人有何关系”（摘录书籍同前）的人文主义，而日本最正统的继承人正是渡边一夫自己。

自渡边一夫一九二六年十月在《法兰西文学研究》创刊号上发表《莫里斯·西夫的影子》一文以来，可以看到他一直关注文艺复兴乃至十六世纪。据中岛健藏回忆，渡边直到一九三一年六月即将前往法国之前，才下定决心将拉伯雷作为自己开展专业研究的对象（参见《回想的文学（一）》）。不过，渡边明确展现出人文主义继承者的姿态，却是在结束法国留学回到日本之后。

但是，我们必须要认识到渡边眼中的文艺复兴和羽仁等其他人不同。羽仁曾写道，“文艺复兴的本质乃是民众反对封建专制、渴望实现自由独立的希望”（摘自《米开朗基罗》），他所看到的文艺复兴是喻示着充满希望的公民觉醒期的意大利文艺复兴。而渡边的文艺复兴则是法国的文艺复兴，代表的是一个不宽容的时代，民众在接二连三的战火中疲于生存，两大教派各自以神为名互相杀戮。所以，羽仁在文艺复兴中看到的是一个与现实中的日本截然不同的乌托邦，他借由描绘这个乌托邦来批判现代日本。而渡边则在十六世纪法国的现实中看到了现代日本的影子，他不得不通过审视并反思十六世纪来直面现代日本所面临的问题。

比如，渡边一夫在一九三四年七月发表的《弗朗索瓦·拉伯雷素描》(刊载于《行动》)一文中写道:“拉伯雷亲眼目睹了太多诸如伯金和多雷那样的新思想家接二连三被处以火刑的先例,他们满腹经纶却因为一时的激情而化作了烟尘。拉伯雷为避免遭受满腔愤懑的折磨,他不得不选择一条韬光养晦的道路。你也可以说他卑怯。然而,真理和正义并不仅仅存在于死刑台上。它们必然也存在于隐忍的实践之中。”渡边隐晦地指出除了投身于实践运动之外,还可以有另一条与之不同的抵抗之路,借此不动声色地表明了他也决意走上拉伯雷的韬晦之路的决心。一九三六年五月,渡边又在《论“德廉美修道院”》(刊载于《新潮》)一文中,搬出了利尔-亚当笔下的科学万能主义者、“低俗下贱似是而非的文明人”特里布拉·博诺梅博士①,写道:“我认为生活在现代的我们已经到了理应光明正大地谋求新的‘德廉美修道院’的时候。然而,不知何时,新的博诺梅博士出现在了这个现实中的地球上,如若现代有德廉美修道院人那样的人,他势必当即便会打算用地震清除掉他们。且现代的博诺梅博士神通广大、单人千面,看不清其真面目,是个极难对付的怪物,在现实中愈发强烈地想要实施他的‘地震清除法’。我们必须沉思默想,努力去理解历史的必然性。唯有如此,才能无视博诺梅博士,对他置之不理,进而梦想新的‘德廉美修道院’,难道不是如此吗?不用说,鼓腹击壤之民不知尧帝,梦想‘德廉美修道院’之民大多身陷苦难的漩涡,我们必须有此觉

---

① 利尔-亚当在其作品《特里布拉·博诺梅》(*Tribulat Bonhomet*,1887年)里塑造的人物,小说里有一章题为“特里布拉·博诺梅关于地震效用的建议”。博诺梅博士是利尔-亚当自己创造的仇敌,是十九世纪实证主义、科学万能主义和资产阶级气质的化身。“关于地震效用的建议”讲的是博诺梅博士看到法国南部发生的地震造成的惨祸,就想利用地震来消灭那些他所憎恶的文人艺术家和思想家、以实现对社会的清洗。渡边在此影射法西斯对知识分子的迫害。——王前校注

悟。”渡边以其广博的学识编织着晦涩的词句，巧妙地运用韬晦之策略，他预言了在现代为成为真正的德廉美修道院人可能遭遇的困难，并隐晦地提示了克服困难的方法。太平洋战争期间，在刊载“近代的超克”研讨会纪要之前的一期《文学界》(一九四二年八月号)上，渡边发表了《人文主义者的卑屈》一文，揭示了医生拉伯雷在现实生活中曾在某种意义上充当过家奴，并“秘密探查”过去的主人，他辩解称“这种‘卑屈’可以说几乎不可避免也不可或缺”。其后，渡边大胆地写道：

> 让乔治·杜阿梅尔和米格尔·德·乌纳穆诺赞不绝口的塞南库尔[①]曾写过这样一段话：“人是会毁灭的。也许吧。但难道不应该边抵抗边毁灭吗？即便虚无为我们而保留着，我们也应该确保那不会变成一种正确的结局。”我时不时会想起这段话。从中，甚至能感受到一种冰冷且剧烈的热忱。我不知道十六世纪的伊拉斯谟和拉伯雷是否也曾有过同样的心境。但若不曾体会这种心情，我必然无法理解他们这些人文主义者的“卑屈”。因为若非如此，就连立下昂布瓦斯誓约时的蒙田都会变成残酷的化身。

渡边在那“黑暗深谷”般的时代里一直在谈论拉伯雷，试图借此反抗那个时代。与此同时，他自一九三九年一月开始在《知性》上连载拉伯雷《巨人传第一部书》的译文，一九四一年发表了“德廉美修道院”部分的节译，同年二月在《文学界》上开始连载《巨人传第三

---

① Etienne Pivert de Senancour (1770—1846)，法国作家，出生于巴黎。代表作有Obermann，据说发表时引起的轰动不亚于歌德的《少年维特之烦恼》。——王前校注

部书》的译文，一九四三年一月又出版了《巨人传第一部书》和《巨人传大事记》的译作。关于战时的渡边一夫，曾经从渡边处多次收到鼓励信函的中村真一郎这样写道：“当时私人信件也受审查，渡边先生寄来的信函时不时会有一些过激言论，几乎看得我胆战心惊。渡边先生是我的大学老师，更重要的是，他为我树立了忠于信念而活的人的榜样，是我真正的恩师。”（摘自《战后文学回想》）

与渡边一夫一样，战时的日本还有一位异端人士也一直在谈论文艺复兴，那就是花田清辉。花田自一九四一年四月起在“文化再出发之会”的机关刊物《文化组织》上分十八次连载了《文艺复兴式人的探究》，一直持续到一九四三年十月该刊物废刊。

一九四六年，花田的这一系列《文艺复兴式人的探究》的随笔结集付梓，书名为《复兴期的精神》。花田在《跋》中就其通过这些随笔开展的尝试记述道：“主题一言以蔽之，就是在转型期该如何活着。所以，虽然文中探讨的都是文艺复兴，但其实我的目光始终投注于二十世纪的现实——也就是今日日本的现实。”可见花田所看到的文艺复兴既不同于羽仁五郎，也不同于渡边一夫。在他眼中，那是一段“转型期”，或者说“变形期”。花田写道：“当时的人，无论是谁，难道不都或多或少地意识到他们已经陷入何等走投无路的境地？他们已走到尽头。所有一切都伴着大地的轰鸣而崩塌。无法想象还会拥有明媚的未来。此后只有自我毁灭。可尽管如此，他们仍继续活着。在这里，他们将像海鞘那样获得重生。不得不重生。他们那些人性的同时又是非人性的庞大工作积累，难道不正是已经放弃了生的人，从死亡所发起的想停下却无法停下的反击吗？”（摘自《球面三角——

坡》，刊载于《文化组织》一九四一年十二月号）花田坦言：“我终究很难相信人性的、过于人性的文艺复兴的形象。”（引用书籍同前）他效仿“自始至终把修辞作为武器，且为了改革现实而挥舞这一武器尝试进行勇敢无畏的斗争的”（摘自《女人的理论——但丁》，刊载杂志同前一九四一年四月号）耶稣，将现代投射到过去那场文艺复兴中，摸索从眼前的死亡中重生的道路。所以，面对正可谓是“历史的黄昏”的战时的现实，花田谈论马基雅维利，弹劾堕落为小政治家的文学家，拒绝将政治与文学混为一谈，并以哥白尼为例粉碎与转向相关的各种定论，还论及了伽罗瓦的《群论》借此探讨变形期组织者的资质。一九四二年秋，德苏两军在斯大林格勒殊死相搏，花田就此断言：“背后没有任何东西可以依靠，唯有脚下的土地成为最后的根据地时，才终于能冷静地看清整个战局。”他甚至预言会出现这样一种人，他们“像在嘲笑起承转合的法则一般，从结语朝着序言”“一个劲地推挤”（以上均摘自《末世观——坡》，刊载于《蜡人偶》一九四二年十一月号）。或许可以说在这一系列《文艺复兴式人的探究》的随笔中，花田清辉所提出的转型期的生存方式否定了人文主义中情绪化的一面，不推崇“活得极富男子气概的米开朗基罗和布鲁诺”，而以“在外人眼中生活态度反倒是逃避且因循守旧的”“乍一看似乎拒斥斗争的列奥纳多·达·芬奇及哥白尼”为榜样，向他们学习“一边促使对立激化一边维持对立物相互均衡，从而逐渐将其克服的斗争方法”（以上摘自《哥白尼的转向》，刊载于《文化组织》一九四一年七月号），从而将自己视为有着两个可自由变动的焦点的“椭圆”（摘自《椭圆幻想——维庸》，刊载杂志同前一九四三年十月号），悄悄为新时代的到来做好准备。多年后，花田自己就其战时的生活方式回顾道："坦白说，我那时觉得在意识形态的领域里，我是在孤身一人打着太平洋战争。"（摘自《现代主义者的时代错误》，刊载于《早稻田大学新闻》一九五八年五月二十日刊）

如上所述，渡边一夫与花田清辉皆通过潜心研究文艺复兴度过了战时的那段时光，二人身上让人饶有兴味的共通之处在于，他们与大部分知识分子不同，以极其独特的方式迎接了战败。

渡边一夫在战败后一年出版了《空虚的祈祷》一书，他在"后记"中就"一九四五年八月十五日正午的感想"写道："我站在长过了头的茂盛的玉米田里，仰望着蓝色天空，想着'脓终于都排尽了'。我感受到了一种安心感。"紧接着，渡边又写道："我那份脓排尽了的想法无处发泄，只能砸向盛夏蔚蓝的、带着热气的虚无的天空。让我愕然的是，十五日后，轻率的和平赞歌便逐渐高涨。从反动到再反动，我国的文化若没有这种物理震荡便无法向前推进，我早在战争开始前便已感受到这种无自主性，战败后的诸般现象依然给我同样的感受。既然如此，我不得不为之黯然。"另一边，花田清辉一九四六年一月在《近代文学》上发表了《变形谭》一文，主张有必要将"变形"理解为源于生命活力的"扩张"和源于生命自控的"收缩"的过程，并写道："我最近在思考自由，阅读塔西佗和苏维托尼乌斯，调查被罗马皇帝解放的自由民，他们中的许多人虽然都是崇奉生命活力的信徒，但都成为了皇帝的宠臣，施行恶政。我之所以强调生命自控，正是因为我们周围也能看到这样的解放奴隶。"花田从那些在工厂里操作机器的"保持着力学均衡的有机组织"即劳动者身上，看到了"掌握生命自控的人"。

若将二人在战败后不久写下的这两篇文章与他们在战时所写的东西做个比较，便会发现对他们二人而言，战败并未给日本带来什么本质变化，改变的不过是状况而已。对渡边来说，战败仅仅意味着另一种形式的“人类的疯狂与愚昧”的开始；而对花田来说，战败则是“从结语朝着序言”一口气猛冲，虽然明确了再生的方向，但那显然也同样是“变形期”，而新时代的生存方式说到底依然必须用“变形”一词来表述。所以战败后，二人的姿态和战时几乎别无二致，就这样直接步入了新的时代。

渡边一夫的战后具体来说梳理如下：自一九四三年《第一部书》付梓后，《巨人传》的翻译工作一直持续至一九六五年，完成了《第五部书》(附注一)。与此同时，他先后在一九四九年和五六年出版了《拉伯雷研究备忘录》与《弗朗索瓦·拉伯雷研究序论》，并突破拉伯雷的框架对人文主义乃至法国文艺复兴开展研究，其成果汇总为一九四九年的《文艺复兴的人们》、一九五八年的《法国人文主义的成立》以及一九六〇年的《法国文艺复兴文艺思潮序论》三部著作。

在此期间，渡边将十六世纪与现代相对比，写下多篇警世的随笔批判现代的“疯狂与愚昧”。他的随笔在战后自由的氛围中广为流传，展现了建立在尖锐的时代批判意识之上的治学方法，对年轻一代产生了深远影响(附注二)。比如一九五一年，竹山道雄继《学生事件见闻与感想》一文后，又发表了《未进门的人们——论现在的一种精神状况》(刊载于《新潮》一九五一年六月号)，主张：“我们不可能无论身处何种境地都毫不抵抗。对于不宽容，我们也必须不宽容。”对此，渡边提出反驳：“难道为了保护自己，宽容就应该对不宽容变得不宽容吗?”(刊载于《世界》九月号)并写道：“不宽容在现实中存在是无法否认的。但我们必须努力不使其激化。即便在事后醒悟到所争的东西不值得为之争斗，其间付出的牺牲也无法挽回。历史已给了我们诸多教训，可以认为正因为我们人类素来是危险的野兽，我们才需要通过自省，通过努力不沦为我们所造之物的奴隶或机械，来以更少的牺牲赢取人类的发展与幸福。”他深入浅出地讲述了以“宽容”应对“不宽容”的必要性。另外，在赫鲁晓夫发表演说的第二年即一九五七年，渡边又将现代的莫斯科与十六世纪的日内瓦相对比，写道：“某位历史学家指出，苏俄在第二次世界大战前后，尤其是战后，如此屡次三番进行血腥肃清，变为马基雅维利主义的化身，其中固然有部分原因归结于斯大林的性格，但除此以外，或许也有部分原因来自周边国家的压力，这些国家对苏俄的‘理想’毫无兴趣，也无意将其视为人世间的东西予以净化，而只是一味对苏俄感到恐惧，认为只有将其彻底抹杀自己才能存活，并为此而加强军备。如果这种想法并非全然不可取，那么或许可以说约翰·加尔文领导下的日内瓦发生的事情也如出一辙。”在此基础上，渡边循循善诱论述了人需要经历何等漫长的岁月与忍耐方能保住人性，他写道：“绝不可放弃纠正人的恶与社会的恶，这种纠正对我们所见所闻的悲惨与恶劣哪怕只是暂时有效，也必须采取行动，为了让更多的人对滋生这种悲惨与恶劣的东西抱有疑问并进行反省，即便被欺骗，被嘲笑，被迁怒，也必须一而再、再而三地倡导、执行。我们别无他途。”（摘自《某位教祖的话（A）——谈约翰·加尔文》，收录于《法国文艺复兴的人们》）渡边一夫曾就人文主义阐释说：“人文主义不是一种思想。人文主义关系到使人从野兽进化为人的东西，或许也可以说是一种现代化的代价，是人必须坚持守护的自我批判的精神。当人忘却这一代价时，人必将面临悲惨与危机。”（摘自《法国人文主义的成立》）必须指出，正是这种人文主义贯穿了渡边一夫的整个思想。

笔者方才已经指出，于渡边一夫和花田清辉而言，战败并未给日本带来什么本质变化，改变的不过是状况而已。《空虚的祈祷》一书的“后记”和《变形谭》一文确实让我们看到了这一点。不过，就花田清辉而言，从《变形谭》到一九四七年九月发表的、被认为是花田战后之起点的《关于沙漠》（刊载于《思索》秋季号）一文，虽然不能说是本质变化，但不得不承认确实存在某种差异。一九六六年，花田在新版《复兴期的精神》的“后记”中写道：“昭和二十二（原文）年五月，这些随笔以《复兴期的精神》为题，由我观社结集出版，任人毁誉褒贬，与此同时我感到失望。这并不是我在战争时所期待的那个战后。”（附注三）这段话或许正反映了这种差异。所以，正如花田清辉在《关于沙漠》一文中所写，“圣安东尼在一望无际的沙漠中”，“四周除了沙子还是沙子，找不到任何出逃之路，想必他送走一个个虚无的日子时感受过绝望”，花田就要从那样的绝望出发，认识到“沙漠就是只有沙粒的无穷无尽的空虚世界。……总之，是一个如月球般荒芜、被遗弃的世界”。但同时“沙漠中不只有沙子和风。那里还有商队踩出的道路，如灰色的缎带般弯弯曲曲，数千年来，那里响着骆驼们整齐划一的脚步声，它们脖子上的驼铃叮铃叮铃地在四周回荡。就如布克斯顿与科贝尔特的研究所揭示的，那里还生息着无数的动植物”，进而下定决心“以一己之身示范‘源自虚无的创造’究竟是何种创造”。正因为花田通过这一过程确定了重新整装出发的新起点，所以他才能投身于战后引人注目的艺术运动——即以“将前现代作为否定性媒介的现代性超克”为目标，集结大众的力量，依从“创造以大众艺术为否定性媒介的前卫艺术的方法论”，组织起“综合文化协会”“夜之会”“新日本文学会”及“记录艺术之会”等团体，由此开展了他独一无二的艺术运动。当然，花田战后所走的路皆是他战时努力摸索转型期重生之路的延续。只是我们也不应忘记，正因为他经历了《关于沙漠》一文中所写的“绝望”，所以才会诞生出他战后的这些艺术运动。

## 三

一九六〇年因为安保条约而动荡不安，可看作是日本战后史上的一个节点。而在与文艺复兴相关的问题意识上，这一年也同样可谓是一个转折点，可以认为渡边一夫与花田清辉皆在一九六〇年前后迈步踏入了文艺复兴的新领域。在此，我们分别来具体看看此二人关于文艺复兴的研究著述究竟出现了什么新动向。

笔者之前已简略介绍了渡边一夫从战后到一九六〇年前后这段时间的文艺复兴研究，可以说他将人文主义的问题始终界定为思想史与文学史上的问题，以文学家和思想家为中心进行了探讨。而这一时期之后的渡边显示出了一种新姿态，他开始将文艺复兴置于历史，尤其是民众的历史之中，重新对其进行了一番思考。不得不说他在一九五八年出版的《乱世日记》以及一九六一年出版的《泰平日记》正是这一动向的具体体现。两部作品分别以“查理六世与查理七世治下巴黎某一市民的日记”和“弗朗索瓦一世治下巴黎某一市民的日记”这两份籍籍无名的市民留下的古老记录为依据，尝试通过其中的民众视角重新描绘那个时代。渡边自身就其写作意图这样写道：“当然，除了无名之人的‘日记’，还有名人们留下的‘备忘录’和‘日记’等，这些可以让我们在‘空白’中寄托若干幻想。但名人留下的记录里，极少能看到无名之人的‘日记’中所记录的那种民众的喜怒、惹人怜爱的无知以及让人惊诧的智慧。我们可在无名之人的‘日记’中捕捉到大众因所谓史实（历史事件）人生被打乱、或为之狂喜的样子，即便无从知道‘真相’究竟在何处，或许至少可以找到让刻板的‘史实’看起来略显生动的凭据。”（摘自《泰平日记》）比如在《乱世日记》中，渡边将圣女贞德描写成了一个胡作非为的魔女，她率领在巴黎民众眼中形同蛇蝎的雅文邑的士兵大开杀戒，让民众饱尝生灵涂炭之苦。渡边写道：“战乱之年，食不果腹或者因狂热而盲目时，人似乎很容易变成动物机器。”其后他写下了自己的感想：“我不可能知道圣女贞德的所有‘秘密’，在明白了其所说的奉‘神之命’杀‘敌’的心境乃是上述这种意思时，这‘圣女’之名忽然就变得格格不入起来。更何况，圣女贞德似乎对她的杀人行径不存半分疑虑。在她看来，为了‘取得圣战的胜利’，杀人也是迫不得已。至少在阅读这份‘日记’的过程中，我眼中的那个被称颂为‘奥尔良少女’的圣女贞德形象莫名地变得血腥起来。”另外，《泰平日记》写的则是弗朗索瓦一世治下的法国，那是一个华丽的时代，集结了以列奥纳多·达·芬奇为首的一批意大利巨匠，被称为“法国文艺复兴”。但在渡边笔下，法德西三国国王逐鹿中原为私利而斗，导致意大利无以计数的无辜生命沦为牺牲品，败走的士兵们转眼沦为野寇，背叛法国的乱臣查理·德·波旁得到了民众的同情——渡边细细讲述了当时的真实状况，并感慨在那个时代“说到底掌握财力与权力的人们才是这个世界上幸福的统治者，那些底层的人们不作恶便无法生存”。（摘自

《泰平日记》）贯穿这两部作品的是渡边对挣扎于最底层的无以计数的无名民众的命运的同情，而那正是孕育了绚烂的文艺复兴文化与辉煌的人文主义思想的时代。若没有这些民众，文艺复兴的文化与思想归根结底不过是一场海市蜃楼。这两部作品折射出了作者的复杂心绪。

另一边，花田清辉在一九六一年被日本共产党除名（附注四），此后，他离开了艺术运动的第一线，开始专注于创作小说和戏曲，且这些作品都尝试在日本的历史中寻找花田所说的“转型期”，即以欧洲文艺复兴为象征的“转型期”，旨在描写日本的文艺复兴式人。比如一九六二年发表的小说《鸟兽戏画》描写的是战国时代，花田写道：“这世上不是只有武士，相反，真正的修罗——若‘真正’二字言过其实，也不妨改为另一种修罗——出人意料地就在那些以三寸不烂之舌为生的口舌之辈中。”他塑造的无人斋道有“否定一切武力，为了公家——不，不只是公家，更为了所有受武力压迫的人们，想要凭他那三寸之舌向武士发起挑战”。花田将其描写成了“日本第一位文艺复兴式人”。花田笔下的无人斋本是甲州流兵法的祖师武田信虎，在一统甲斐之后，遭其子信玄驱逐而前往骏河。入京后，他化名“无人斋道有”，效命于将军义昭成为其侍从之一，在对阵信长时集结武田、朝仓和浅井制订了大圆环作战策略。义昭死后，无人斋返回甲斐，被孙子胜赖幽禁于伊那谷，如同一只被捕作诱饵的猫头鹰等着孙子迎他归家，辞世时享年七十七岁。这位谋略家终其一生都在尝试以三寸之舌推动时代变革，事实上，他的年纪也仅比弗朗索瓦·拉伯雷小三岁。花田参考数量惊人的古籍资料，甚至不惜插入虚构的书籍，以其独特的小说手法编织了一个在“变形”之上叠加“变形”的无人斋道有的故事，并借此在书中塑造了一个让“变形”得以实现的可称之为“转型期”的时代。若遵循花田的说法，将文艺复兴更宽泛地诠释为“变形期”，则他一九六七年发表的《小说平家》、七三年的《室町小说集》以及五八年的《小偷论语》、六二年的《爆裂弹记》、六三年的《终结于歌》等戏曲剧本，乃至一九六四年的《演员修行》和六九年的《随笔三国志》，这些作品可以说几乎异曲同工。

不过，渡边一夫站在民众视角上挑战正史的尝试自六〇年代末开始出现变化，视角逐渐转换成与民众一样处于受压制地位的女性。在权力的制约之下，女性不被视为独立的个体，时而还会沦为政治的棋子，即便身份是王公贵族，她们的命运也几乎与民众并无差别。但同时，她们又因具备女性所特有的魅力，用渡边的话说，“许多时候都与隐藏在时代潮流之中的大大小小的悲喜剧有着各式各样的关联，若能略知一二，便可窥视那些名人身边深不见底的混浊泥潭，有一部分会在一定程度上变得相当透明”（摘自《世间闲话战国皇后》）——她们也可具备这样的优势。于是，渡边将自己放到女性立场，致力于从所谓的幕后来重新考察文艺复兴，但这并不意味着他彻底放弃了观察时代的民众视角。相反，通过在民众视角中加入同为受压迫者的女性视角，可以说渡边成功地将文艺复兴这一时代描述得更为立体、生动。

比如一九七二年出版的《战国明暗二皇后》中有一篇题为《世间闲话玛戈皇后》，写的正是当今格雷万蜡像馆中陈列的那位因放浪形骸、品行不端而扬名世界的皇后。这位瓦卢瓦王朝的公主因为总是给交往的男性带来不幸而被揶揄为“塞雅努斯的马”，据说其一生先后与近三十名男性过从甚密，有人为此制作了一册名录，其中甚至写有其兄长查理九世、亨利三世以及弟弟安茹公爵弗朗索瓦的名字，她也因此被认定为 nymphomanie（色情狂）。渡边在书中全面细致地整理了从当时到现在四百年来世人对她的嘲讽谩骂，而后尽可能站在玛戈皇后的立场上回顾了她的一生：作为亨利二世的女儿降生人世，被家人强逼着嫁给纳瓦拉国王亨利，新婚第五天遭遇圣巴托洛缪大屠杀，夫妻关系决裂，不仅与丈夫，还与兄长、国王亨利三世对立，被软禁长达十八年，丈夫登基为亨利四世后，以接受离婚为条件获释，时隔十九年重返巴黎，六十二岁时死去。其后，渡边引用玛戈皇后留下的《回忆录》及《琴瑟不谐的闺房》以证明她教养上佳、文采斐然，继而追问道："归根结底，我们是否可以说玛戈皇后为了在她悲惨的命运中确认自身的存在，她可以选择成为修女，也可以选择成为遭人耻笑的'色情狂'？我们是否也可以说无论她走哪一条路，都可以看到她始终不曾放弃对美的追求，以及感官上的陶醉忘我？或许对皇后来说，除此以外，她再没有别的手段来确认自身的存在。我们是否又可以说，将她逼入这般境地的正是她不同寻常且不幸的婚姻，她长达十八年的软禁生活，以及充斥着狂热与权势欲望的时代状况？"

除这篇为玛戈皇后辩护的《世间闲话玛戈皇后》外，渡边一夫晚年写就的"皇后故事"还有另外三篇。一篇是与《世间闲话玛戈皇后》一起结集出版，收录在《战国明暗二皇后》中的《逆臣与皇后》，写的是因拒绝母后有违人伦的爱慕而被污蔑叛国、最后惨死罗马的波旁公爵与国王弗朗索瓦一世的姐姐玛格丽特·德·纳瓦拉之间爱而不得的悲剧。另一部是一九七三年出版的《世间闲话战国皇后》，讲述了玛格丽特·德·纳瓦拉与恩里克二世的女儿、烈女胡安娜三世的一生，她奉诏与安托万·德·波旁结婚，生下亨利四世，并在丈夫死后成为新教徒的领导人，有人怀疑她死于毒杀。第三部作品是在渡边死后，于一九七五年出版的《世间闲话后宫异闻》，描写了小贵族的女儿加布莉埃尔·德斯特蕾“脆弱无助而又哀婉悲凉的幻影”，她十九岁时，亨利四世对她一见钟情，下诏命其离婚，可最后尽管亨利四世下定决心要迎娶她做皇后，但她仍“不得不在二十八岁时结束了生命”。渡边在《泰平日记》中通过与前一世纪的对比，描写了十六世纪上半叶弗朗索瓦一世的时代，而若将这四部继《泰平日记》之后的“皇后故事”放在一起看，便会发现渡边描写的这四位女性都与亨利四世有关，他以四位女性为核心，记述了宗教战争从爆发到终结的时代面貌。而且我们必须要注意到，遗作《后宫异闻》一书不同于其他三部作品，书中随处可见对皮埃尔·德·莱托瓦勒[①]《亨利四世治下日记》的引用。结合这一点来看，此书不仅仅聚焦《南特敕令》颁布前后的历史时期，从幕后视角记述亨利四世最大的功绩——结束宗教战争，同时也可说为渡边一夫始于《乱世日记》的一系列文艺复兴史传整体画上了一个休止符。在《后宫异闻》中，渡边的确积极尝试将“皇后故事”与“民众故事”糅合在一起。随着《后宫异闻》的完成，渡边自一九六〇年前后开始尝试从受压迫者视角讲述文艺复兴历史的工作，基本上画上了句点。由“民众故事”与“皇后故事”共同组成的渡边一夫的“史记故事”宣告完成，它与十五世纪[②]意大利绘画所象征的华美绚烂的文艺复兴互为表里，可以说是促使同时代的博斯[③]与老彼得·勃鲁盖尔画下那些地狱图景的文艺复兴的另一个侧面，其轮廓终于清晰地展现在了世人面前。

---

① Pierre de L’Estoile（1546—1611），法国日记作家与收藏家。

② Quattrocento，意大利语，原意为“一千四百”，指 1400 年至 1499 年间意大利文艺复兴时期的一系列文化与艺术事件，包含中世纪晚期、文艺复兴早期及文艺复兴全盛期的艺术形式。

③ 耶罗尼米斯·博斯，Hieronymus Bosch（1452—1516），荷兰画家。

花田清辉与渡边一夫不同，一九六〇年之后他依然在坚持不懈地描写日本的文艺复兴式人。我们不妨记住，花田笔下的日本的文艺复兴式人大致可以分为三种类型。第一种是之前已经论述过的，像武田信虎即无人斋道有那样放下武器、活在口舌世界中的人。第二种是“以笔为武器”与时代斗争的人，用花田的话说：“即便对他身为作家曾写下脍炙人口的故事这一点按下不提，单只是回顾他以笔为武器，在战火中求生，因命运的捉弄而数度沉浮，承受了种种大起大落，一生命运多舛，连我都或多或少难免有些感同身受。”（摘自《小说平家》）《小说平家》的主人公海野小太郎幸长本是“劝学院[①]教授”“文章博士”“进士藏人”道广，他出家后法号“最乘坊信救”，于兴福寺开悟。暗杀清盛的阴谋败露后，幸长逃往奈良，化名“太夫房觉明”为木曾义仲书写文书。义仲死后，幸长在箱根避世隐居，不久他又前往京都自称“圆通寺净觉”，并以“西佛”为名随同亲鸾一起巡游东国，最终在信浓国盐崎创建了康乐寺。幸长这一生也是“变形”之上叠加“变形”，不可否认与无人斋道有极其相似。最后第三种类型则是小谷忠阿弥，据传他是尾张妙兴寺收藏的足利义教画像的作者，“通过同时征服武家与公家而成为新时代的旗手，无论身为政治家还是文人都出类拔萃，生动形象地描绘了日本第一位文艺复兴式人的样貌”。花田在《室町小说集》中盛赞了这幅足利义教的画像，称其超越了肖像画名家藤原隆信与信实父子，是“消除了杀意、尊重生命”的“日本文艺复兴草创期”的代表作。根据花田清辉的描述，这幅画的原型义教正是一位将“尊重生命”作为自身立场，坚持贯彻非暴力

① 平安时代专为藤原家族子弟设立的相当于大学寮的教育机构。下文中的“文章博士”指在大学寮中教授诗文历史的教官，“藏人”则为官衔。

主义并因此而惨遭杀害的将军。而事实上，砍下义教头颅的正是阿弥派画家，即尚未出家的忠阿弥，事发后他剃度出家，漫无目的周游各地。可以认为，足利义教继承了无人斋道有的脉络，而《小偷论语》中的纪贯之和《爆裂弹记》中以报社主笔的身份登场的末广铁肠，皆属于海野小太郎的谱系，《终结于歌》中的名古屋山三郎和出云阿国则都与忠阿弥属于同一类型。

花田清辉步入晚年的十五年间一直在孜孜不倦地描绘日本的文艺复兴群像，但我们也不能忘记他还有一部集大成的遗作，即一九七四年出版的《日本的文艺复兴式人》。可以说，这部作品为花田自《复兴期的精神》开始的文学生涯画上了一个完满的句点，与《复兴期的精神》遥相呼应。

在《日本的文艺复兴式人》中，第一篇文章就是谈论《洛中洛外图》的随笔《眼前的风景》。花田聚焦室町末期至安土桃山时代期间诞生的多幅《洛中洛外图》，分析图中所呈现的画家视角。具体来说，画中存在着这样一种视角："相国寺原有一座七重宝塔，建于应永六年（一三九九），文明二年（一四七〇）时因雷火而焚毁，画家想象宝塔仍在，自塔顶俯瞰京都街市。"而且，这一视角"固定于离地百米高的塔上，不仅远眺洛中洛外，还聚焦于杂沓的市井小巷，细致清晰地绘下了'男子之胡须'与'倾城之红唇'"。从这种"不固守于汉画流派的远近法，长短并举，多用特写"的"随心所欲的画家'视角'的变换"中，花田联想到了他在《椭圆幻想》中所写的具有多重焦点的文艺复兴，指出："这与十五世纪末佛兰德那些画家们——比如耶罗尼米斯·博斯及其同伴等不无相似之处。"在那"五彩斑斓的宽银幕大画面"上，映出的是"活力四射的近世初期的文艺复兴"时的民众形象，这深深吸引了花田，而这种文艺复兴式的“视角”更是愈加激起了他的好奇心。所以，花田称颂比起土地更执着于金钱的恶女日野富子，推崇在集体创作中感受到欢乐的连歌师运动，并对利休“通过缜密的设计与巧妙的引导，一步一步将零散而孤独的个人……引向集体作业，并在不知不觉间建立起传统习俗之外的新秩序”的茶之汤运动大加褒奖，把“身居鹰之峰，率先从匠人转变为艺术家”的本阿弥光悦，认定为日本最具代表性的文艺复兴式人。花田强调，光悦其人“无论在历史层面还是地理层面，他都对自身所处的位置有着敏锐的把握”。他继而写道：

> ……他以他自己的方式感知到了在从过去通往未来的时间的纵轴上自己处于何种位置，以及在从日本扩展到世界的空间的横轴上自己又处于何种位置。换言之，他一直在两轴相交处寻找着自身的“起点”。原先，我总以为所谓“起点”乃是无论对谁而言都唯有如此的东西，但事实上究竟如何呢？过去我也曾论述过“现实性”，以当下的偶然性为线索，称自己的愿望乃是实现过去的必然性与未来的可能性的辩证统一，但事实上，我找到所谓“起点”的地方似乎总是在当下。

《日本的文艺复兴式人》中最后一篇文章是《金色的云》，花田在此文中再次言及《洛中洛外图》，聚焦画中时常出现的“金色的云”，论述道：“如果说室町时代是银色的时代，则金色的云便是一种标志，宣告着银色时代的终结，与随之而来的金色时代——即安土桃山时代的开始。那不仅仅是在画中，同时在时代的区分上不也一样发挥了巨大作用吗?”其后，花田就其自身对文艺复兴的关注的背后所隐藏的深层次的东西如此剖白道：

……然而，就我自己的喜好来说，我并不讨厌中世银色时代的终结、近世金色时代开始的那段时期。因为那段时间总是让我情不自禁地感到，或许可以跳过完全如中世翻版一般的近世，而从中世一口气直接进入近代。

花田晚年十五年间的著述研究皆围绕日本的文艺复兴展开，可以说他正是站在当下这一时间的纵轴与空间的横轴相交的“起点”上，摸索进行“近代的超克”从而抵达“普遍性”的可能性。对花田清辉而言，文艺复兴属于转型期，是一座蕴藏着无穷无尽的超克时代的生存方式之样本的宝库，他把文艺复兴变成了现代的一座实验室，试着在其中为同样处于转型期的现代寻找新的突破口。

花田清辉于一九七四年九月辞世，享年六十五岁，渡边一夫比他晚八个月，于一九七五年五月辞世，享年七十三岁，二人长眠之时皆完成了晚年与文艺复兴相关的工作。如今我们站在二人所抵达的终点上回顾他们从新的视角论述文艺复兴的那个时代，会发现当时正处于以一九六〇年代末的那几年为顶点的巨大变动期。那时，管理型社会急速扩大，以越南战争为契机，发达国家同时掀起了批判体制的运动并迅速蔓延，与此同时，人们开始宣称以马克思主义为首的所有既存意识形态业已失效。他们二人的著述研究不可能完全脱离这一时代背景，或许可以认为正因为身处那样一个时代，渡边与花田才会从中捕捉到了文艺复兴再现的征兆，并进一步深化他们的工作。不过，随着二人的辞世，几乎就在那一巨大变动期画上句号的一九七五年前后，二人的著述研究基本宣告完成，但同时也就此中断。

## 四

在一九五七年一月发表《园艺案内》之后，林达夫的随笔中，除此前几乎从未写过的《关于〈思想〉的回忆》（刊载于《思想》一九五七年十月号）、《方尖碑》（刊载于《周刊朝日》破两千号纪念号，一九五八年五月）、《勒格罗的〈法布尔传〉——对出名的反抗》（刊载于《周刊读书人》一九六〇年八月一日号）、《书籍的另一个世界——令人害怕的书》（刊载于《展望》一九六六年十月号）等回想文以外，其余文章就广义而言可以说都在阐述他对学问的兴趣。其中不乏再次出现的与“庭园”相关的随笔，不难预测其数量必然也骤然增加。

在《芸香草》（刊载于《文艺春秋》一九五八年八月号）一文中，林达夫重申了他建造“庭园”的目的，他写道：“我想从不同方面了解西洋文化不断变化、绚烂辉煌的上层建筑之下，数千年来在那广袤无边的基底中周而复始、从来不曾改变的民众的生活文化，收集这些植物其实也是建立在这一需求之上的一种对花草民俗的探究。”就比如，林达夫写道：“与莎士比亚同时代的哲学家培根有一部著名的《随笔集》，其中有一篇题为《花园》，阅读此文便能很清楚地感受到，花园并不只是观赏花朵的颜色与形态的地方，其存在还有一项功用，就是嗅闻花朵的香气。”（摘自《莎士比亚的玫瑰》，刊载于《新妇人》一九五八年五月号）阅读这段文字时，我们可以充分了解到林达夫的那些以建造“莎士比亚花园”为代表的“庭园”“手工作业”为他的学问赋予了何等广度与深度。

同时我们还应注意到在林达夫晚年的这些随笔中，有不少都提到了他以文艺复兴为中心的学问世界迅速扩张的前因后果。比如在一九五八年一月发表的《优雅的笑　健康的笑》(刊载于《文学》)一文中，林达夫提到柳田国男曾在题为《女人的笑颜》的随笔中提出“女人的笑容是人们的润滑油，可定义为是她为了让这世界平稳运行而获得的‘自然的武器’”。林达夫批评柳田提出的“自然”与“女人的谨言慎行”这两个概念自相矛盾，并写道：“我记得自己曾出于研究需要，从数年前开始阅读那些在文艺、戏剧及演艺方面旁征博引的西洋学者们关于笑的研究著作，仅柏格森之后的著作就读了近十册，但无论哪一部都把阿里斯托芬、薄伽丘、拉伯雷以及莎士比亚等人的作品中随处可见的‘低俗的笑’视为鬼门，悄悄绕道而行，这一点总让我觉得不尽兴，也忍不住想要苦笑。”从而主张有必要就“不合乎礼仪的低俗的笑”展开研究。毋庸多言，这里所说的“不合乎礼仪的低俗的笑”，指的正是巴赫金在《弗朗索瓦·拉伯雷的作品与中世纪及文艺复兴时期的民众文化》一书中所说的“全民性的”“狂欢节式的笑”。林达夫还在同年发表的另一篇题为《笑》(收录于《现代伦理讲座5　内与外的伦理》)的文章中，将“笑”定义为“否定式价值判断的本能表现”。虽然早在战前林达夫翻译柏格森的《笑》一书时便已能窥出几分端倪，但很显然，他对“笑”所抱持的问题意识正是在关注文艺复兴的民众文化的过程中被勾起的。而且，这种问题意识还进一步引导林达夫走向了“萧伯纳、王尔德及皮兰德娄等人的现代喜剧，乃至古典闹剧”和“植根于更广义的民俗之中的二十世纪

民间故事式喜剧”。（摘自《发现洛尔迦》，刊载于《新人会宣传册》一九五八年五月）

不过，若要说向我们展示了林达夫晚年治学方法的文章，则唯有一九六九年发表的以“一种方法绪论”为副题的《精神史》(收录于《岩波讲座哲学 4　历史哲学》）一文，此文可说是他这一时期留下的唯一一篇论文。

林达夫在《精神史》一文的开篇写道：“数年前为了研究需要，我不得不从十六、十七世纪颇为戏剧性的，甚至可说是戏剧本身的各种祭祀活动出发，对巴洛克艺术的修辞学略加考察。”他表示在当时涉猎的论文中，有两篇论述的“虽都是一些琐事却给他带来了冲击”，一篇是查斯特尔①的《巴洛克与死》，另一篇是欧金尼奥·巴迪斯蒂②的《〈La Tempesta〉(暴风雨）的旧解读》。

文中分别介绍了两篇论文的内容，关于后一篇，林达夫引述道，最近对乔尔乔内的油画《暴风雨》进行的“X 光调查显示，现在这幅画的下面，另有一幅构图不同的底稿”，在那幅底稿上，“画面右侧，那个给孩子哺乳的女人那里没有任何人影，而左下士兵站立的地方，有个裸体的女人双腿浸没在小河中沐浴”。根据林达夫的记述，巴迪斯蒂将此画视为“解读奥维德《变形记》的密码”，认为“《底稿》画的是（伊俄——译者注）被宙斯诱惑之前的情景，完成的画作则是后续故事，她命运多舛几经磨难，最终还是回到了河的源头，画中的年轻人或许是负责引路的宙斯的化身，又或者是奉神的命令行事的赫尔

① André Chastel（1912—1990），法国艺术史学家。

② Eugenio Battisti（1924—1989），意大利艺术史家和评论家。——王前校注

墨斯（墨丘利）”（附注五）。另外，关于前一篇论文，林达夫记述道，查斯特尔就卢浮宫博物馆收藏的达·芬奇的那幅《圣母子与圣安娜》指出：“画中母亲两脚之间有一些红褐色的小石子，母亲右脚大拇指附近，可以零星看到一些似乎还渗着血的、既像碎片又像内脏般的奇特的东西混杂在石子中间。若细细观察，会发现那应该是隐隐透出血管的胎盘（placenta）的碎片，以及被切断的小胎儿（foetus）。”林达夫坦言：“长久以来我对这幅画的印象因为这一段话而彻底改观。”

在介绍了这两篇论文之后，林达夫再次就查斯特尔关于《圣母子与圣安娜》的观点概括道：“总而言之，他的意见是这个圣家族是一群既无法相互分离，又无法合为一体的人的集合——是一种展现‘不稳定的稳定’（stabilité instable）的具有普遍意义的象征。”之后，林达夫再度引用查斯特尔的话总结道：“在下方隐晦展露生物生理学、上方扩展向山川宇宙的同时，《圣母子与圣安娜》通过人类的年龄阶段，包含了一种关于生命的普遍教义。”

查斯特尔还指出，达·芬奇是在创作《丽达与天鹅》的那段时间萌生出了在画作中加入内脏的念头的。其后，林达夫以这一看法为跳板，开始分析达·芬奇的《丽达》。他首先追问了与丽达不可分割的“蛋”的含义，写道：“最容易看出的一点是，这种关于诞生的祖型模式显然与自然和植物的返祖即年节仪式有关。”另外，林达夫还指出米开朗基罗临摹的《丽达》与他为美蒂奇礼拜堂制作的雕塑《夜》极其相似，并注意到这样一种解读：“丽达的名字取自与普鲁塔克的倡议相关的激发好奇心的词源，根据这一说明，此名字与勒托相关联，换言之，光明诸神的母亲即为‘夜’。”基于以此为依据的温德的观点，林达夫认为：“如果将柏拉图的厄洛斯学说作为解读‘死亡思想’

的密码，便可以同时揭示罗马的石棺浮雕上葬礼用画像的奥秘，以及米开朗基罗几乎原封不动地将丽达的寓意转用于《夜》的原因。”之后，林达夫就达·芬奇和米开朗基罗二人创作的丽达进行了如下这番诠释：

……达·芬奇的丽达是外向的，是带着生之明媚气息的牧歌调，而米开朗基罗的丽达即《夜》则是内向的，是几近厌世的悲歌调。前者散发着掩饰不住的知性的气息，属于独特的“自然学”式的构想，后者带着冥想家的隐秘，属于也同样独特的“诗性神学”式的构想。仅仅是考察两位天才艺术家对丽达神话的处理方式，都能感觉到眼前铺展开了一个无边无际的精神天地。

林达夫基于这样的诠释，断言“若这样的说法能得到认可，米开朗基罗可谓是艺术史上最伟大的陵墓艺术家”，并指出他那些展现着“诗性神学”的东西才是“‘新柏拉图主义’的图像学构图”。林达夫参照潘诺夫斯基，就米开朗基罗的“墓室艺术”所依托的形而上学给出了这样一幅图示：

不仅仅是潘诺夫斯基，米开朗基罗研究界的最高权威托尔奈等也曾屡次三番提醒过，陵墓总是象征一整个宇宙，在安放着所祭奠的故人像的那一面或者说那一层之下，常会用“四季”或一天中的四个时辰来象征变幻无常的现世生活，而在上面一层，设有开放式的拱形空间或圆形天顶（灵魂升入的天界），三层共同构成一个宇宙。然而，美蒂奇家族的这座陵墓有一个特点，其中祭奠的三座（本应为四座）朱利亚诺和洛伦佐雕像皆面朝执行救赎的圣母。灵魂升天需经过几个阶段，这一景象所表现的正是其中的一个阶段。不过，这座陵墓最富特色的设计——也是被认为体现了新柏拉图主义的地方——在于在象征现世生活的那一层之下，还设计了一个地下层，可谓是质料（物质）王国的“地下世界”（il mondo sotterraneo）。只可惜这一层基本未能建成，米开朗基罗原计划在这里安放四位“河神”。他用地底的生活来表现“被幽闭”于肉体中的灵魂的存在。在两座雕像及《晨》《昼》《暮》《夜》的纪念雕塑的下方，本应排列着哈迪斯（冥府）四河Acheron，Styx，Phlegethon，Cocytus。

其后，林达夫提请读者注意米开朗基罗的思想：他将“现世生活”视为“物质与形式共同构成的自然王国”，认为：“那是一个纯粹物质与纯粹形式的交错地带，两方本就以不朽和永恒为前提，可因暂时的结合才有起点有终点。”

另一边，林达夫引用达·芬奇《手记》中的话，将他称为“洞穴艺术家”，写道：“洞穴极易与在‘无意识’间引发共鸣的神圣力量相结合。深层心理学认为，在与‘回归母胎’的深层愿望或单纯的丧失母性保护的懊恼相关联的各式各样的梦中，可以重新发现洞穴的意象。”林达夫效仿巴什拉[①]下了一个定义：“洞穴归根结底是作用于所有人的无意识中的一种祖型。”同时，他强调古代在生死存亡的危急关头，请示神谕乃是必然的做法，若恳切希望神托梦现身，最好的办

① Bachelard（1884—1962），法国著名哲学家。——王前校注

法便是“incubation（孵化），换言之就是在圣地沉睡”，也就是“躲藏于神圣的洞穴中，领受上天赐予的幻想的智慧”。林达夫进一步写道，弗朗卡斯特在其著作中“将自我觉醒的达·芬奇的做法称为‘现实与想象的新辩证法’，对此我表示赞同。他之后还说，‘柏拉图古老的洞穴神话始终在激发着他的想象力。归根结底，对达·芬奇来说，即便具备了那样的力量，绘画终究不过是暧昧的（l'ambigu）、未完成的（l'inachevé）’。对此，我也不由得要与之共鸣”。

无可否认，这篇论文就构思而言确实有些分配不均，文章最后以这样一段话结尾：

> 就结果而言，我在这篇文章中所做的正是对弗朗卡斯特所说的、现实与想象的达·芬奇式辩证法的一种局部性探究，也是对他那富于魅力的暧昧与未完成作品的一次好似互有赶超的规模甚小却略带紧张的追踪。最后还想说一点，在这一过程中，我的内心总能体会到一种类似饥渴的感觉，萦绕不散，那便是无论精神史处于何种地位，就如同考古学是历史必不可少的门类一样，无论冠以何种名称，我们非常需要“精神考古学”[①]。仅就这层意义而言，这或许便是我的一种“劝学篇”，对我自身也同样适用。

在此，笔者想简要提一提林达夫在座谈等场合言及的两项计划，虽然直到最后他都未能付诸实施，而且也不曾直接用笔写出。其一是

---

① 原文用了法语单词 archéologie，呼应福柯的用法。据福柯的日译者田村俶说，《疯狂的历史》二十世纪六十年代出版后不久林达夫就读了，他是福柯的热心读者。——王前校注

在与久野收的对谈中言及的可谓是《精神史》之续篇的写作计划，林达夫说：“写了达·芬奇和米开朗基罗之后，我也曾想写一写同时代的博斯。……换言之，就是 folly 的问题——最近也被译作狂气——再广一点就是痴愚的问题，我想借博斯写一写这些。之后再利用哥伦布的日记写《地上乐园》。……写这三个问题，我想说明某个时代的精神风土并不是等温线。其实，《精神史——一种方法序论》正是基于这样一种构思。也就是如何论述精神史的‘历时态’与‘共时态’的问题……”（摘自《增补　思想剧评》）其二则是在一九七六年十月二十二日与山口昌男和大江健三郎座谈时，林达夫就当时预定作为“岩波新书”出版的《三个唐璜》表示：“迄今为止那些历时性地书写唐璜的文章，全都只抽取了唐璜中的大问题。所以，我想横向展开探讨一下历史的继承。”（摘自《世界就是舞台》）他还透露这部作品将围绕蒂索·德·莫利纳的《塞维利亚风流客与石客》、莫里哀的《唐璜》以及莫扎特的《唐璜》展开。林达夫晚年最后的两项写作计划显然来自于他那种“非常需要所谓的‘精神考古学’”的“类似饥渴的感觉”，这一点恐怕无须再多做说明。

笔者之前已经详尽论述了林达夫身为历史学家在战前开展研究的方法不同于以往的历史学，他极富先驱性，从百姓生活的日常琐事入手揭示某一时代乃至当时的知识场域的风貌。当然，《社会史性质的思想史　中世纪》和《文艺的社会基础》这两篇文章中所用的方法因为建立在马克思主义历史理论的基础上，故而无可避免地采用了历时性叙事。但如今，在倡导“精神考古学”的林达夫身上，已不再能看到马克思主义的痕迹。林达夫通过分析乔尔乔内、达·芬奇以及米开朗基罗的作品构建起了文艺复兴的知识世界，那是一个由超越时代的神话、圣经、传说、深层心理以及古希腊以来的哲学、文学乃至同时代的思想、艺术作品及历史事件交织而成的，正可谓是共时性的场域，若没有不同于传统历史学方法的可称之为考古学的方法，根本不可能做到这一点。诚然，“精神考古学”这一提法是林达夫在《文艺的社会基础》发表三五年后突然提出的，但若回顾他在一九四〇年前后对民俗的关注，以及更早自一九三七、三八年前后开始的“庭园”建造活动，便不难推知他从一九三〇年代末开始已逐渐踏上了这条征途。无可否认，林达夫自己坦言“为了理解西洋文化”而开展的“庭园”“手工作业”，与之有着尤为密切的联系。当他通过“手工作业”来再生具体的“物”时，思考的出发点自然也会转变为以“物”为基础，想必这为林达夫打破了历史的“历时性理解”这道屏障，让他隐约看见了共时性地平线的新天地。

作为由此而来的必然结果，倡导“精神考古学”的林达夫在《精神史》一文中描述了新历史学家所应展现的新形象，他写道：

> （前略）历史学家，真正无愧于这一头衔者，除了那些喜爱使用他人写就的“历史记述”的人，不，也包括这种情况在内，必须是一个能随心所欲自由穿梭的人，他时刻懂得随机应变，能在时代与时间中逆行或横穿，有时还要让时钟的指针静止片刻。我们必须要知道，开展精神史研究不得不进行最为极端的操作。若要效仿古人为“精神史”寻找一位守护神，则既不是缪斯九神中的克利俄，也不是阿波罗，而应是密教始祖俄耳甫斯，或者更应是冥府、现世与天界的使者赫尔墨斯。

众所周知，赫尔墨斯出生当日被裹在襁褓之中放于簸箕之上，他悄无声息地抢走了阿波罗的五十头牛，父亲宙斯发现后勒令他归还原主，但他却用龟甲做了一把竖琴糊弄阿波罗，让此事不了了之。赫尔墨斯作为神是巧思与诡计的化身，同时也是众神的使者，是死者灵魂的引路人，是旅人的向导，是偷盗与欺骗之神，也是乐器的发明者。毫无疑问，他是神明中的捣蛋鬼。而林达夫在这篇文章中开展的“精神史研究”，也同样超越了专业的界线和时间的限制，在知识世界纵情翱翔，涉猎各类书籍，有时甚至会让读者为之诧异，但即便如此，他仍然引领着读者在不知不觉间走进此前未知的全新的知识世界。这不正是赫尔墨斯的行事风格吗？林达夫自青春时代起，用近半个世纪的岁月开拓着可统称为文艺复兴的广阔的西洋沃野，而这一刻他成功完成了蜕变，从克利俄变成了赫尔墨斯。

在此顺带一提，就在林达夫第一次明确显露出他的转变的一九六九年，米歇尔·福柯出版了《知识考古学》一书。在此之前，福柯于一九六三年出版了以“基于医学眼光的考古学”为副标题的《临床医学的诞生》，一九六六年又出版了副标题为“人文科学考古学”的《词与物》，尝试对各种不同的知识领域进行考古学式的分析。从某种意义上说，福柯的《词与物》正是运用林达夫所倡导的“精神考古学”来考察文艺复兴以来的整个西欧文化。笔者已经说过林达夫的“精神考古学”绝非在一朝一夕间诞生，在此我们不得不对他领先于时代的慧眼和问题意识致以深深的敬佩。

不过与此同时，我们也不应忽视这篇《精神史——一种方法序论》之于林达夫本人的意义。笔者已多次提及林达夫思想的起点可以说是那篇《关于歌舞伎剧的一点考察》，他在文中对日本唱出了一曲

“离歌”，与之互为表里的则是他的西洋梦。而他选择的认识西洋世界的起点，正是现代西方的起点——文艺复兴。所以，一九六九年的这篇《精神史——一种方法序论》正是将文艺复兴作为了研究考察的对象，可以说，林达夫身为学者走过半个世纪之后抵达的终点与他当年的起点完全重合到了一起。甚至可以认为，在大幅迂回绕行之后，林达夫作为文艺复兴学者的形象终于树立了起来。当然，在说这句话时，我们必须舍弃其他一切无法归入这一形象的东西。

在此，我们姑且将林达夫视为文艺复兴学者，试着从这个角度回顾他的一生。然而这样做时，无论是谁都会遭遇出乎意料的困难。尽管林达夫学识渊博，但若要细数他作为学者留下的业绩，却只能列出《社会史性质的思想史　中世纪》《文艺的社会基础》以及战后发表的《文艺复兴的母胎》《文艺复兴的伟大与颓废》和《精神史——一种方法序论》这五篇文章。诚然，林达夫的著述中不乏能显示其真知灼见的随笔，但若要说从正面论述研究对象的论文，唯有这五篇而已，合在一起甚至未必能凑够一部专著。福田恒存在谈到林达夫时曾写道：“他为何没有成为一名‘专业的’哲学家或历史学家？以下仅是我个人的一点不成熟的猜想：原因之一或许是他内在的精神中存在某种东西，不允许他自己成为‘专业的’学者。而这种东西正是他强韧的批判精神。他内心的批评家难以容忍既成学问乏善可陈。”（摘自《林达夫著作集附录　研究笔记4》）笔者并不反对这种看法，但同时考虑到林达夫领先于时代的慧眼，笔者感觉他自己或许比谁都清楚，要在这日本的精神风土之中用日语来阐释他那些学问上的成果究竟何其困难，甚至可以说毫无可能。身为日本人，林达夫为了拓展西洋认知的广度和深度不知跨越了多少障碍，进行了多少斗争，也付出了多少牺牲，他的一生几乎就是苦苦斗争的一生。然而，这些他吸收并归化为自身血肉的东西，又有多少同时代的日本人能够理解？退一步说，即便林达夫用日语阐释了他自己的独创性研究，又能有多少人会将这种独创视为独创而予以肯定？而即便真的存在这样的日本人，那恐怕也是极少数，所以其成果几乎不可能被印成铅字付梓成书。在我国，这样的人反倒更有可能被视为异端，遭人白眼。当一个日本人将西洋文化化为自己的血肉时，他在日本的风土中不可能不陷入孤立——正是这种孤立感使得林达夫最终只能就其研究写一些日常杂记式的报告文章，这样的推测绝非毫无道理。以林达夫敏锐的批评眼光，他必然早已清楚地预见到了“崇洋”在日本的命运。因为过于领先于那个时代，日本的精神风土最终未能允许林达夫成为一名学者。

在此，我们重新回到文艺复兴的问题上。

二战后一九六〇年代至七〇年代中期，渡边一夫、花田清辉和林达夫三人笔下的文艺复兴引起了许多人的兴趣，不过笔者已经清晰地阐释了三人的文艺复兴性质截然不同。渡边一夫与花田清辉二人皆在尝试重塑文艺复兴这一时代，前者站在受压迫之人的视角上，后者则从变革之人的角度出发。二人虽然视角不同，但目的都是为了具体地呈现文艺复兴的时代。与二人不同，写下《精神史》一文的林达夫则从具体的时代中将文化过滤了出来——借用马克思主义的术语：仅揭示相对于下层建筑而言的上层建筑。当然，其范围超出了上层建筑，涵盖一个时代的所有知识。三人三种文艺复兴，与他们各自的思想走过的历程相呼应。渡边一夫与花田清辉的文艺复兴是在一九三〇年代引发质疑的文艺复兴，这一点已无须赘述。而林达夫的文艺复兴则需追溯到更久远的过去。文艺复兴的问题最早在十九世纪下半叶由布克哈特和佩特[①]提出，他们所追问的文艺复兴正是现代西方的起点。林达夫对文艺复兴的探究继承了这种世纪末的问题意识。三人在一九六〇年代至七〇年代的日本分别描述了三种文艺复兴，若将其放在国际精神史更广的脉络中去，便可以看到其具有一个明确的意义。

一九六〇年代至七〇年代的一个时期，西欧的知识范式出现了巨大转变，这一事实恐怕已无须说明。福柯那部《词与物》的末尾有一段话清晰地点明了那次转变所具有的意义，书中写道：

> （前略）诚如我们的思想之考古学所轻易地表明的，人是近期的发明。并且正接近其终点。
>
> 假如那些排列会像出现时那样消失，假如通过某个我们只能预感其可能性却不知其形式和希望的事件，那些排列翻倒了，就像18世纪末古典思想的基础所经历的那样——那么，人们就能明确地打赌：人将被抹去，如同大海边沙地上的一张脸。[②]

在这部《词与物》出版前后问世的一些著作，如阿尔都塞的《保卫马克思》和《读资本论》，拉康的《文选》[③]，也都与《词与物》以及列维·斯特劳斯的《野性的思维》以及之后的作品一样，否定十八世纪末以来始终在人类思维中高居王座的人类中心主义，揭示支配人

① Walter Pater（1839—1894），英国维多利亚时代的著名文学家、评论家。代表作有《文艺复兴》。——王前校注

② 引文摘自《词与物：人文科学考古学》，（法）福柯著，莫伟民译，上海三联书店，2002年版。

③ 原题：Écrits。

的东西其实在人类之外，或为语言，或为社会结构，或为无意识。今天，这些新思想虽然被赋予了诸如结构主义、后现代主义等各式各样的名称，但其实，一九六〇年代至七〇年代涌现的正是否定以萨特为代表的、以马克思主义为基础的人类中心主义，让语言或符号代替人坐上思维王座的思想。我们必须要认识到因为这些思想的出现，一九七〇年代末之前知识范式从根本上进行了重组。

笔者在序章中说过，历史主义的时代从一九二〇年代开始，一直持续到此前不久。而这历史主义曾是人类中心主义，尤其是现代人类中心主义的基础，考虑到它本就是马克思主义成立的前提，这一点应该不难理解。可以认为，这种历史主义由两个方面构成。一方面是人文主义，另一方面则是革命理论。我们再来看看上述三种文艺复兴，虽说追问的都是一九三〇年代的文艺复兴问题，不过渡边一夫的文艺复兴显然根植于前者，而花田清辉则以后者为依据。但无可否认，无论是渡边一夫还是花田清辉，二人的文艺复兴问题都与历史主义不可分割。从这一点来看，林达夫的《精神史》反倒属于反历史主义的谱系。可以说，倡导“精神考古学”的林达夫在建立新的知识范式中发挥了先驱作用。如此看来，在一九六〇年代至七〇年代的巨大的思考变动期，渡边一夫的“史传类”著作以及花田清辉对日本文艺复兴的探究可谓是给历史主义的谢幕添上了华丽的一笔，而另一边，林达夫的《精神史》则点燃了新时代的狼烟。笔者做这样的梳理恐怕并非毫无道理，相反，这可以让我们认识到这三种文艺复兴在我国精神史上所具有的极其明晰的意义。必须指出，正是这三种文艺复兴翻开了日本新时代思想的新篇章。

# 末　章

一九八四年四月二十五日凌晨三时，林达夫因年老体衰在位于藤泽市鹄沼的家中与世长辞，享年八十七岁。继《精神史——一种方法序论》之后，一九七六年岩波文库再版他翻译的柏格森的《笑》时，他曾写过一篇《柏格森之后——再版后记》，除此以外再没发表任何文章。在他去世前，他再次陷入了长达十五年的沉默。但即便如此，他的死仍引起了巨大关注。为悼念林达夫的故去，不计其数的赞词纷至沓来。

在此谨摘录几段。

从二战前到二战后，林达夫是现代日本最伟大的知识分子之一，这一点应该不会有任何人否认吧。事实上，说大知识分子的时代随着林达夫的故去而走向了终结，也并非言过其实。剩下的唯有在各个领域出类拔萃的专家和艺术家，而并非伟大的知识分子，时至今日，恐怕连知识分子这个概念都已经解体了。林达夫其人，就其矜持与自负而言是这一领域最后的孤堡。

（摘自山口昌男《悼念林达夫》，刊载于《读卖新闻》晚报
一九八四年四月二十六日）

事实上林先生是最早论述“结构主义”之后的人，正是依托于他的研究，我们才能与世界最前沿的思想与知识站在同一跑道上。同时林先生也通过他的研究，为我们提供了更为客观地审视日本以往的思想与知识的线索。

（摘自中村雄二郎《悼词》，刊载于《月刊百科》
一九八四年八月号）

林达夫是本世纪，更确切地说，是两次世界大战之间诞生于日本的自由精神。

……

两次世界大战之间的许多日本知识分子都不曾在西方生活，只是阅读西方的书籍。与这些人所处的日常环境相距甚远的西方，难道真的就只能停留在其人格之外吗？至少林达夫并非如此——只要西方还意味着个人精神的自由。林达夫是一种现象，把遥远的西方文化变成了他自己的血肉。不用说，这与崇洋毫无关系。若非如此，他何以能坚持将那场日本上下叫嚣为“圣战”“大东亚战争”的战争称为帝国主义战争？若非如此，当人们不再能称猫为猫、称侵略为侵略时，他又何以能孤军顽抗选择了沉默？

……

曾经拥有一位林达夫，对日本的文化和日本人来说无比重要。

（摘自加藤周一《悼词》，刊载杂志同前一九八四年八月号）

另外，大江健三郎在短篇小说《“浅间山庄”的诈骗犯》(刊载于《赫尔墨斯》一九八四年十二月创刊号）中回忆说，哲学家N在人文学者H·T的葬礼上致悼词时，将H死时的面容形容为“东洋仙人”。他称浅间山庄事件①“确实反映了时代精神，而我们如今依旧不能从中获得解放”，讲述了山根尤金二世委托“我”以事件为题材创作一部剧本，而“我”则看到了“被选中的我在‘浅间山庄’前的空地上，被击中头部流着血倒下”的情景。书中就这一幕写道：

（前略）到最后，一个秃了顶、骨骼清奇、还蓄着胡子的人——既有点像变成了东洋仙人风貌的H先生，又有点像自诩为二十一世纪仙人的山根尤金——蹲在我身边，用与我的恐惧不相上下的语言给我希望。那语言能给全人类带来和解，带来的是大希望。在干燥的冰天雪地之中，包围网铺开在掉了树叶的稀疏的林子里，如果说机动队和媒体人就是现世的生活，那这座围在坚硬混凝土墙内的山庄便是洞穴。在现世生活中历尽艰辛悲伤憔悴的灵魂，在“浅间山庄”的洞穴里卸下了饱受折磨的肉体，经由

① 1972年2月19日—2月28日，五名联合赤军成员盘踞在长野县轻井泽町河合乐器制造公司的疗养所“浅间山庄”，胁持山庄管理人的妻子作为人质达10天，后被警方攻入救出了人质，事件造成3人死亡，27人受伤，5名赤军全数被捕。

子宫即墓地的通道，升入永恒的灵魂王国。再以精灵为媒介，靠女人质的力量获得救赎……

这里所写的林达夫形象各不相同，但我们知道每一个都毫无疑问是林达夫本人。然而，在跟随他的文本一路追溯了他的思想历程之后，若再次回顾这位日本知识分子的一生，他最想告诉我们的究竟是什么？

林达夫的思想家生涯开始于一九二〇年代，那时西方的时间首次与日本的时间重合，我们自身的问题和经验与西方的问题和经验具有了同步性。就这层意义来说，林达夫是日本第一代有可能同时活在西方和日本这两种精神风土中的人。

但即便那是一个国际化的时代，要在日本的精神风土中将西方文化内化并生活在日本绝非易事。虽然时代初步具备了同步性与国际性，但在日本的精神风土中，不由自主地将普遍性问题很快就转化为特殊问题的那种林达夫所说的“日本自古以来的心性”依然根深蒂固。为此，许多与林达夫抱有同样的问题意识而踏上征途的知识分子，在时代再次走向封闭时受挫、转向。可即便如此，在八十七年的生涯中，林达夫的思想始终坚守着普遍性的阵地，同时活在两种精神风土之中。就这层意义而言，不得不说林达夫这样的知识分子在日本极其罕见。

不过，为了让这种普遍性自始至终贯穿自己的思想，林达夫终其一生都不得不以各种各样的形式，与违反其意志、从外部对其加以限制的国家苦苦抗争。到最后，为了捍卫自身思想的普遍性，他甚至迫于无奈，不得不对自己身为日本人的身份认知保持沉默。林达夫的一生看似光芒四射，但探究其内心，他其实承受着难以愈合的深重的伤痛，必须将其深深隐藏，才能成就这一生。

而且，林达夫对时代敏锐的触觉使得他不断质疑自己的思想，他思维的灵活性也让他的一生乍一看给人以总是在不停转变的印象。但细细想来，可以说正是这种思维的灵活性让林达夫活在了日本与西方的同步性之中，时刻领先于时代，也将他推到了与日本精神史上数不胜数的僵化教条主义思维针锋相对的位置上。同时也正因为如此，林达夫才可以终其一生都有新鲜的思想，给好几代人的青春带来深远的影响。这也是为什么现代日本再难找出另一位与林达夫相同的知识分子，使得他如此独一无二的原因。

但话说回来，与之前的日本思想家以及知识分子相比，林达夫在许多方面都是一个异类，这一点无可否认。若用传统价值标准衡量，他恐怕会遭到严厉批判。但换一个角度看，这也正揭示了学习西方文明的人在日本精神风土中的宿命。这正是林达夫的一生抛给我们的最重要的问题，而这个问题也绝对不曾过时。无论我们迎来一个何等国际化的时代，也无论表面上社会呈现出何等开放的风貌，只要林达夫仍是日本知识分子中极其罕见的一人，他所抛出的问题便是今日之问题，永远不会过时。

# 附　注

## 序章

（一）笔者在此想提请诸位注意，卢西安·戈德曼一九七三年在《卢卡奇与海德格尔》一书中指出，在一九一〇年至二五年间，从德国“西南学派”中诞生出了两大推动二十世纪发展的主要哲学流派，一是现象学与经由现象学发展而来的存在主义，一是卢卡奇与卢卡奇学派经由现象学与存在主义发展而来的辩证马克思主义。顺带一提，三木清曾求学于“西南学派”的两大根据地——海德堡和弗莱堡，且恰好在上述两大流派形成期间——尤其是在弗莱堡师从海德格尔。（王按：据三木清自己的回忆，他在海德堡大学师从的是李凯尔特，然后转到马堡大学师从海德格尔，那时海德格尔刚从弗莱堡大学转到马堡大学任教。三木清《回忆海德格尔教授》）

（二）服部之总就一九二八年批判三木哲学的动机做了如下说明：“即便如此，我拒斥三木哲学的原因，是因为河上博士曾一度受其影响。想必谦逊而纯真的博士先肯定了三木的出发点并无恶意，并尊重三木作为哲学研究者的造诣。但这却是一个严重的问题。三·一五过后，为《马克思主义讲座》执笔的作者接二连三或被打入牢狱，或潜伏地下。迫不得已，我只能提笔写下《唯物辩证法与唯物史观》。河上博士与大山郁夫氏同为该讲座的监修人，所以我曾事先将自己的稿件寄给博士拜请其审读。”（摘自《三木清与〈亲鸾〉》，刊载于《风土》一九四七年二月号）

（三）“国际文化研究所”创建于一九二八年十一月，“旨在向本国的无产阶级及其同盟者广泛传播以苏联为核心的无产阶级文化在国际上如何优于、或正逐渐优于资产阶级文化”（摘自《国际文化研究所宗旨》），秋田任所长，小川信一任主事，所员包括藤枝丈夫、林房雄、川口浩、藏原、村山知义、佐佐木孝丸等人，发行《国际文化》作为机关刊物。另一边，“产业劳动调查所”创建于一九二四年三月，旨在“以事实及准确的记录为依据，对本国经济、政治、社会等诸问题展开彻底的调查研究，以期为劳动运动提供合理的基础材料”，安部矶雄、贺川丰彦、铃木文治、吉野作造等任顾问，野坂任主理，所员包括赤松克麿、上条爱一、加藤勘十、河田贤治等，自一九二五年起发行《产业劳动时报》。关于三方合并的经过，当时为“国际文化研究所”所员的松本正雄在回忆录《过去与记忆》中有详细记述。

（四）关于三木五月二十日被捕与《无产阶级科学》六月号发起的反三木运动之间的关联，对事实追究愈深，心头冒出的疑问也愈多。研究所五月十一日在位于御茶水的文化学院召开第三次大会，《无产阶级科学》六月号就此刊发了详尽的报告。其中记述称，大会原定于当日上午十点召开，但“会议开幕前，议案印刷品被官方全数收缴，且允许会议召开的批复迟迟未下，直至下午一时，才终于在议案被收缴的情况下召开了会议”。报告记录了会上表决通过的议案，并介绍了改选产生的高层人员。就内容来看，三木再次当选中央委员，并取代藏原惟人出任机关刊物编辑委员长。在研究所内，编辑委员长的地位可谓仅次于所长。就常理而言，很难想象机关刊物会在这位刚刚被推举担任这一要职的人上任后不久，便对其发起批斗。我们只能猜测或许早在那之前，一小部分人已在暗中谋划这次批斗，见三木被捕，遂迅速决定付诸实施。此外，六月号还刊登了《无产阶级科学研究所现阶段行动方针（草案）》，附带的说明记述称，该文件因被官方收缴，未能在大会上提交。如此看来，该《方针（草案）》截至刊发之前只有极少数几名所员知悉其内容，可以想见三木自然对其一无所知。而起草该文件的必然是书记局。当时书记局以小川信一为书记长，成员包括寺岛一夫和奈良正路。然而，小川与三木一样，在五月二十日的集中逮捕中被拘留。另据《无产阶级科学》七月号报道，奈良辞去了书记职务。七月号还说接替奈良出任书记的是川内唯彦。正是这个川内，在六月号发表了卷首论文《马克思主义者对宗教采取何种态度》，打响了批判三木的第一枪，在这场运动中扮演了主角。同时，寺岛也为同一期刊物撰写了《三木清与其哲学》一文。就这一系列事实来看，抓住三木清被捕这一时机紧急撤换六月号文章，从而举起批斗三木的大旗，并在其后不依不饶地开展反三木运动的，只能是以寺岛一夫和川内唯彦为核心的一派人。顺带一提，据守屋典郎记载，“日本无产阶级文化联盟”（KOPF）结成后，“无产阶级科学研究所”于一九三一年十月加盟了该团体，当时研究所内已成立党支部，寺岛一夫与平田良卫、小椋广胜等人为主心骨（见《“讲座”前后——记野吕荣太郎的事迹等》，刊载于《理论》一九五四年九月号）。

另外，松田道雄也关注过“无产阶级科学研究所”的三木哲学批判与一九三〇年四月翻译出版的《斯大林与布哈林全集》最终卷《续列宁主义的基础》中收录的、斯大林著《苏联共产党的右倾》这篇一九二九年批判布哈林的论文之间的关系（见《忆昭和四、五年》，刊载于《图书》一九六六年十一月号）。

### 第一章

（一）关于这一点，虽然措辞不同，安倍能成（见《岩波茂雄传》）与羽仁五郎（见《忆〈在新兴科学的旗帜下〉创刊之初》，刊载于《思想》一九八二年十二月号）的记述不谋而合。另外，羽仁五郎在《写于日本资本主义发展史讲座五十周年之际》（刊载于《图书》一九八二年六月号）中还列举了具体数字，称《岩波讲座第一辑世界思潮》第一版发行数为一万五千册，最终版为八千册，以此强调该系列讲座在当时引发的反响之热烈。

（二）林达夫与久野收合著的《增补　思想剧评》一书中，就户坂润的投稿稿件提及了一段小插曲，绝佳地反映了当时和辻哲郎在《思想》编辑部里的角色和地位。书中提到，户坂润从监狱获释后，立即带着稿件来到岩波茂雄处，谷川和林阅稿后与岩波略作商量，将稿件刊发到了《思想》上，但其后林收到身居京都的和辻的来信，怒斥其竟然将户坂之流的稿件刊发出来。且不论其中的是非曲直，至少这件事证明当时《思想》的编辑工作实际上由林与谷川负责。

（三）安倍能成对三木并不抱有好感，他在《岩波茂雄传》中写道：“虽然不能说岩波一生都很钟爱三木，但他确实认可三木的才学，听从他的建言，而且就结果来看，可以说对他多加重用。”而对于岩波重用三木的原因，安倍举出了如下一些客观事由。必须承认，这些事由或许也是促成岩波书店转型的不容忽视的原因。

“这一时期，创立时给出建议、充当顾问的阿部次郎，以及出版《漱石全集》以来与岩波交往甚笃的小宫都去了仙台的东北帝国大学，安倍去了京城帝国大学，新一代的和辻前往京都帝国大学赴任。留在东京的年长一辈仅剩茅野仪太郎（萧萧）与高桥穰，此二人虽然也为岩波出谋划策，但在岩波面前多有顾虑，且不甚积极。就推动岩波采取行动的力量而言，三木和与之意气相投的小林，胜过了上述二人。”

（四）读《林达夫著作集别卷Ⅰ　书信》可知，三木清一九二五年归国后，便开始与林和谷川彻三商量，他似乎一直有一个梦想，想要创办一份新的期刊取代《思想》。林在给谷川的落款为一九二七年十一月十六日的明信片上写道：“下月开始，将会同三木、本多、片山敏彦和羽仁等一些人，办一个类似读书会性质的讨论会。……说迟早——在兄台上京之前不太可能——要以同人为核心，办一份《思想》以外的刊物，这便相当于一种筹备。”然而，新刊物创刊时只有三木和羽仁二人，却丢下了林、谷川和片山，只能推测终究是出现了一些理念上的问题。说起来，林开始涉猎马克思主义显然是受三木影响，在一九二七年八月二日同样写给谷川的明信片上，林就三木的《马克思主义与唯物论》写道：“我深深敬佩三木君，与此同时也感到马克思主义确实有其不容小觑之处。”

## 第二章

（一）飨庭孝男在《经验与超越——日本“近代”思考》一书中

就《风土》这样写道：

“日本的心性惯于将‘历史’视为‘自然’而非‘人为’，关注点比起‘行为’更偏重‘事件’。比起‘人为’的‘行为’，日本人更倾向于将历史视作发生的‘事件’，所以思维习惯性地跟‘事件’发生的场所联结在一起也并非不可思议。和辻哲郎的理论，由海德格尔触发，比起‘时间性’更关注‘空间性’，通过‘风土’，建立在‘自然’的基础上。可以肯定，其中极大一部分也是由上述日本心性‘促成’的。”

（二）在此补充一句，前面已做过引述的吕西安·戈德曼认为，现象学与存在主义针对传统思考发起的革命，就在于对主体与客体之二元性的否定。（参见《卢卡奇与海德格尔》）

（三）Albert Thibaudet：Amiel ou la part du rêve，Hachette，1929.

（四）阿纳托尔·法朗士《现代史》一书中的主人公。

（五）Albert Thibaudet：La République des professseurs，Bernard Grasset，1927.

**第三章**

（一）参见《岩波书店五十年》。

（二）参见中岛健藏《回想的文学（三）突飞猛进卷》。

（三）关于此处所说的林达夫的“激越”，清水几太郎曾以林达夫所写的、从其礼貌诚挚的为人所难以想象的“秋霜烈日”般的书信为例，这样记述道：

“那之后，有段时间我与三木清频频会面，有一次我对他说起林先生的来信。他应道：‘林达夫的信，早已盛名在外。’说着大笑起来。从他的话中可以推知，除我以外，恐怕还有好几人也收到过这可怕的抨击信函。或许，现在都仍有人收到。大笑过后，三木清说道：‘林达夫私下一定用那信里的论调写了不少批评我们的文章，暗自存着。真是可怕。’倘如三木清所惧怕的文章发表在了这一部著作集里，那可真是不堪设想。”（摘自《林先生的来信》，收录于《林达夫著作集附录　研究笔记（五）》）

同样，一九三七年三月八日《帝国大学新闻》上刊载的《论平衡的精神——读谷川彻三氏〈文学的周边〉》一文中也可窥见这种“激越”。林达夫在此文中对其友人，同时也是与和辻哲郎一同编辑《思想》的同事给出的评论非“酷评”二字无法形容，他在文中写道：

“我是一个社交型人，在亲密的友人面前决计做不到直抒己见。所以写下来时恰好相反。不得不如此。写完后心底会松一口气，仿佛忏悔了心中的罪过。比起对自己人直率露骨而面对公众却世故圆滑，或许还是这样罪过更轻一些。”

（四）参见拙文《历史与真实——围绕教条主义式思考进行的一些考察》（收录于《民族主义的两面性——写给年轻朋友的信》）。

（五）参见拙著《近代日本的知识分子》。

（六）参见拙著《岸田国士论》。

（七）安排羽仁在《中央公论》上发表《明治维新研究》的主编小森田一记与编辑部成员浅石晴世均在“横滨事件”中被捕，浅石晴世于一九四四年十一月死于狱中。

### 第四章

（一）布川角左卫门在《第一书房长谷川巳之吉——生涯与事业》

（收录于林达夫、福田清人、布川编《第一书房长谷川巳之吉》）一文中论述道，以津田与岩波二人被诉违反出版法这一事件为起点，经一九四〇年十二月“日本出版文化协会”成立，至一九四一年六月“出版文化协会”制定《出版用纸发放配额规程》，言论管制与用纸配额管制直接挂钩，以第二次世界大战爆发为开端的军部与官僚的“出版管制几乎已经筹备万全”。

（二）严格来说，林达夫最先展现出其对“民俗”的兴趣，应该追溯到《现代社会的表情》一文刊发后不久，他于一九四〇年十二月十九日发行的《东京朝日新闻》“建设评坛”专栏中发表的书评《〈女性的力量〉（柳田国男著）》。

（三）平凡社版《著作集》中称此文发表于一九三一年七月十一日，此说法有误。

（四）关于“东方社”的创立经过，以《每日摄影》（一九七五年八月二十四日号）聚焦《FRONT》的“其后三十年”特辑为首，众多证词显示，创立“东方社”的提议来自参谋本部二科的小野寺真大佐及其周边，意在模仿纳粹德国的 PK 部队。另外关于创立资金，新藤健一就其从风野晴男处听到的传闻记述说，由杉原次郎负责筹资，主要来自三井、三菱等财阀，以及开展战场处理业务的半官半民的“第一商社”（参见《照片的陷阱》）。

（五）鉴于中岛健藏自己表示是在被征召到马来西亚回国后的一九四七年十一月加入（见《参谋本部日记》），可知他的说法有误。

（六）依发行顺序来说，九册分别为：“海军”号，“陆军”号，“满洲国建设”号，“空降部队”号，“空军”号，“北支那建设”号，“铁”号，“菲律宾”号，“印度”号。据多川说，另有最后一期，为

“战时东京”号，但印刷厂样书在空袭中烧毁。关于十六国语种，多川列举了“英、法、德、意、俄、中、蒙、西、越南、泰国、缅甸、印尼、马来、葡萄牙”，并表示“另有其他数个语种，但具体不详”。

（七）据《每日摄影》记载，印制完成的《FRONT》由参谋本部统一购买，先船运至占领区新加坡，而后通过德国潜艇运往中立国土耳其，再经由土耳其流布到世界其他地区。

（八）根据“东方社”的创立过程，或许可以推想林达夫是受参谋本部的推荐，可能直接参与了公司的创立。

（九）参见《增补　思想剧评》。

（十）一九四五年二月入职“东方社”的岩谷大四在《私版昭和文坛史》中写道：有一天遇到一位相识的警察，告诉对方自己在“东方社”供职后，那警察说“有事相托”，便将我带去麹町警署，还端出酒肴招待，而后对我说：“我跟你说，这东方社就是个红色窝点。里面有两三个人我们想抓，但因为有参谋本部的关系在，我们混不进去。你能不能时不时地给我透露一点他们的动向？”

（十一）林达夫在写给谷川彻三、落款一九四五年五月五日的信函中提到，参谋本部组织变动，“东方社”所属部门由第二部第四班变更为第四部第十二班。他还写道：“小生借此机会辞去了理事长职务，变更为类似顾问的职位。不过，因为已有古野伊之助、天羽英二和高木陆三郎三位顾问，所以头衔是参事。理事长一职就此撤销，主要由中岛和木村伊兵卫负责实际业务。”由此看来，中岛健藏的记忆或许与实际情况略有出入。

（十二）英语版“陆军”号上，另外印有两名中文版上没有的编辑人员：NISINO Kazo，SAKAGUTI Tadaichiro。据说前者为西野和夫，姓名拼写有误。

（十三）《每日摄影》就照片合成的情况写道：“摄像机确实深入到了军用飞机内部进行拍摄，但照片未必能直接使用。可能导致泄密的部分必须删除，此时便轮到被誉为‘Air Brush之神’的已故小川寅次大展身手。战舰的舰桥、飞机的机枪座以及各类标识都必须抹去，皆靠小川那把刷子进行处理。不仅如此，将实际胶片上拍到的三辆坦克增加为几十辆，制作战机大编队，以及击落从未见过的B-29等场景，也都需由小川的手指施展魔法。帝国陆海军英勇无敌的幻象正是如此制作而成。”

**第五章**

（一）这篇《大战的终结》是在一九四五年十月的《现代》上发表的，而日译本一九四七年十月便出现在了镰仓文库发行的《欧洲》创刊号的卷头。在当时的美军占领期，其翻译速度之快颇为罕见。结合由渡边一夫翻译一事，或许这也应被视为日本战后思想史上的一个事件。

（二）在此或许也有必要留意一下林达夫下面这番自白：

“（前略）但更加本质的问题在于，我没有严肃意义上的挚友这一不幸的事实。从相当年少的阶段开始，我就因为一个无可奈何的缘由而对与人接触保持戒备，我不得不如此。不知从何时起，我交友开始以浅淡为准则。”（摘自《一高时代的友人——〈灵魂的故乡〉一高自治寮》，刊载于《文艺春秋》一九五三年二月号）

（三）林达夫在一九四七年九月二十五日写给小林勇的信函中言及镰仓大学，表明了其自身的态度：“这所大学也是我尽心竭力在开展的工作之一，我非常希望它能取得成功。”他还写道：“我之所以回绝博物馆和参议院的工作，原因之一就是对方提出的入职条件，他们要求我走下这条命运多舛的船。”由此足以看出镰仓大学在当时的林达夫心目中的分量。

（四）英国“街坊文教”运动发轫于一八八四年，以巴涅特夫妇为首的知识分子和学生为救济贫民并为其提供受教育的机会而创办“汤恩比馆”，成为运动的开端。在“街坊文教”运动的影响下，一八九〇年代末，法国巴黎大学的师生在老城区贝尔维尔开办了“民众大学”。当时正赶上德雷福斯事件爆发，在法国舆论因为该事件而分裂成两派的情况下，运动急速升温，到二十世纪初叶，不再局限于巴黎，而扩展到地方城市。以阿纳托尔·法朗士为首，众多德雷福斯派的文学家和知识分子参与其中。英法两国运动的不同点在于，后者不再以救济贫民为目的，而更侧重于启蒙民众，比如罗曼·罗兰的《革命剧》就是在“民众大学”运动中创作的，也多在此类学校上演。

（五）由《林达夫著作集别卷Ⅰ　书信》中收录的、林达夫于一九四五年九月二十六日写给谷川彻三的信函来看，入职中央公论社的邀请是经由谷川彻三传达的，林达夫之所以决定欣然接受恐怕也与他战后对岩波书店的不满不无关系。

（六）林达夫在一九四八年五月二日写给谷川彻三的信中提前告知：“这一次遭遇的状况令我愈发感到不得不从中央公论社辞职。但我不能就这样离开。近日会有一份印刷品寄到你手中，应该能说明一切。”信中就导致这一结果的状况解释说“或许会演变成一次言论出版界的小型德雷福斯事件”。值得注意的是，该信标注的日期为五月二日。

（七）计算战后各杂志发行量的大致指标是用纸配额委员会发布的各杂志用纸配额。关于这一点，臼井吉见这样记录道：

“昭和二十二年七月的用纸配额为《中央公论》《改造》《世界》各五万册，《文艺春秋》《日本评论》《展望》《新潮》《人间》各三万五千册，《世界评论》《朝日评论》各三万册，《潮流》两万五千册，《新日本文学》《群像》《文艺》各两万册，以上刊物皆为每册六十四页。如此看来，《文艺春秋》比《中央公论》和《世界》少一万五千册，与我们《展望》及《新潮》持平。虽然感觉恍如隔世，但这就是管制。”（摘自《青蛙之歌——一名编辑的回想》）

（八）在目录中如此详细地标注封面、卷首插图及文中插图创作人员信息的只有第一期和第二期。第三期只字未提插图的相关信息，仅标注了“卷首插图战后五年——今日英国　说明文　吉田健一/设计　原弘”，第四期原弘的名字消失，仅印有“卷首插图　罗德奖学金　说明文　吉田健一”。而之后的第六期甚至连吉田健一的名字也消失了。顺带提一提插图“说明文”的内容，很难否认与林达夫相比，吉田健一的说明给人的印象更像是对照片进行笼统的介绍，很难感受到作者尝试用同一主题串联所有照片的努力。

（九）亀井紧接着还写道：“知识人的良知是什么？正是苏式共产主义与法式知性杂交后诞生的混血卵子。……有时会强烈地显现出苏联性，背离时势时又会摆弄起法国式的知性。”亀井将羽仁五郎和渡边一夫列为典型人物，或许可以说这也向我们传达了当时的一种时代氛围。

**第六章**

（一）笔者无意在此单独论述“和平问题谈话会”的成员，不过以下事项不妨一记。

该谈话会于一九四八年十二月十二日在位于东京青山的明治纪念馆举行全体会议，最初那篇《关于战争与和平的科学家声明》由会议讨论成果汇总而成。当时，津田左右吉、铃木大拙和羽仁五郎作为特殊成员与会，志贺直哉、长兴善郎、山本有三、宫本和吉、野上丰一郎、羽仁元子、弥永昌吉和玉虫文一以观察员身份列席。第二次发表《关于和谈问题的和平问题谈话会声明》时，第一份声明的署名人中，三位特殊成员以及田中耕太郎、仁科芳雄和田中美知太郎等另外五人退出。第三次发表《三谈和平》时，天野贞祐因就任文部大臣而退出署名。当然，其间也有新成员加入，第二份声明新增七人，第三篇文章新增两人。

（二）Gabriel Malaurie：*L'affaire Kravchenko*，Robert Laffont，1982.

（三）Jean Cassou：*La Révolution et la vérité*.

（四）Vercors：*Réponses*.

（五）*Appel du comité pour le Rassemblement Démocratique Révolutionnaire*.

（六）J.-P. Sartre：*Il nous faut la paix pour refaire le monde*.

（七）J.-P. Sartre，David Rousset，Gérard Rosenthal：*Entretiens sur la Politique*，Gallimard，1949.

（八）如今众所周知，在“文化自由大会”创建过程中发挥核心作用的是美国国防部战略司特工、爱沙尼亚人米卡尔·约切尔森，以及美国中央情报局特工、盟军占领期间德国发行的刊物《Der Monat》的主编梅尔文·J. 拉斯基。该大会发行了英语刊物《遭遇》和法语刊物《证据》，在西欧的文学与思想领域占有很重要的一席之地。但在一九六六年秋，《纽约时报》披露了该大会创立以来与中央情报局的关系，结果众多知识分子拒绝继续合作，该大会于一九六七年解散。

（九）Raymond Aron：*L'opium des intellectuels*，Calmann-Lévy，1955.

（十）除上述这些人外，创立时较活跃的成员还有小松清、石坂洋次郎、三好十郎等。另外，一九五一年三月第二届大会在新德里召开，荒畑和小松代表日本与会，一九五二年四月第三届大会在巴黎召开，平林、松尾邦之助、福泽一郎及宫本三郎作为日本代表与会。

（十一）准确来说，林达夫原话如下：

“或许那种无论说什么都得不到回应的情况，也是造成我写得越来越少的原因之一。自从写下《共产主义者》，就竖起了一堵沉默的墙……之后一段时间，我尤其能感受到这一点。我以为最能和我感同身受、我最希望和我感同身受的人，全都充耳不闻。说到底，我也只是一介凡人，那时候就觉得算了，随你们便吧。我特别理解竹内好的心情。他那样不遗余力地指出很多重大问题，却都得不到回应。时过境迁了才……可就在五六年后，赫鲁晓夫批判斯大林，这件事一出大家突然就沸腾了……都已经时过境迁了。在这一点上，和竹内是一样的，就我的心情而言。”（摘自《增补　思想剧评》）

（十二）林达夫晚年时，曾在一九七八年四月二十四日写给年轻友人益田朋章的信函中告知，自己曾先后三次经历“Slavophil[①] 发作，第一次是中学五年级，第二次是一九三〇年前后，最后一次就在当时。信中写道：“去京都尼古拉堂教年轻的助理牧师英语时，对方说‘算是回礼’，让我旁听了东正教的神学讲座，那是我第一次接触到通常所说的俄国‘圣像的世界’……”（摘自《林达夫著作集别卷Ⅰ　书

---

① 意为：直译就是“亲斯拉夫”，指对斯拉夫文明的喜爱。

信》）照此看来，或许也有必要设想一下林达夫在关注苏联之前便已对俄国抱有好感。

**第七章**

（一）《巨人传第五部书》于一九六五年四月由白水社出版，但其后《巨人传》全卷被收入岩波文库，渡边一夫全面修订了译文，岩波文库版自一九七三年十月起发行，最后一卷在渡边死前三个月，即一九七五年二月面市。

（二）渡边一夫在《法国人文主义的成立》一文中言及勒菲弗·戴塔普勒，就学者与社会的关系这样写道：

“治学之人理当埋首研究，时刻致力于推动学术进步。他虽然不应对仅靠利益算计驱动的政治世界显示出兴趣，但在专业领域越是深入，他也理应要认识到，治学的目的乃是为了活在这污秽世界的人们，与世人的苦难并非毫不相干，相反还应为构建人生理想提供助力。那些以钻研专业学问为借口，逃避自己也身处其中的污秽社会的学者，虽然只要他们幻想自己可以逃避，便能处于幸福之中，但这是一种极度利己的幸福，就如同经院哲学末期沉溺其中的幸福的神学家一样，其对学术进步的阻碍必然远远大于贡献。”

（三）《复兴期的精神》于一九四六年十月五日由我观社出版，第二版则由我观社改组而成的真善美社于一九四七年二月十五日推出。所以，文中的“昭和二十二年五月”应为花田的笔误。

（四）根据《花田清辉全集》（讲谈社）中收录的“年谱”（久保觉编），花田于一九四九年加入日本共产党，一九六一年七月十九日与安部公房、佐多稻子、野间宏等一起向党中央委员会提交了批评党领导层的“意见书”，其后又与“新日本文学会”中志同道合的党员一起发表了共同声明，同年十二月二十二日被日本共产党除名。

（五）辻茂在《诗情画家乔尔乔内》一书中全面否定了林达夫关于《暴风雨》这幅画的说明。他首先强调对画作进行X光调查是在一九三九年，进而指出了林达夫的谬误：“他以为，博尔基尼和文图里等人关于在这幅画中寻找主题毫无意义的看法形成于X光调查之前，而将巴迪斯蒂的意见视为基于调查结果得出的唯一决定性看法。但事实上，X光调查早已有之，文图里等人的看法也同样将调查结果纳入了考量。”辻茂还基于以下三点对巴迪斯蒂的观点进行了详细反驳：第一，推测画中起初同时描绘了两位女性显然更符合常理；第二，《暴风雨》这一画名并非作者所取，而是后人肆意命名；第三，乔尔乔内的作品并不适合进行图像学解读。为此，辻茂直接否定了巴迪斯蒂的观点。

# 后 记

我对林达夫产生兴趣的时间并不长，是在平凡社开始出版《林达夫著作集》后的那段时间，也就是进入一九七〇年代之后。那时我便想着要聚焦林达夫，回顾一下昭和精神史。从萌生这个念头至今，已过去了十多年的岁月。而且本书草稿是以“林达夫论”的形式构思的，但直到一九八五年秋才开始在《文学》杂志上连载，所以开始执笔之后又花去了四年时间。在此我不得不深深感慨自己与林达夫的“交往”时间之长。

依我之见，林达夫的问题正是西方与日本的问题。十月革命之后，文学史和思想史便不能再只限定在某一国家的框架内进行思考。我希望通过追溯林达夫的一生，在日本精神史的范围内论证这一观点。这一意图在本书中究竟达成了几分，且留待诸位读者评判。但至少，我相信大多数人也都会认为现在需要这样的尝试。

因为我希望基于这一视角，结合各个文本与时代之间的关联对文本进行解读，所以引用文本尽可能摘抄自初版书籍，实在无法达成时才引用全集等校订过的版本。由此带来的阅读障碍还望读者诸君见谅。

与此前相同，本书的完成得到了诸多前辈学友毫不吝惜的赐教、恳切的建言以及热情的鼓励，在此恕不一一列出名讳，谨向给予帮助的各位致以深深的感谢。

渡边一民

一九八八年三月末

**图书在版编目(CIP)数据**

林达夫和他的时代 / (日) 渡边一民著 ; 伏怡琳译 ; 王前校 . -- 上海 : 上海三联书店, 2024. 11. -- ISBN 978-7-5426-8616-9

Ⅰ. K831.356

中国国家版本馆 CIP 数据核字第 20244MK260 号



著作权合同登记图字:09－2024－0141 号

林达夫和他的时代

著　　者 / [日]渡边一民
译　　者 / 伏怡琳
审　　校 / 王　前
责任编辑 / 苗苏以
封面摄影 / 林忠彦
装帧设计 / 徐　徐
监　　制 / 姚　军
责任校对 / 王凌霄
出版发行 / 上海三联书店
(200041)中国上海市静安区威海路 755 号 30 楼
邮　　箱 / sdxsanlian@sina.com
联系电话 / 编辑部: 021－22895517
发行部: 021－22895559
印　　刷 / 上海展强印刷有限公司
版　　次 / 2024 年 11 月第 1 版
印　　次 / 2024 年 11 月第 1 次印刷
开　　本 / 890 mm × 1240 mm　1/32
字　　数 / 280 千字
印　　张 / 12
书　　号 / ISBN 978－7－5426－8616－9/K・797
定　　价 / 98.00 元

敬启读者,如发现本书有印装质量问题,请与印刷厂联系 021－66366565